Pasión y renuevo

Una jornada espiritual personal y de iglesia en búsqueda de Dios

TONY MIRANDA

Lifeway Recursos
Brentwood, Tennessee

ISBN: 978-1-4300-9665-8
Ítem: 005847794
Clasificación decimal Dewey: 248.4
Título del tema: RENUEVO / REVITALIZACIÓN / BIBLIA

Para ordenar copias adicionales de este recurso llame al 1(800)257-7744, visite nuestra página www.lifeway.com o envié un correo electrónico a recursos@lifeway.com. También puede adquirirlo u ordenarlo a su librería cristiana favorita.

Impreso en los Estados Unidos de América

Lifeway Recursos
200 Powell Place, Suite 100
Brentwood, TN 37027-7707

CONTENIDO

JORNADA DE RENUEVO DE IGLESIA

PASIÓN Y RENUEVO

UNA JORNADA ESPIRITUAL PERSONAL Y DE IGLESIA EN BÚSQUEDA DE DIOS

¿Estás en un lugar seco? ¿Deseas crecer en Dios? Si tu respuesta es «sí» a estas preguntas, entonces este libro es para ti, y también para tu iglesia. En ocasiones podemos encontrarnos en un lugar seco espiritualmente hablando. Las pruebas, las ocupaciones o nuestros temores, entre otras cosas, a menudo inundan nuestro ser y nos desenfocan en nuestra comunión con Dios. Lo cierto es que a veces podemos estar alejándonos de Dios y ni siquiera darnos cuenta. El renuevo espiritual siempre nos lleva a buscar una cercanía con Dios quien es el único que puede llenar nuestro ser, sin importar cuán grande sea el vacío o qué tan lejos nos hayamos desviado de Él. De manera muy similar que, en un nivel personal, la falta de pasión por Dios y de amor por los demás hace que nuestra iglesia se estanque y nos desvié de la misión única que Él tiene para nosotros. Una búsqueda por Dios siempre es intencional y demanda un compromiso, incluso ajustes radicales en nuestra vida. Sin importar el sitio en donde estés, siempre habrá un lugar más cerca del corazón de Dios para nosotros al que debemos llegar.

Pasión y renuevo es un programa diseñado cuidadosamente para renovar la fe y el crecimiento personal y de iglesia. Este estudio consiste en 12 semanas, las cuales cubren dos jornadas de renuevo: una espiritual, a nivel personal, y la otra, como iglesia.

I. Jornada de renuevo espiritual personal

Semanas 1 a la 7

Las primeras siete semanas están dedicadas a fomentar el renuevo espiritual personal a través del compromiso diario con la Escritura y la meditación guiada. Estas comienzan con el análisis de un principio de crecimiento en Dios en la reunión de estudio dirigida por líderes de la iglesia. Este camino está diseñado para encender una pasión renovada por Dios, superar los miedos personales mediante el conocimiento de Sus promesas, cultivar la humildad, fomentar la obediencia incondicional, compartir testimonios personales y profundizar en las prácticas de discipulado. En esta jornada, aunque es personal, no estamos solos; otros miembros del grupo están estudiando y practicando día a día los mismos principios de crecimiento, así como llevando a cabo el compromiso de cada semana. Durante este tiempo, el pastor o líder de la congregación puede compartir en su mensaje semanal a la iglesia el principio visto, apoyado por el bosquejo disponible con este material. Los principios de crecimiento estudiados a la luz de la Palabra de Dios de estas semanas son los siguientes:

Principio 1 | **PASIÓN:** Buscar a Dios y Su reino tiene que ser nuestra prioridad de vida.

Principio 2 | **PRUEBA Y ADVERSIDAD:** Dios cumple Sus más grandes propósitos en nosotros a través de la prueba y la adversidad.

Principio 3 | **FE SOBRE EL TEMOR:** Una fe firme en Dios nos dará la victoria sobre el temor que nos impide avanzar.

Principio 4 | **HUMILDAD:** La humildad y el quebrantamiento de corazón son la antesala para experimentar la presencia de Dios.

Principio 5 | **OBEDIENCIA:** Una obediencia incondicional a Dios nos coloca en el centro de Su voluntad y de lo que Él tiene para nosotros.

Principio 6 | **SÉ DISCÍPULO:** Solo un verdadero discípulo de Jesús puede llegar a ser como su Maestro. Estar a los pies del Maestro y aprender de Él nos hará ser más como Él.

Principio 7 | **COMPARTE:** Compartir lo que Dios ha hecho en tu vida te hará crecer en Él y será de bendición para muchos.

II. Jornada de renovación de la iglesia

Semanas de la 8 a la 12

En cuanto a la renovación colectiva de la iglesia, las últimas cinco semanas de este estudio se centran estratégicamente en evaluar y establecer prioridades de crecimiento de la iglesia mediante herramientas perspicaces como la guía de exploración FOAR, que explora las fortalezas, las oportunidades, las aspiraciones y los resultados de las diferentes áreas de la iglesia, y la evaluación sobre la salud de la congregación. Además, los miembros evaluarán la vitalidad de sus servicios de adoración, identificarán necesidades urgentes e importantes y construirán colaborativamente un plan de acción para poner en marcha a corto y mediano plazo. En cada una de estas semanas se utiliza una herramienta de renuevo para establecer las prioridades de crecimiento de su congregación.

Herramienta de renuevo 1 | **RENUEVO Y REVITALIZACIÓN DE LA IGLESIA:** Exploremos juntos nuestra iglesia. *Herramienta de renuevo:* Guía de exploración FOAR: Fortalezas, oportunidades, aspiraciones y resultados.

Herramienta de renuevo 2 | **EL SERVICIO DEL DOMINGO:** ¿Qué tan eficiente es nuestro servicio de domingo? *Herramienta de renuevo:* Evaluación del servicio de domingo.

Herramienta de renuevo 3 | **LA SALUD DE LA IGLESIA:** ¿Qué tan saludable está nuestra iglesia? *Herramienta de renuevo:* Evaluación sobre la salud de la iglesia, por Tom Rainer, contextualizado para la iglesia latina.

Herramienta de renuevo 4 | **LA COMUNIDAD Y LA IGLESIA:** ¿Conoce tu iglesia su comunidad y cuáles son sus necesidades? *Herramienta de renuevo:* Análisis de la comunidad alrededor de la iglesia.

Herramienta de renuevo 5 | **DESARROLLO DE UN PLAN DE ACCIÓN DE RENUEVO:** ¿Cuáles son las prioridades de nuestra iglesia? *Herramienta de renuevo:* Desarrollo de un plan de acción. Es mi oración que en esta jornada de renuevo Dios te guíe a ti y a tu iglesia a una comunión más profunda con Él.

SOBRE EL AUTOR

Antonio Josué Miranda es pastor, autor y conferencista internacional. Su llamado está enfocado en equipar para el ministerio a pastores y líderes laicos en Latinoamérica y los Estados Unidos. Actualmente, enseña para varias instituciones teológicas, entre ellas Southwestern Baptist Theological Seminary. El Dr. Miranda ha servido como presidente de la Convención Bautista Hispana de Texas en donde dirige el programa de renuevo de iglesias. Él es graduado del Seminario Truett de Baylor University donde completó su doctorado en Ministerio y maestría en Divinidades. Además, estudió en el Centro de Estudios en Israel y tiene un Ph.D. en estudios del Nuevo Testamento en Midwestern Baptist Theological Seminary. El Dr. Miranda es autor del libro: *Las Parábolas de Jesús en su «contexto»*. Está casado con Daleth Miranda, quien comparte su amor por Dios y Su obra. Ellos son orgullosos padres de tres hermosas hijas, Zoe, Noa y Maya.

El Dr. Tony Miranda es miembro de la junta directiva de Grace International Inc. Una organización que equipa a pastores, líderes religiosos y laicos en Tierra Santa y otros países a cumplir con la misión que Dios los ha llamado. Para más información de cómo colaborar con Grace International visite: *www.growgo.org*

Tony Miranda

CÓMO USAR ESTE MANUAL DE ESTUDIO

Utiliza esta guía visual para entender mejor el diseño de este manual de estudio y descubrir la forma en la que está diseñado para facilitar tu aprendizaje y ayudarte a aplicar efectivamente cada principio bíblico.

Para empezar

Pasión y renuevo se divide en doce semanas de estudio, las cuales cubren dos jornadas de renuevo: una espiritual, a nivel personal, y la otra, como iglesia.

Estudio personal

Cada semana tendrás cinco días dedicados al estudio personal.

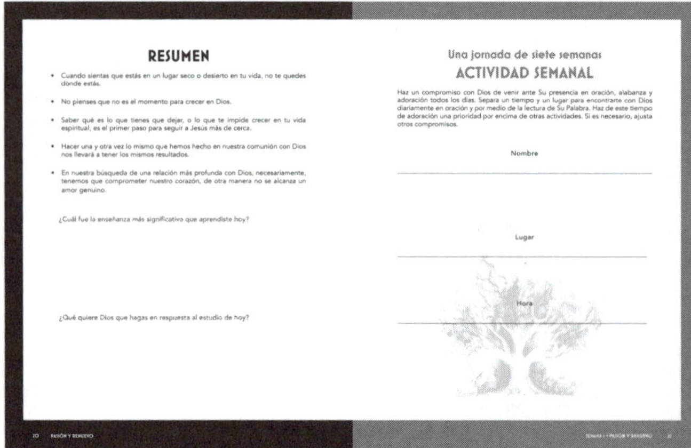

Reflexiona

Hemos reservado un tiempo al final de cada semana para que proceses lo que Dios te ha revelado durante esa semana de estudio. Ya sea que estudies por tu cuenta o con otras personas, esto te dará la oportunidad de reflexionar sobre el carácter de Dios y tu relación con Él.

¿Buscas más?

Para descargar recursos adicionales escanea el código o ingresa a: *lifeway.com/pasionyrenuevo*

Notas sobre las traducciones de la Biblia y las abreviaturas de los libros

Este estudio utilizará principalmente las traducciones de la Biblia Reina Valera 1960 (RVR1960) y la Nueva Biblia de Las Américas (NBLA). Leer el mismo pasaje de las Escrituras en más de una traducción es una herramienta de estudio útil, y puedes encontrar estas traducciones y otras en una aplicación de la Biblia o en sitios web como *biblegateway.com* o *biblehub.com*

Los nombres de los libros bíblicos se abreviarán cuando se haga referencia a ellos entre paréntesis en este estudio.

SEMANA 1

S1

Pasión y renuevo

Día 1

¿TE ENCUENTRAS EN UN LUGAR SECO?

PRINCIPIO 1: PASIÓN

Buscar a Dios y Su reino tiene que ser nuestra prioridad de vida.

¿Te encuentras en un lugar seco? Si tu primera impresión fue responder con un «sí» a esta pregunta, entonces este libro es para ti. En nuestra jornada de vida cristiana hay momentos en que necesitamos algo fresco de Dios y renovar nuestro amor y pasión por Él. Muchas veces no nos sentimos satisfechos con lo que experimentamos del Señor, pero tampoco nos percatamos de que somos nosotros quienes nos hemos alejado de Él. En ocasiones, nos gustaría que las cosas fueran diferentes en nuestra vida, tanto a nivel personal como en nuestra familia, en la iglesia o en nuestro lugar de trabajo. Y quisiéramos hacer ajustes por aquí y por allá, simplemente deseamos algo mejor. Lo cierto es que en innumerables ocasiones deseamos que nuestra relación con Dios sea distinta, pero no pensamos en que somos nosotros los que debemos crecer y profundizar en la comunión con Él. Esto nos permite ver cada situación desde la óptica del propósito que el Padre tiene para nosotros.

La relación que establecemos con Dios es el centro de nuestra vida, la fuente de todo, lo que da sentido a cómo vemos el mundo a nuestro alrededor. Experimentar una comunión de amor con Dios nos pondrá en la perspectiva correcta para ver toda área de nuestra existencia según Su voluntad y cumplir la misión única que Él nos ha encomendado. Jesús «no» nos enseña en el Sermón del Monte: «Buscad primero otras cosas, y el reino de Dios se te dará por añadidura». Por el contrario, declara: «Mas buscad primeramente el reino de Dios y su justicia, y todas estas cosas os serán añadidas» (Mt. 6:33). Muchas veces, cuando sentimos que estamos en un lugar seco o un desierto, pensamos que se debe al exceso de quehaceres, circunstancias adversas o desafortunadas, o preocupaciones que nos llenan la mente y disminuyen nuestras fuerzas. En cambio, esto es consecuencia de que hemos dejado de acercarnos a la fuente de plenitud que solo Dios nos da. Sucede cuando nuestro actuar es contrario a lo que Dios nos manda; buscamos primero otras cosas, y esperamos que el reino de Dios y Su justicia vengan por añadidura. Esto no sucederá de esa manera, hacer las cosas a nuestra manera siempre nos llevará a un

> **Mas buscad primeramente el reino de Dios y su justicia, y todas estas cosas os serán añadidas.**
>
> **MATEO 6:33**

lugar seco. Por el contrario, comenzamos a experimentar Su plenitud cuando nos damos cuenta de nuestra necesidad del Señor y buscamos primero Su reino.

¿Te encuentras en un lugar seco?

Sí ☐ No ☐ Tal vez ☐

¿Te gustaría compartir tu experiencia?

DÍA 1

¡No te quedes donde estás!

Si contemplamos la obra de Dios y Su creación, nos damos cuenta de que el crecimiento es una parte integral del diseño divino y está en todo lo que Él hace. Esto también aplica a nosotros, no solo en los aspectos físico, intelectual o emocional, sino también en nuestro crecimiento espiritual, en especial respecto a la fe, el conocimiento de Él y en cómo experimentamos Su presencia. No es la voluntad de Dios que nuestra vida espiritual y la relación de amor con Él se encuentren estancadas. Así mismo, es preciso reconocer que ir a la iglesia o participar en diversas actividades de carácter espiritual no nos garantiza el crecimiento espiritual. Recuerda que la vida cristiana no es una religión, sino una relación. A medida que dedicas tu tiempo y compromiso a esta relación, crecerás en tu comunión personal con el Señor. La Biblia afirma que debemos crecer constantemente en Dios y en lo que le agrada, incluido nuestro amor por Él, la obediencia y la fe. Lee los siguientes pasajes y escribe en qué áreas debemos crecer en nuestra relación con Dios.

Hay mucho más de Dios disponible para nosotros de lo que podemos saber o imaginar, pero nos sentimos tan satisfechos con el lugar que ocupamos y lo que tenemos que no insistimos en lo mejor de Dios.
TOMMY TENNEY

- Crecer en... ______________________
  2 Co. 10:15; 2 Ts. 1:3
- Crecer en... ______________________
  1 Ts. 3:12
- Crecer en... ______________________
  1 P. 2:2
- Crecer en... ______________ y ______________
  Col. 1:10; 2 P. 3:18

No crecer en Dios es uno de los principales obstáculos que enfrentamos tanto en nuestra vida espiritual personal, como a nivel de iglesia. Si no tenemos un anhelo por Dios ni una pasión por la obediencia, la santidad y por la llenura del Espíritu Santo, nos sentiremos constantemente en un lugar seco o estancado. Una búsqueda profunda del Señor ha sido siempre la antesala de todo avivamiento (2 Cr. 7:14; Stg. 4:8). El deseo que experimentemos por Dios hará una diferencia en qué tanto recibimos de Él; La medida de tu deseo será la medida de tu llenura. Por otro lado, la conformidad, la apatía o la rutina nos llevan a lugares de sequedad espiritual, y lo que es peor, nos vuelven insensibles a la necesidad que tenemos de una manifestación fresca de Su presencia.

No pienses que no es el momento

Creer que no es el momento adecuado para comenzar un acercamiento personal a Dios es una de las grandes razones por las que no empezamos un renuevo espiritual, tanto personal como de iglesia. Hemos creído que para buscar al Señor tenemos que arreglar primero ciertos aspectos de nuestra vida, y así poder acercarnos a Él. Lo cierto es que, si tú puedes arreglar tu vida, entonces no necesitas de Dios. De hecho, el mejor tiempo para experimentar un toque fresco de Dios es cuando nos sentimos estancados y en un lugar seco.

Si tú puedes arreglar tu vida, entonces no necesitas de Dios.

Algunos pudieran pensar que su relación con Dios es importante, pero no se sienten en las mejores condiciones para comenzar a conectarse con Él. El tiempo, los horarios, las ocupaciones, las situaciones familiares, los problemas en el matrimonio, o incluso la depresión o la enfermedad, hacen que pensemos que es mejor dejarlo para después, porque creemos que siempre habrá un mejor momento u otras oportunidades en el futuro. La verdad es que en todo tiempo habrá algo «aquí» o «allá» que quisiéramos arreglar antes de comprometernos más con Dios. Sin embargo, posponer nuestro crecimiento espiritual y la búsqueda de una relación más profunda con Él porque creemos que no es la mejor ocasión para comenzar, puede llevarnos a perder años en ese estancamiento. Si has pensado que ahora no es un buen momento para experimentar más de Dios en tu vida, ¡entonces, es el mejor momento para hacerlo!

¿Realmente puedes decir que amas al Señor con todo tu corazón?

No hace mucho tiempo sentí que Dios me guio a organizar un retiro para la iglesia enfocado en el crecimiento espiritual y en profundizar nuestro amor por Dios. El objetivo era que cada miembro de la congregación avanzara en su vida espiritual y en la manera en que conocían y experimentaban a Dios en sus vidas. En un principio creía que no era el tiempo adecuado, que habría que arreglar otros aspectos de la iglesia primero. Sin embargo, entendí que nada se puede arreglar si no buscamos antes el rostro de Dios, este es el principio y el centro de todo. El retiro despertó, en muchos de los participantes, una pasión mayor por buscar al Señor y obedecerlo. Y fue el comienzo de un crecimiento que experimentamos en nuestra iglesia. Profundizar en el amor y obediencia a Dios tiene que ser una constante prioridad para que el resto de las cosas tengan sentido.

¿Quisieras arreglar algo en tu vida?

Sí ❑ No ❑

Busca primero a Dios, experimenta más de Él, crece en Él; de ahí parte todo lo demás.

¿Qué es lo que te impide hacerlo?

En cada cambio que hacemos también existe la necesidad de hacer un ajuste. Lo mismo sucede en nuestra búsqueda de Dios. A medida que seguimos a Jesús más de cerca, habrá más cosas que tendremos que dejar atrás. Simplemente no podemos avanzar en profundidad en nuestra relación de amor con el Señor si no dejamos atrás lo que nos estorba. Conocer qué te impide acercarte más a Dios será de gran utilidad para crecer en Él. Mucha gente no sigue a Dios precisamente porque conocen qué deben dejar, y prefieren no hacerlo. Esto puede representar un cambio de horario, la manera en que ocupamos el tiempo, implementar nuevos hábitos, dejar una relación de amistad o sentimental, el uso que hacemos del dinero o, en ocasiones, estará relacionado con enfrentar nuestros propios sentimientos de orgullo o egocentrismo. En otras ocasiones venir más cerca del Maestro nos impulsará a salir de nuestra zona de confort, o incluso podría llevarnos a hacer un ajuste en nuestro trabajo, en actividades del día a día, redefinir nuestras metas y prioridades o ¡hasta un cambio de propósito en la vida!

En la narrativa bíblica no vemos al Señor afirmar: «¿Quieres seguirme?, quédate ahí donde estás». Por el contrario, los discípulos tuvieron que dejar todo atrás para seguir a Jesús y cumplir su misión. Pedro y otros discípulos lo entendieron de este modo cuando pescaban en el Mar de Galilea y Jesús les dijo: «Síganme». Inmediatamente, todos ellos dejaron sus redes y su labor para ir en pos de Él. Para ellos fue un cambio radical sin volver atrás, pues, de otra manera, no habrían experimentado ser testigos de Sus milagros, aprender Sus enseñanzas y pasar día y noche con el Maestro. Muchas veces, ya sea por miedo o comodidad de no dejar atrás esas posesiones a que nos aferramos, nos perdemos las mejores bendiciones de Dios para nosotros.

Así sucedió con aquel joven rico que vino a Jesús y le preguntó qué debía hacer para heredar la vida eterna tenía un deseo genuino por Él (Mr. 10:17-30). Vemos que este joven era piadoso y temeroso de Dios y guardaba los mandamientos desde su juventud, incluso notamos su pasión por Jesús porque corrió y se arrodilló a Sus pies. Sin embargo, él no estaba dispuesto a dejar a un lado sus riquezas; el deseo por su dinero era más grande que el anhelo por Jesús. Este joven se perdió de grandes bendiciones por esto. El Señor lo invitó a seguirlo como Su discípulo, pero su anhelo por Jesús no era de tal calibre como para abandonar lo que le impedía ir en pos de Él.

¿Estás dispuesto a dejar lo que te estorba por seguir a Jesús más de cerca?

Sí ☐ No ☐ Tal vez ☐

¿Qué dejaron atrás estas personas por experimentar más de Dios en sus vidas?

- Pablo... ______________________________ *Fil. 3:4-8*
- Abraham... ______________________________ *Gn. 12:1-4*
- Mateo (Leví)... ______________________________ *Lc. 5:27-28*

Uno de los textos bíblicos más conocidos es el gran mandamiento: «... Amarás al Señor tu Dios con todo tu corazón, y con toda tu alma, y con toda tu mente» (Mt. 22:37). En lo personal, este es uno de mis versículos favoritos, usado con frecuencia en mis enseñanzas y predicaciones, y siempre he creído que es el centro de la vida cristiana. No fue sino hasta hace poco, al estudiar *Mi experiencia con Dios*, que fui confrontado por este estudio bíblico, cuando el autor preguntó: «Si estuvieras ahora mismo delante de la presencia de Dios, ¿podrías decirle que lo amas con todo el corazón?». Inmediatamente me di cuenta de que había cosas en mí que tendría que dejar para que esta verdad fuera más real en mi vida.

Déjame preguntarte: ¿hay algo que amas más que a Dios? ¿Qué es lo que te impide seguir a Jesús más de cerca y experimentar más de Dios en tu vida?

Hacer lo mismo no producirá resultados diferentes

Muchos quieren ver un cambio genuino en ciertas áreas de su vida, pero no están dispuestos a cambiar. A veces esto pasa en nuestro caminar con Dios, deseamos experimentar más de Él, pero seguimos haciendo lo mismo una y otra vez. Como pastor, he conocido creyentes que han venido a la iglesia fielmente por muchos años, pero tristemente no han crecido mucho en su relación con

Dios. Por otro lado, he visto nuevos convertidos al evangelio que, en un tiempo relativamente corto, han hecho grandes ajustes en su vida y, como resultado, han experimentado una manifestación de Dios y un sostenido crecimiento espiritual. Lo cierto es que, siempre que avanzamos, hay algo que dejamos atrás. Si no has dejado algo atrás, es casi seguro que no estás avanzando mucho. Por ejemplo, hay muchos cristianos que tienen un deseo de orar de un modo más ferviente y de buscar a Dios más íntimamente en su tiempo de oración y en la lectura de Su Palabra. Aunque ellos ven que la necesidad de orar es urgente e importante, por alguna razón muchos nunca hacen los ajustes necesarios para experimentar una vida de oración con más profundidad. Lo cierto es que mientras no se hagan cambios intencionales en nuestra vida y sigamos haciendo lo mismo una y otra vez, tendremos los mismos resultados.

¡Hacer lo mismo no es avivamiento!

Mientras sigamos haciendo lo mismo, tendremos los mismos resultados.

Recuerdo que, hace algunos años cuando servía en el grupo de alabanza de mi iglesia, en una ocasión, tocaba una melodía suave en el piano mientras el pastor hacía una invitación al final de su predicación. Yo entonaba un canto de adoración que creía que era apropiado para ese momento. A medida que la invitación se alargaba y más personas venían al altar, yo seguía tocando la misma melodía. Fue después de algún tiempo cuando el pastor se me acercó y me dijo al oído: «Hacer lo mismo no es avivamiento». No sé si entendí lo que me quiso decir, pero cambié la canción que tocaba en el piano hasta que terminó el servicio. Sin embargo, esa frase que él me susurró al oído aquella tarde la he aplicado en muchas áreas de mi vida espiritual. Cuando quiero algo fresco de Dios, trato de buscarlo fuera de la rutina y la monotonía de lo que comúnmente hago. Aunque a veces tenemos el deseo de profundizar en amor y comunión con el Señor, nos encontramos haciendo lo mismo una y otra vez, o quizás cambiamos un tiempo, pero no radicalmente, sin producir un avance significativo de crecimiento.

Los resultados radicales solo vienen después de cambios radicales

Hace algún tiempo, mi esposa y yo comenzamos a ver esporádicamente una serie de televisión que consistía en que personas con exceso de peso tenían el deseo de hacer un cambio en su cuerpo al implementar un estilo de vida diferente y desarrollar hábitos más saludables que principalmente se enfocaba en tener una adecuada alimentación y en la práctica de ejercicio diario. Para esto, sus amigos y familia contactaban a la producción de la serie con el fin de que sus seres queridos con sobrepeso recibieran ayuda profesional de expertos en nutrición y pérdida de peso. Tan intenso era este programa, que uno de estos expertos se mudaba por un tiempo a la misma casa del participante y lo motivaba a diario con rutinas de ejercicio y un control alimentario. Al cabo de unos meses, el cambio producido en estas personas era fenomenal, no solo sus cuerpos se veían mejor, sino que también su salud y autoestima mejoraban de modo significativo. Al completar el programa,

Locura es hacer lo mismo y esperar resultados diferentes.

finalmente se presentaba «el nuevo yo» de esta persona y sus amigos y familiares celebraban el cambio de vida logrado con tanto esfuerzo.

En una ocasión, uno de estos participantes, después de unos meses de trabajar duro en el programa, experimentaba gran dificultad para continuar con las rutinas de ejercicio y alimentación. Una de las frases mencionadas por estos expertos para motivarlo fue: «Los resultados radicales solo vienen después de cambios radicales». En otras palabras: «Si realmente quieres tener un resultado radical en tu físico y en tu salud, tendrás que hacer cambios drásticos y permanentes que te lleven a esa meta». «Si tú quieres ver resultados radicales en lo que hagas, debes hacer cambios radicales». Creo que esto aplica a todo aspecto en la vida, y en nuestro crecimiento espiritual y búsqueda de Dios también. ¿Por qué podemos pensar que quedarnos donde estamos nos va a llevar a una relación más estrecha con Dios? ¿Quién nos dijo que hay atajos para la obediencia, la oración, el conocimiento de Su Palabra y una búsqueda constante de Su presencia? Los resultados radicales requieren disciplina y compromiso. A Albert Einstein se le atribuye una de las maneras de definir la locura como «hacer lo mismo y esperar un resultado diferente». Y creo que es cierto; si seguimos haciendo lo mismo una y otra vez, entonces estamos destinados a los mismos resultados. Una vida de disciplina, de fomentar hábitos que nos ayuden a buscar y experimentar más de Dios en nosotros, no pasará por accidente. De la misma manera, la rutina y la apatía nunca han producido nada fresco. Lee los siguientes versículos y escribe qué actividad mencionada en cada texto demanda tener constancia y disciplina.

- ______________________________ *Dn. 6:10*
- ______________________________ *He. 10:25*
- ______________________________ *2 Ti. 4:2*

Compromete tu corazón

¿Sabías que puedes «hacer cosas» para Dios, pero sin obedecerlo en realidad, o incluso conocerlo? Una de las mentiras que no nos dejan crecer es que nuestra relación con Dios y el estudio de Su Palabra se cultiva solo los domingos, o «según lo sintamos». En ocasiones, nos resulta común notar que un gran número de personas dan prioridad a otras áreas y actividades, pero no al Señor, y ponen en segundo plano las prácticas y las disciplinas espirituales que nos ayudan a crecer en Dios como asistir a la iglesia, orar o estudiar la Biblia.

Todo lo que vale la pena requiere esfuerzo y compromiso. ¿Por qué tendría que ser distinto con Dios?

El gran mandamiento nos dice que en nuestro amor por el Señor necesariamente y completamente el corazón de la persona tiene que estar involucrado, de otra manera, no sirve de mucho. Todo lo que vale la pena alcanzar en esta vida requiere esfuerzo y debemos poner el corazón en ello. Por ejemplo, estudiar una carrera universitaria, son años de estudio y dedicación. Casarse, es un compromiso de toda la vida. Tener hijos, requiere no solo de tu tiempo y esfuerzo, sino también de tu corazón para criarlos con amor. Así mismo, para tener un buen trabajo necesitarás trabajar duro y dedicar tu tiempo y esfuerzo, y así cada cosa que vale la pena requiere un cierto compromiso. ¿Por qué tiene que ser diferente en nuestra relación con Dios? ¿Dónde hemos aprendido que podemos agradar a Dios sin incluir el corazón? Si tu corazón no está comprometido, es mejor no hacer las cosas porque resultaría en una pérdida de tiempo.

¿Dónde aprendimos que podemos agradar a Dios sin incluir el corazón?

De la misma manera, no crecemos en el Señor por accidente ni de la noche a la mañana, sino que requiere compromiso. El amor sin compromiso no es amor. Si no tienes pasión, no producirás resultados. Esto se aplica a cada aspecto de la vida, en nuestro matrimonio, la familia, la educación, el trabajo y demás. Hacer las cosas solo por hacerlas y no comprometer el corazón en ello es peligroso. Esto no debe ser así en nuestro caminar con el Señor. Recordemos las palabras de Jesús: «... Amarás al Señor tu Dios con todo tu corazón, y con toda tu alma, y con toda tu mente» (Mt. 22:37). Este es el primero y más grande mandamiento.

Lee los siguientes pasajes: Éxodo 33:12-16; Lucas 10:38-42; Juan 15:1-5. ¿Qué nos declaran sobre lo que debe ser nuestra prioridad en la vida?

¿Cuáles cambios de carácter radical puedes comenzar a hacer para crecer en tu comunión con Dios?

¿Sientes que Dios te está guiando a experimentar más de Él en tu vida?

Sí ❑ No ❑ Tal vez ❑

RESUMEN

- Cuando sientas que estás en un lugar seco o desierto en tu vida, no te quedes donde estás.
- No pienses que no es el momento para crecer en Dios.
- Saber qué es lo que tienes que dejar, o lo que te impide crecer en tu vida espiritual, es el primer paso para seguir a Jesús más de cerca.
- Hacer una y otra vez lo mismo que hemos hecho en nuestra comunión con Dios nos llevará a tener los mismos resultados.
- En nuestra búsqueda de una relación más profunda con Dios, necesariamente, tenemos que comprometer nuestro corazón, de otra manera no se alcanza un amor genuino.

¿Cuál fue la enseñanza más significativa que aprendiste hoy?

¿Qué quiere Dios que hagas en respuesta al estudio de hoy?

Una jornada de siete semanas

ACTIVIDAD SEMANAL

Haz un compromiso con Dios de venir ante Su presencia en oración, alabanza y adoración todos los días. Separa un tiempo y un lugar para encontrarte con Dios diariamente en oración y por medio de la lectura de Su Palabra. Haz de este tiempo de adoración una prioridad por encima de otras actividades. Si es necesario, ajusta otros compromisos.

Nombre

____

Lugar

____

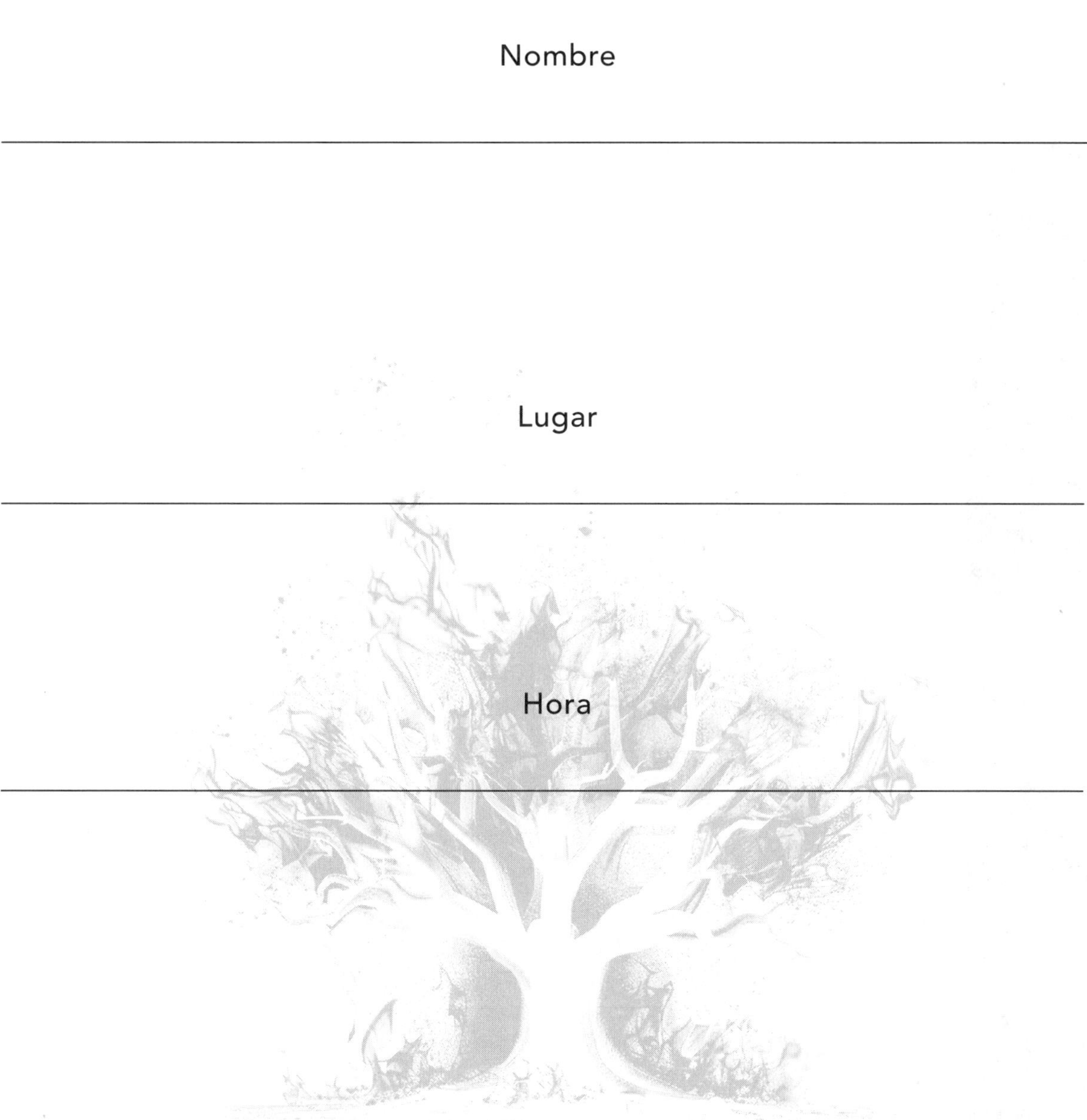

Hora

____

Día 2

ADORA CADA DÍA

LECTURA BÍBLICA: EFESIOS 1:3-14

«Bendito sea el Dios y Padre de nuestro Señor Jesucristo, que nos bendijo con toda bendición espiritual en los lugares celestiales en Cristo, según nos escogió en él antes de la fundación del mundo, para que fuésemos santos y sin mancha delante de él, en amor habiéndonos predestinado para ser adoptados hijos suyos por medio de Jesucristo, según el puro afecto de su voluntad, para alabanza de la gloria de su gracia, con la cual nos hizo aceptos en el Amado, en quien tenemos redención por su sangre, el perdón de pecados según las riquezas de su gracia, que hizo sobreabundar para con nosotros en toda sabiduría e inteligencia, dándonos a conocer el misterio de su voluntad, según su beneplácito, el cual se había propuesto en sí mismo, de reunir todas las cosas en Cristo, en la dispensación del cumplimiento de los tiempos, así las que están en los cielos, como las que están en la tierra.

En él asimismo tuvimos herencia, habiendo sido predestinados conforme al propósito del que hace todas las cosas según el designio de su voluntad, a fin de que seamos para alabanza de su gloria, nosotros los que primeramente esperábamos en Cristo. En él también vosotros, habiendo oído la palabra de verdad, el evangelio de vuestra salvación, y habiendo creído en él, fuisteis sellados con el Espíritu Santo de la promesa, que es las arras de nuestra herencia hasta la redención de la posesión adquirida, para alabanza de su gloria».

Para crecer en Dios, la adoración y la alabanza deben tener un papel central en nuestra vida. ¿Por qué? Simplemente porque este es el propósito por el cual hemos sido creados. El prólogo de la carta a los Efesios nos recuerda este fin por el cual existimos: «... para alabanza de su gloria...» (Ef. 1:12). Esta frase aparece tres veces en dicho texto al describir las bendiciones celestiales que tenemos en Cristo Jesús. De manera similar, en la primera carta de Pedro se nos recuerda que somos un pueblo santo adquirido por Dios: «... para que anunciéis las virtudes de aquel que os llamó de las tinieblas a su luz admirable» (1 P. 2:9). Estos textos nos indican que tenemos un propósito que cumplir cada día, que es en esencia, darle gloria a nuestro Creador y anunciar Sus virtudes. Jesús mismo, al enseñar a orar a Sus discípulos, exaltó la santidad del Padre en Su primera expresión al orar: «... Padre nuestro que estás en los cielos, santificado sea tu nombre» (Mt. 6:9).

Padre nuestro que estás en los cielos, santificado sea tu nombre.

MATEO 6:9

La alabanza es precisamente eso, reconocer y exaltar las virtudes y el carácter de Dios, la adoración tiene que ver con la rendición del corazón que le da alabanza. Si no adoramos cada día al Señor, entonces no estamos cumpliendo con el propósito por el cual hemos sido creados. Adorar a Dios cada día nos coloca en el centro de Su voluntad en ese día y en la totalidad de nuestra vida. Para adorar a Dios, simplemente exprésale algunos de Sus atributos, destaca Su grandeza, Su bondad, Su santidad o Su amor cada vez que vayas a Él en oración.

Si no adoramos cada día al Señor, entonces no estamos cumpliendo con el propósito por el cual hemos sido creados.

DÍA 2

Uno de los pasajes bíblicos de gran inspiración para mí es aquella visión que tiene el profeta Isaías cuando está en el templo en donde él vio serafines que volaban alrededor del trono y al Señor sentado en él. Estos seres angelicales daban voces y decían: «... Santo, Santo, Santo, Jehová de los ejércitos; toda la tierra está llena de su gloria» (Is. 6:3). Es realmente inspirador saber que hay una adoración ininterrumpida a Dios en los cielos. Y así como tú y yo, este es el propósito por el cual los seres angelicales fueron creados por Él. Ellos rinden constante adoración alrededor de Su trono. Cuando vienes a Dios en oración y elevas tu voz en alabanza y adoración, del mismo modo que los ángeles en el cielo, cumples cada día el propósito por el cual fuiste creado.

Santo, Santo, Santo, Jehová de los ejércitos; toda la tierra está llena de su gloria.

ISAÍAS 6:3

Puedes acercarte a Dios en oración y alabanza y exaltar Su nombre con tus palabras al levantar las manos o postrado ante Él. Además, puedes orar en tus pensamientos y darle al Señor gloria y honra a través de tus acciones. Simplemente, adora cada día y cumple el propósito por el cual has sido creado: para alabanza de Su gloria.

Señala cuál de estas expresiones de alabanza y adoración has experimentado en tu vida:

- ☐ Postrado ante Dios
- ☐ En alabanza con tus palabras
- ☐ Con las manos levantadas a Dios
- ☐ Cantando alabanzas
- ☐ Sobre tus rodillas
- ☐ Dándole gloria en tu pensamiento
- ☐ A través de tus acciones y guardando Sus mandamientos

¿En cuál de estas formas de alabanza y adoración Dios te ha guiado para expresar tu devoción a Él?

Motivos para alabar a Dios

¿Por qué debemos alabar a Dios? Hay una gran cantidad de motivos para expresarle nuestra alabanza y adoración a Él. Lee nuevamente Efesios 1:3-14 y enlista algunos de estos motivos.

En esencia, podemos agrupar los motivos de expresar nuestra alabanza a Dios por tres razones:

- Puedes alabar a Dios por lo que Él es.
- Puedes alabar a Dios por lo que Él hace.
- Puedes alabar a Dios porque eres Suyo.

Lee Salmos 95 y Salmos 100 e identifica en cada uno estos tres motivos que el salmista expresa para alabar a Dios.

Motivos	Salmos 95	Salmos 100
Alabanza por quién es Dios		
Alabanza por lo que Dios hace		
Alabanza porque somos de Dios		

Nuestro amor y la devoción a Dios no deben expresarse en actos de una alabanza obligada, sino de manera voluntaria. Toda la creación le da gloria a Dios. La creación inanimada, como las montañas, los cielos y las plantas, alaban a Dios al cumplir su propósito de revelar la sabiduría y la grandeza del Creador, y así también lo hacen los animales a través de sus instintos y procesos naturales. Sin embargo, solo los seres humanos y los ángeles dan gloria a Dios por su libre decisión de alabarlo. Cada día que vivimos tomamos la decisión de darle gloria a Él o de no hacerlo.

Una vida de alabanza y adoración a Dios no solo cumple el propósito por el cuál fuimos creados, sino que también nos coloca en el centro de Su voluntad para nosotros.

No debemos olvidar que la alabanza y la adoración son exclusivas para Dios. Él es el único digno de recibir gloria y honor. Sin embargo, como resultado de estar en un encuentro de adoración con nuestro Creador, nuestra vida es bendecida. Una vida de alabanza y adoración a Dios no solo cumple el propósito por el cual fuimos creados, sino que también nos coloca en el centro de Su voluntad para nosotros.

La continua alabanza a Dios generará en nosotros un estilo de vida que lo honra y le da gloria. Esto no siempre será fácil, pero la Palabra de Dios señala que en todo tiempo debemos alabarlo y bendecirlo (Sal. 34:1), tanto en los tiempos buenos como en los de prueba, en la abundancia o la escasez y en el gozo como en la angustia. Una vida de pasión por Dios es reflejada en nuestra adoración sin importar las circunstancias. Esto va mucho más allá de meras emociones, evidencia una vida rendida completamente a Él.

Toma tiempo durante el día para alabar a Dios con tus palabras, exalta Sus virtudes, reconoce Su fidelidad, o simplemente adora a Dios en tu pensamiento. Puedes hacerlo repetidas veces durante el día. Escribe una oración de alabanza y adoración que exalte Sus atributos de grandeza, bondad o santidad.

Lecturas bíblicas adicionales:
1 Crónicas 29:11-13; Salmos 47:1-10; Apocalipsis 4:9-11.

Notas

RESUMEN

- El propósito y la voluntad de Dios para nuestras vidas es expresarle a Él nuestra alabanza y vivir en continua adoración.
- Debemos alabar a Dios por lo que Él es, por lo que hace y porque somos Suyos.
- Alabar y adorar a Dios son decisiones que tomamos todos los días, esto no pasará por accidente ni por casualidad.
- En todo tiempo debemos alabar y adorar a Dios, esto no es solo un sentimiento o una emoción, sino una vida rendida a Él.

¿Cuál fue la enseñanza más significativa que aprendiste hoy?

¿Qué quiere Dios que hagas en respuesta al estudio de hoy?

Día 3

LA ORACIÓN ES PASIÓN

LECTURA BÍBLICA: MATEO 6:6-14

«Mas tú, cuando ores, entra en tu aposento, y cerrada la puerta, ora a tu Padre que está en secreto; y tu Padre que ve en lo secreto te recompensará en público. Y orando, no uséis vanas repeticiones, como los gentiles, que piensan que por su palabrería serán oídos. No os hagáis, pues, semejantes a ellos; porque vuestro Padre sabe de qué cosas tenéis necesidad, antes que vosotros le pidáis. Vosotros, pues, oraréis así: Padre nuestro que estás en los cielos, santificado sea tu nombre. Venga tu reino. Hágase tu voluntad, como en el cielo, así también en la tierra. El pan nuestro de cada día, dánoslo hoy. Y perdónanos nuestras deudas, como también nosotros perdonamos a nuestros deudores. Y no nos metas en tentación, mas líbranos del mal; porque tuyo es el reino, y el poder, y la gloria, por todos los siglos.

Amén».

La oración es un buen indicador de la pasión y el deseo que tenemos por Dios. ¿Quieres saber cuánto más deseas de Dios? Esto se refleja en qué tan seguido vamos al Padre en oración. La oración es intimidad con el Señor, así lo describe Jesús cuando enseña que, para hablar a solas con Dios, podemos ir a nuestra cámara más secreta y, cerrada la puerta, orar al Padre que está en secreto.

Además, la oración refleja qué tan seguido está Dios en tus pensamientos, así como el deseo que tienes de serle agradable y de vivir bajo Su voluntad; al mismo tiempo, al orar reafirmamos en nuestro corazón que necesitamos a Dios y nos colocamos en una relación de dependencia de Él. Recordemos que la oración es un encuentro con Dios que trasciende esta realidad, y siempre nos pondrá en la perspectiva correcta ante toda situación que vivimos.

Jesús mismo estaba en constante comunión con Su Padre al cumplir Su ministerio terrenal. Muchas narrativas de los evangelios relatan cómo Él tenía un deseo por ir a Su Padre en oración. Por ejemplo, Jesús oró antes de escoger a Sus discípulos (Lc. 6:12-16). También lo hizo todas las veces que partió el pan con ellos. (Mt. 14:19-21). Además, Él mismo oró por ellos (Jn. 17:1-26) y les enseñó a orar (Lc. 11:1-4). Y oró antes de

La oración es un encuentro con Dios que trasciende esta realidad, y siempre nos pondrá en la perspectiva correcta ante toda situación que vivimos.

ser entregado (Mt. 26:36). De igual manera, los Evangelios nos indican en diversas ocasiones que Él pasaba toda la noche en oración (Mt. 14:23; Lc. 6:12), se levantaba muy temprano antes del amanecer para orar (Mr. 1:35), o simplemente se apartaba a un lugar a solas para hacerlo (Lc. 5:16). No cabe duda de que Jesús consideraba que la oración era necesaria y una prioridad para Él. Así mismo, nosotros debemos cultivar el hábito de la oración. De tiempo en tiempo es bueno preguntarnos: «¿Cómo está mi vida de oración?».

Piensa por un momento, cuándo has dejado de orar, ¿por qué causa fue?

- ❏ Falta de motivación
- ❏ Falta de fe
- ❏ Falta de tiempo
- ❏ Otra razón
- ❏ Falta de compromiso

¿Te gustaría que tu vida de oración sea más consistente?

Sí ❏ No ❏

DÍA 3

Uno de los argumentos que probablemente hayas escuchado para tratar de justificar la falta de oración es el siguiente: «Para qué orar si Dios hará Su voluntad de cualquier forma». No debemos olvidar que la oración siempre es atendida y escuchada por el Señor. Esto es lo que aprendemos en la enseñanza de Jesús al declarar: «Pedid, y se os dará; buscad, y hallaréis; llamad, y se os abrirá. Porque todo aquel que pide, recibe; y el que busca, halla; y al que llama, se le abrirá» (Mt. 7:7-8). La parábola del juez injusto (Lc. 18:1-8) ilustra este principio, si un juez malo hace justicia cuando alguien viene a él constantemente, cuánto más hará el Padre con Sus hijos que claman a Él de día y de noche.

La oración santifica nuestros deseos

Además de esto, a través de la oración Dios forma nuestro carácter y santifica nuestros deseos para entender, pedir y orar conforme a Su voluntad. En más de una ocasión, al ir con mis hijas a la tienda, ellas siempre me dirigen al área de los juguetes, y a veces me piden que les compre uno de esos juguetes que no podemos comprar. Mi voluntad no es gastar mucho dinero en juguetes, sino que ellas estén felices, pero comprando un juguete más barato. Así que, cuando ellas piden un juguete costoso, yo les muestro cuál es mi voluntad con otro juguete de menos valor, y les hago ver «las bendiciones» que recibirán si me piden ese juguete. La mayoria de las veces, el deseo de mis hijas es transformado al saber «las bendiciones» que yo les mostré. De manera similar, al orar y llevar ante Dios nuestras peticiones, Él santifica nuestros deseos y hace que pidamos de la manera correcta, conforme a Su voluntad.

A través de la oración Dios forma nuestro carácter y santifica nuestros deseos para entender, pedir y orar conforme a Su voluntad.

¿Has notado que a medida que oras, algún deseo o petición es trasformado en tu corazón?

Sí ☐ No ☐

¿Te gustaría compartir tu experiencia?

La oración forma nuestro carácter

Además de llevar a Dios nuestras peticiones, Él nos renueva y nos cambia a través de la oración, cuando venimos a Su encuentro y experimentamos Su presencia. Es en la práctica de esta disciplina espiritual cuando muchos de mis pensamientos son afirmados y mis dudas o temores son disipados. Como pastor, puedo decir que no hay mejor lugar ni recurso para el expositor bíblico que ir a la presencia de Dios en oración para recibir un mensaje fresco que compartir con Su iglesia. La oración junto con la obediencia, además, nos otorga seguridad de que lo que vivimos es de acuerdo con Su voluntad, sin importar las circunstancias a nuestro alrededor.

Lee los siguientes textos de la Escritura y anota las bendiciones que encontramos a través de la oración:

- Esd. 8:22 ______________________________
- Sal. 55:22 ______________________________
- Sal. 145:18 ______________________________
- Mt. 26:41 ______________________________
- Fil. 4:6 ______________________________
- Col. 4:3 ______________________________
- 1 T. 4:7 ______________________________
- Stg. 5:13 ______________________________

Como vemos en estos textos, la oración genera en nosotros una dependencia de Dios, nos imparte confianza (1 Jn. 5:14), trae sabiduría (Stg. 1:5), nos aleja de la tentación (Mt. 26:41), nos libera del afán y la ansiedad y nos da paz (Fil. 4:6-7), trae sustento de Dios (Sal. 55:22), por ella recibimos sanidad y perdón de pecados (Stg. 5:14-15), aumenta nuestra fe y forma nuestro carácter. Estas son solo algunas de las bendiciones que Dios nos da a través de la oración.

Ahora, recordemos que la oración es un deber de todo creyente y siempre requerirá compromiso y disciplina. Tener una vida ferviente de oración no sucederá por accidente, debemos ser intencionales y dedicar cada día un tiempo para comunicarnos con Dios. Recuerda que «los resultados radicales solo vienen después de cambios radicales». Si queremos tener una fructífera vida de oración, debemos colocar la oración como una prioridad.

¿Qué necesitas para fortalecer tu vida de oración?

Un tiempo

¿Tienes algún tiempo en particular para orar? Si no es así, necesitarás planear un espacio en tu día para hacer de la oración un hábito.

El rey David, en sus salmos, registra su búsqueda de Dios en diferentes momentos del día. Por la mañana, antes de realizar otra actividad, él escribió: «... de mañana oirás mi voz; de mañana me presentaré delante de ti» (Sal. 5:3). Por la noche, al meditar en la fidelidad de Dios, también expresó: «Cuando me acuerde de ti en mi lecho, cuando medite en ti en las vigilias de la noche. Porque has sido mi socorro, y así en la sombra de tus alas me regocijaré» (Sal. 63:6-7). Incluso la madrugada es un excelente tiempo para encontrar a Dios: «Dios, Dios mío eres tú; de madrugada te buscaré; mi alma tiene sed de ti, mi carne te anhela...» (Sal. 63:1).

Por la mañana, por la tarde, de noche, o tres veces al día como lo hacía Daniel (Dn. 6:10-12); cada momento es un buen tiempo para buscar a Dios en oración. No hay límites para la oración, es por eso que el apóstol Pablo nos pide que oremos sin cesar (1 Ts. 5:17). Más que cuánto tiempo se ore, el tiempo de calidad con Dios será de vital importancia para venir a Él con un corazón humilde y con pasión por Su presencia. Podemos hablarle por mucho tiempo, pero no tocar Su corazón o decir palabras sin profundidad o poco sinceras. La oración no solo debe cumplir un tiempo determinado, sino también un propósito definido.

Cada día Dios nos regala 24 horas, que son 1440 minutos, equivalente a 86 400 segundos. ¿Cuántos de estos 86 400 segundos pasamos con Dios en oración?

No hay límites para la oración, es por eso que el apóstol Pablo nos pide que oremos sin cesar.

1 TS. 5:17

Cierra el mundo, aléjate de todos los pensamientos y ocupaciones mundanas, y enciérrate a solas con Dios, para orar a Él en secreto. Que este sea el objeto principal de tu oración: darte cuenta de la presencia de tu Padre celestial.

ANDY MURRAY

Un lugar

Con frecuencia, otro de los retos que enfrentamos al orar es el de encontrar un lugar donde tengamos la libertad y la privacidad para hablar con Dios. Tener un espacio fijo de oración nos ayuda a fomentar este hábito. Dicho sitio puede ser en el interior de una habitación o en el exterior, al aire libre. Una de las grandes aventuras que pasé con Dios en oración era salir a caminar mientras oraba cuando vivía en Tierra Santa. Nunca olvidaré la experiencia de caminar por las colinas de Judea y sentir la presencia de Dios al atardecer; sin embargo, Él está en todas partes y se complace en un corazón que lo busca. Tener un lugar donde orar en voz alta será de vital importancia para este fin. La oración es pasión por Dios, recuerda que tu pasión es tan grande como tu vida de oración.

La oración es pasión por Dios, recuerda que tu pasión es tan grande como tu vida de oración.

Lecturas bíblicas adicionales:

2 Crónicas 7:1-14; Daniel 2:17-23; Lucas 18:1-8.

RESUMEN

- La oración forma nuestro carácter y santifica nuestros deseos.
- Ser constantes en el tiempo de oración y apartar un lugar para orar ayudará a fomentar el hábito de esta disciplina espiritual en nuestra vida.
- El tiempo de calidad con Dios será de vital importancia, Él mira el corazón.
- La oración no tiene límites.
- Tu pasión por Dios será tan grande como tu vida de oración.

¿Cuál fue la enseñanza más significativa que aprendiste hoy?

¿Qué quiere Dios que hagas en respuesta al estudio de hoy?

Día 4

TIEMPO CON DIOS

LECTURA BÍBLICA: FILIPENSES 3:7-10

«Pero cuantas cosas eran para mí ganancia, las he estimado como pérdida por amor de Cristo. Y ciertamente, aun estimo todas las cosas como pérdida por la excelencia del conocimiento de Cristo Jesús, mi Señor, por amor del cual lo he perdido todo, y lo tengo por basura, para ganar a Cristo, y ser hallado en él, no teniendo mi propia justicia, que es por la ley, sino la que es por la fe de Cristo, la justicia que es de Dios por la fe; a fin de conocerle, y el poder de su resurrección, y la participación de sus padecimientos, llegando a ser semejante a él en su muerte».

¿Tienes pasión por conocer más de Dios?

Uno de los principales obstáculos que nos impiden avanzar y crecer en la comunión con Dios es creer que ya sabemos suficiente acerca de Él, de Su Palabra o de cómo vivir la vida cristiana. Así mismo, pensar que ya hemos alcanzado una cierta madurez espiritual constituye un estorbo a nuestro crecimiento. Peor aún, creer que ya conocemos lo suficiente a Dios, y no buscar aprender más de Él, frena nuestro desarrollo espiritual. Pasar tiempo con una persona es la mejor forma de llegar a conocerla más. Cuando conocí a mi esposa, lo que más disfrutábamos los dos era pasar tiempo juntos. Llegamos a aprender mucho el uno del otro hasta que nos casamos. Con el paso de los años, aún mantenemos la práctica de saber más de nosotros y de compartir tiempo juntos para cultivar el amor que sentimos el uno por el otro. Este es el objetivo de toda relación. A medida que la relación se cultiva al compartir tiempo y vivencias, la relación alcanza niveles nuevos de madurez y profundidad del amor. Nuestra conexión con Dios no es diferente. Recordemos que el Señor es un ser infinito, y que nunca lo conoceremos por completo, pero sí estamos en condiciones de profundizar nuestra relación con Él y llegar a conocerlo más día a día.

El apóstol Pablo nos da un ejemplo de que a pesar de todo lo que él había experimentado de Dios, sabía bien que aún le faltaba mucho en su camino por conocerlo más profundamente. Lo cierto es que Dios es un ser que trasciende nuestro entendimiento y conocimiento. Podríamos pasar toda la eternidad con Él y aun así seguir conociendo y experimentando más de Él en nosotros. Pablo escribe: «Y ciertamente, aun estimo todas las cosas como pérdida por la excelencia del conocimiento de Cristo Jesús, mi Señor, por amor del cual lo he perdido todo, y lo tengo por basura, para ganar a Cristo, y ser hallado en él...» (Fil. 3:8-10). Vemos en el apóstol Pablo una fuerte pasión por conocer todo de Cristo y ser plenamente hallado en Él, desde el poder de Su resurrección, la participación de Sus padecimientos, hasta llegar a ser semejante a Él en Su muerte.

Encontrar a Dios y seguir buscándolo es la paradoja de amor del alma.
A. W. TOZER

Recordemos que, en este punto de la vida de Pablo, él ya había experimentado mucho de Dios. Él mismo había tenido un encuentro con Cristo resucitado en su camino a Damasco (Hch. 9:3-9). Además, había sido testigo de muchos milagros de Dios en su ministerio, como ser rescatado de prisión de manera sobrenatural (Hch. 16:25-26). Así mismo, él había sido confortado por un ángel después de haber estado como náufrago en alta mar (Hch. 27:23-24). En otra ocasión, fue hasta el tercer cielo (2 Co. 12:1-2) y sabía que el Señor siempre le daría la fuerza suficiente en toda circunstancia y que estaba con él (Fil. 4:13), esto solo por mencionar algunas situaciones únicas que Pablo experimentó como apóstol de Cristo. Aun así, con una gran trayectoria y un cúmulo de vivencias como apóstol del evangelio, Pablo afirmaba que eso no era suficiente, más bien, él escribe: «Anhelo conocerlo...» (Fil. 3:10, RVA-2015). Tan profundo era su deseo, que todo lo que fue objeto de orgullo personal en su vida pasada ahora no representaba ningún valor. Esta es una gran enseñanza, no importa cuánto hayas experimentado de Dios antes, siempre hay mucho más de Él por ser manifestado en tu vida. ¿Tienes pasión por conocer más de Él? Lo cierto es que cuanto más lo conoces, más deseas de Dios. Por el contrario, conformarnos con el crecimiento que experimentamos en la vida espiritual nos impide avanzar. Si estás satisfecho con lo que tienes, nunca te esforzarás por tener más.

No importa cuánto hayas experimentado de Dios antes, siempre hay mucho más de Él por ser manifestado en tu vida.

DÍA 4

¿Cuánto crees que conoces de Dios?

- ❑ Muy bien ❑ Lo suficiente
- ❑ No mucho ❑ No estoy satisfe cho
- ❑ Estoy muy lejos de conocerlo realmente

¿Quieres la mejor parte?

Los Evangelios nos cuentan que en una ocasión Jesús visitó a Sus amigos que vivían en Betania, muy cerca de Jerusalén. Al ser recibido en su casa, Marta se ocupaba de los quehaceres del hogar,

Anhelo conocerlo.
EL APÓSTOL PABLO

mientras que María, su hermana, se sentó a los pies de Jesús para escuchar Su palabra, ella simplemente deseaba estar con el Señor. Lee este relato en Lucas 10:38-42 y contesta las preguntas:

¿Qué le dijo Marta a Jesús sobre su hermana María?

¿Cuál fue la respuesta de Jesús a Marta?

Esta historia nos deja ver que no importa cuántas ocupaciones tengamos, nada se compara con estar sentado a los pies de Jesús y escucharlo hablar. Siempre tendremos cosas que hacer tanto importantes como urgentes, pero nada puede sustituir nuestro tiempo con Dios. A esto Jesús llamó «la buena parte».

¿Es esto lo que deseas para ti? Sí ☐ No ☐

Ya hemos mencionado la importancia de pasar tiempo con Dios en oración para que crezcamos en la vida espiritual y en nuestra comunión con Él. Además de la oración, meditar en Su Palabra, el ayuno, el uso de un diario espiritual y pasar tiempo a solas con Él, son maneras de cultivar nuestra relación de amor con Dios. Recordemos que disfrutar de una comunión más estrecha con el Señor no sucederá si no somos intencionales y planeamos nuestro tiempo con Dios cada día.

Meditar en Su Palabra

No podremos conocer a Dios ni escuchar Su voz sin conocer lo que Él revela en Su Palabra. Lo que el Padre tiene que decirnos está escrito en la Biblia. En una ocasión, Jesús señaló que no conocer la Escritura es no conocer el poder de Dios (Mt. 22:29). Así como la oración, para escuchar a Dios de forma constante debemos desarrollar un hábito de lectura sostenido de la Palabra de Dios. No importa que hayas leído el mismo pasaje varias veces, Dios te puede hablar de maneras diferentes aun con el mismo texto. Al meditar en una porción de la Escritura en tu tiempo de oración, sin duda notarás que el Señor te habla de maneras muy específicas y sentirás una cercanía con Él. Si no lo has hecho, busca tener tu propia Biblia, léela y medita en ella cada día, pídele a Él que te indique cómo aplicar Sus enseñanzas a tu vida, así como los ajustes que debas hacer. De este modo, llegarás a conocer más profundamente a Dios y te acercarás al conocimiento de Su voluntad. No solo se trata de leer la Palabra, sino también de habitar en ella y hacerla parte de tu día a día.

El ayuno

El ayuno y la oración son expresiones de entrega y dependencia total de Dios. Estos dos tienen un rol insustituible al profundizar en la dependencia del Señor y ser sensibles a Su voz. Todo ayuno debe ser sustentado espiritualmente con oración. Así, se sustituye el tiempo de alimentación física por la espiritual cuando estamos en Su presencia. La Biblia nos indica que Moisés (Éx. 34:28), Daniel (Dn. 9:3; 9:21-22), Nehemías (Neh. 1:4), la primera iglesia (Hch. 13:2-3) y Jesús mismo, practicaron el ayuno como una expresión para profundizar en su comunión con Dios, solo por mencionar algunos. Si tu condición física lo permite, busca tener un tiempo de renovación personal en tu devoción a Dios por medio del ayuno. Este puede abarcar en horario desde la mañana hasta el mediodía o incluso varios días. Lo importante no es abstenerse de alimentos como un fin o para buscar bendiciones, sino como un medio para encontrarse con Dios. El ayuno tiene un gran impacto en el plano espiritual y en cómo percibimos que el Señor nos habla y se manifiesta a nosotros.

El ayuno es el signo de exclamación al final de la frase ¡te necesito y quiero más de ti!
JOHN PIPER

Un diario espiritual

Un diario espiritual son nuestras oraciones de forma escrita. Estas reflejan nuestro caminar con Dios día a día, o de tiempo en tiempo. Escribir nuestras oraciones puede tener un gran impacto en cómo percibimos que Dios se manifiesta a nosotros y es un registro de Su fidelidad en nuestra vida. En él podemos incluir, además, alguna palabra que Dios haya puesto en nuestro corazón, un poema, una alabanza, una canción, un pensamiento o cómo experimentamos a Dios. Con el paso del tiempo, te darás cuenta de cómo el Señor ha obrado en cada situación y lo conocerás más profundamente.

Estar a solas con Dios

Muy a menudo, estar a solas con Dios en oración provee el mejor escenario para que Él se manifieste a nosotros de una manera muy personal. En las narrativas bíblicas vemos cómo Jesús buscaba este tiempo a solas con el Padre para estar en una comunión íntima con Él (Lc. 9:18; Jn. 6:15). Muchas veces Dios nos hablará a solas cosas que no podemos escuchar de ninguna otra manera. Busca oportunidades para pasar tiempo a solas con Dios lejos de toda interrupción o distracción. Este tiempo es de gran valor para cultivar nuestra relación con Él y escuchar Su voz. En algunas ocasiones, Su Espíritu reafirma en nuestro corazón una palabra, un pensamiento, un deseo santificado, una visión en nuestro

Muchas veces Dios nos hablará a solas cosas que no podemos escuchar de ninguna otra manera.

servicio a Dios, o nos trae un texto de la Escritura. Otras veces, es en este tiempo que el Señor nos cambia, nos redarguye, moldea nuestro carácter, nos lleva hacía Él, nos muestra Su voluntad en una determinada situación, o nos llena de esperanza, fortaleza y valor.

¿Sientes que Dios te está llamando a conocerlo más profundamente a través de una de estas disciplinas espirituales?

- ❑ Oración
- ❑ Meditar en Su Palabra
- ❑ Ayuno
- ❑ Diario espiritual
- ❑ Pasar tiempo con Dios

Lecturas bíblicas adicionales:
Salmos 16:1-11; Salmos 84:1-12; Juan 15:1-11.

RESUMEN

- Solo al pasar tiempo con Dios llegamos a conocerlo más profundamente y experimentar más de Su amor y Su manifestación a nuestras vidas.

- Siempre existe algo que conocer de Dios: Su obra, Su propósito o a Él mismo. A Dios nunca lo conoceremos por completo, porque Él es un ser infinito, pero podemos profundizar en nuestra relación de amor con Él a medida que lo buscamos.

- Conformarnos con el crecimiento que experimentamos en la vida espiritual es un enemigo para nuestro crecimiento en Dios.

- Pasar tiempo a los pies del Señor siempre será «la buena parte», que ninguna otra actividad, título o posesión se le puede comparar.

- Además de la oración, meditar en Su Palabra, el ayuno, el uso de un diario espiritual y pasar tiempo a solas con Él son maneras de cultivar nuestra relación de amor con Dios.

¿Cuál fue la enseñanza más significativa que aprendiste hoy?

¿Qué quiere Dios que hagas en respuesta al estudio de hoy?

Día 5

SÉ LLENO DEL ESPÍRITU SANTO

LECTURA BÍBLICA: LUCAS 11:10-13

«Porque todo aquel que pide, recibe; y el que busca, halla; y al que llama, se le abrirá. ¿Qué padre de vosotros, si su hijo le pide pan, le dará una piedra? ¿o si pescado, en lugar de pescado, le dará una serpiente? ¿O si le pide un huevo, le dará un escorpión? Pues si vosotros, siendo malos, sabéis dar buenas dádivas a vuestros hijos, ¿cuánto más vuestro Padre celestial dará el Espíritu Santo a los que se lo pidan?».

El Espíritu Santo mora en todos los que hemos recibido a Jesús como Señor y Salvador. Esta es una promesa de Jesús y una realidad para todo creyente (1 Co. 3:16; Ef. 1:13). De hecho, la Palabra de Dios señala que, si el Espíritu de Dios no mora en alguno, no es de Cristo (Ro. 8:9).

Recordemos que el Espíritu Santo es uno de los miembros de la Trinidad y cumple una función en la vida de cada creyente. Al vivir nuestra vida cristiana, hay dos oraciones que podemos hacer en relación con el Espíritu Santo. La primera de ellas es cuando recibimos el regalo de la vida eterna en Cristo Jesús, el Espíritu de Dios viene a nuestro corazón. Podemos hacer esta oración y pedirle al Espíritu Santo que venga y habite en nosotros. Después, a lo largo de nuestro caminar en Cristo, también podemos pedirle a Dios una constante llenura de Su Espíritu y que seamos dirigidos por Él en todo momento. Esto sucede a medida que buscamos el rostro del Señor, lo obedecemos y nos rendimos por completo a Él. Lo cierto es que no podemos vivir en pasión por Dios sin la plenitud del Espíritu Santo en control de todo nuestro ser. Jesús mismo era lleno del Espíritu al realizar Su obra de salvación en la tierra (Lc. 4:1). La buena noticia es que tenemos un Padre bueno en los cielos que nos da Su Espíritu y nos ayuda a vivir en comunión con Él. La Palabra de Dios señala que el Espíritu conoce y escudriña aun lo profundo de Dios y nos lo hace saber (1 Co. 2:10). Solo se puede conocer a Dios íntimamente a través de Su Espíritu.

No podemos vivir en pasión por Dios sin la plenitud del Espíritu Santo en control de todo nuestro ser.

Antes de continuar, espera un momento, esto es en verdad importante. Si no tienes al Espíritu Santo, ¿te gustaría pedir que el Espíritu Santo venga a ti y a Jesús que sea tu Señor y Salvador?

Sí ☐ No ☐

Este es el punto donde la verdadera pasión por Dios comienza. Si tu decisión es vivir en pasión por Dios, tendrás que pedirle que sea tu Señor y Salvador junto con el perdón de tus pecados. Puedes orar de esta manera:

«Señor, vengo a ti y reconozco que tú eres mi Salvador. Te pido que seas el Señor de mi vida. Perdona mis pecados y haz que el Santo Espíritu habite en mi corazón. Quiero vivir en pasión por ti, te entrego mi vida. En el nombre de Cristo Jesús, amén».

Ahora veamos la función que el Espíritu Santo tiene en tu vida una vez que lo has recibido. Lee Juan 14:15-26 y 16:4-15 ¿Cuál es la obra que hace el Espíritu Santo con los hijos de Dios?

Lee también los siguientes pasajes de la Escritura y anota qué otras funciones realiza el Espíritu de Dios en aquellos que lo han recibido.

- Hch. 13:1-2 ____________________
- Hch. 13:4; 9-10 ____________________
- Ro. 8:26-27 ____________________
- Ro. 15:13 ____________________
- 1 Co. 12:7____________________
- 2 Co. 3:17 ____________________
- 1 Ts. 1:6 ____________________
- 2 Ti. 1:7____________________
- Tit. 3:5-6 ____________________
- 1 Pe. 1:2 ____________________

DÍA 5

Como podemos ver, son muchas las funciones del Espíritu en nosotros: Él está con nosotros (Jn. 14:17), nos enseña las cosas de Dios y nos recuerda lo que Jesús ha dicho (Jn. 14:26), da testimonio de Jesús (15:26), convence al mundo de pecado y de justicia (Jn. 16:8), nos guía a la verdad (Jn. 16:13), nos da gozo (1 Ts. 1:6), produce fruto en nosotros (Gá. 5:22-24), nos ayuda en nuestra debilidad e intercede por nosotros conforme a la voluntad de Dios, nos da dones espirituales (1 Co. 12:7-11), es derramado en nosotros al momento de nuestra salvación (Tit. 3:5-6), nos habla (Hch. 13:1-2), nos da libertad (2 Co. 3:17), nos da esperanza (Ro. 15:13), nos santifica (1 P. 1:2), nos da poder (Hch. 1:8; 2 Ti. 1:7) y un sentido de propiedad y seguridad de que somos de Dios (Ef. 1:13-14). ¡Por esto es tan importante ser llenos del Espíritu de Dios y dejar que Él nos guíe cada día!

Sé lleno del Espíritu

Ser lleno del Espíritu Santo es vivir en el fuego de Dios y el grado más grande de pasión que podamos experimentar por Su presencia.

Como familia, tenemos el hábito de orar antes de ir a dormir. Al orar por mis hijas, una petición constante de cada noche es pedirle a Dios que las llene de Su Santo Espíritu. He entendido que esta es la mejor de todas las peticiones y la mejor bendición que ellas pueden tener. En lugar de pedirle a Dios por otro tipo de bendiciones, una llenura del Espíritu Santo provee sabiduría, protección, paz, seguridad y nos revela la voluntad del Padre, tal como Jesús describió el ministerio que el Espíritu Santo haría con Sus discípulos cuando Él partiera. Ser lleno del Espíritu Santo es vivir en el fuego de Dios y el grado más grande de pasión que podamos experimentar por Su presencia. Al ser lleno del Espíritu Santo no tenemos necesidad de ninguna otra cosa. La buena noticia es que podemos pedir a Dios una llenura de Su Espíritu y Jesús prometió que el Padre lo daría a quien se lo pida; sin embargo, no olvidemos que para que esto suceda tenemos que vivir bajo Su total control y en obediencia a Su Palabra.

El mismo Espíritu que habitó en Jesús y les dio poder a Sus discípulos para proclamar el evangelio, es el mismo que habita en nosotros.

Probablemente, en algunas ocasiones quedamos impresionados al leer los relatos bíblicos donde observamos que hombres y mujeres de Dios hacían grandes obras por medio de Su Espíritu. Incluso podemos conocer personas que son usadas por Dios en gran manera y son llenas del Espíritu Santo, pero a menudo olvidamos que el mismo Espíritu que habitó en Jesús y les dio poder a Sus discípulos para proclamar el evangelio, es el mismo Espíritu que habita en nosotros.

Llenarse del Espíritu Santo significa estar bajo Su total dominio y control.
JOHN MACARTHUR

¿Por qué necesitamos ser llenos del Espíritu?

Primero, debemos entender que ser llenos de Su Espíritu es la voluntad de Dios para nuestra vida, es la máxima expresión del control de Dios y de que Su voluntad hecha en la tierra para nosotros. Además, solo a través de Su Espíritu es que podemos vivir la vida cristiana de acuerdo con el plan y misión de Dios. El Espíritu Santo nos capacita, empodera y nos da fortaleza para cumplir los propósitos de Dios y para enfrentar cualquier adversidad o prueba que vivimos. El Santo Espíritu de Dios es Dios mismo, es una persona de la Trinidad, Él mora en nosotros y nos anhela con un gran deseo de que estemos totalmente rendidos a Él, esto incluye todo nuestro ser.

Vivir en pasión por Dios es mostrar el fruto de Su Espíritu en nosotros. Lee Gálatas 5:16-26 y enlista las expresiones del fruto que los creyentes muestran cuando son llenos del Espíritu Santo.

¿Te gustaría pedir una llenura de Su Espíritu Santo ahora mismo?

Sí ☐ No ☐

¿Estás dispuesto a que Él controle toda tu vida y dependas totalmente de Él?

Sí ☐ No ☐

Haz esta oración: «Señor, tú has prometido que el Espíritu Santo vendría a nosotros. Eres el Padre bueno que no nos da una piedra si te pedimos un pan, o una serpiente en lugar de un pescado. Así, prometiste una llenura de tu Espíritu Santo a todo aquel que te lo pida. Lléname de tu Espíritu a medida que camino en obediencia y total dependencia de ti».

Lecturas bíblicas adicionales:
1 Corintios 2:10-13; 1 Corintios 6:19-20; 1 Corintios 12:4-12; Gálatas 5:16-26.

Notas

RESUMEN

- El Espíritu Santo viene a habitar en todo aquel que ha rendido su vida a Cristo como su Señor y Salvador.
- Ser llenos del Espíritu Santo es la voluntad de Dios para nuestra vida, es la máxima expresión del control de Dios y de Su voluntad hecha en la tierra para nosotros.
- El Espírtu Santo anhela una comunión con nosotros y una vida rendida totalmente a Él.

¿Cuál fue la enseñanza más significativa que aprendiste hoy?

¿Qué quiere Dios que hagas en respuesta al estudio de hoy?

La prueba y la adversidad

Día 1

¿POR QUÉ ENFRENTAMOS PRUEBAS Y ADVERSIDAD?

PRINCIPIO 2: PRUEBA Y ADVERSIDAD

Dios cumple Sus más grandes propósitos en nosotros a través de la prueba y la adversidad.

Dios usa la adversidad en nuestra vida para ayudarnos a crecer espiritualmente. Él usa las diversas pruebas con diferentes propósitos, pero vistas desde una perspectiva correcta, la prueba y la adversidad nos pueden llevar a acercarnos a Dios en un nivel que no se puede experimentar de ninguna otra manera. De hecho, la prueba es necesaria y sin duda alguna está presente en la vida de cada creyente. Lo cierto es que todos somos probados. Aun aquellas personas que pareciera que no enfrentan ningún tipo de conflicto en sus vidas, o que todo siempre marcha bien, son probadas. Ahora, hay una diferencia entre prueba y adversidad, ambas nos ayudan a crecer en Dios y tienen un propósito para nosotros. Sin embargo, la adversidad no es siempre el resultado de una prueba en nuestra vida, sino que puede venir como consecuencia de una mala decisión o distanciamiento de Dios. Aun así, estas dos, la adversidad y la prueba, tienen mucho en común. De manera general podemos afirmar que toda prueba representa una adversidad o conflicto, pero no toda adversidad es una prueba. Aunque, visto desde nuestra perspectiva, es difícil muchas veces notar una diferencia entre ambas.

La diferencia al experimentar pruebas y adversidad entre aquel que ama a Dios y el que no cree en Él, es que los creyentes tienen un ancla para sostenerse.

De una manera u otra, en algún tiempo de nuestra vida enfrentaremos adversidad o pruebas; unas más grandes que otras, pero siempre seremos probados. Las pruebas se presentan de varias formas y en distintos contextos. Por ejemplo, pueden llegar en forma de conflictos con otros y provocar ansiedad ante una situación. Entre ellas, luchas internas ante un sentimiento, tentación a desobedecer a Dios en algún área, una enfermedad, la pérdida de un ser querido o como un sinfín de muchas otras formas. Aun aquellos que no conocen a Dios, o lo rechazan, enfrentan por igual todo tipo de pruebas; sin embargo, un gran número de estas pruebas los acercan a Dios. La diferencia al experimentar pruebas y adversidad entre aquel que ama a Dios y el que no cree en Él, es que los creyentes tienen un ancla para sostenerse, fortalecerse y encontrar refugio y descanso en medio de cada circunstancia adversa.

Es importante notar que la prueba no se busca, Dios nos la envía a Su debido tiempo y propósito. Por ello, no hay que hacer mucho para que lleguen, pero sin duda estas pueden significar un crecimiento de diversas maneras. Nunca olvides que el propósito de Dios al permitir diversas pruebas en nuestra vida no es destruirnos, sino que crezcamos.

¿Qué prueba o adversidad enfrentas en este momento?
¿Te gustaría orar por eso ahora mismo?

No somos casos especiales

En un sentido, cada uno de nosotros experimenta pruebas únicas, porque somos personas únicas y vivimos circunstancias singulares en nuestro propio contexto. He tenido la oportunidad de hablar con algunas personas que han enfrentado situaciones tan peculiares y distintas a lo que comúnmente vemos en la experiencia de otros, que han llegado a pensar que ellos son casos únicos o especiales y creen que no hay nadie que haya pasado por algo similar, y en efecto parece ser que sus vidas son una buena historia para una telenovela o para la mejor película de drama; sin embargo, toda prueba que enfrentamos es humana en un sentido, y estas se cumplen en todos nosotros por igual. Así lo expresa el apóstol Pablo al escribir: «No os ha sobrevenido ninguna tentación [o prueba] que no sea humana; pero fiel es Dios, que no os dejará ser tentados [o probados] más de lo que podéis resistir, sino que dará también juntamente con la tentación [o prueba] la salida, para que podáis soportar» (1 Co. 10:13). Nota cómo el término usado para tentación en este texto es el mismo que para prueba *(peirasmós)*. Sea una prueba o una tentación, Dios no nos dejará ser llevados más allá de lo que podamos resistir, y nos promete siempre darnos la salida. Del mismo modo, el apóstol Pedro también escribe sobre la importancia de resistir firmes en la fe ante toda prueba: «... sabiendo que los mismos padecimientos se van cumpliendo en vuestros hermanos en todo el mundo» (1 P. 5:9). Es bueno recordar esto porque, por difícil que parezca cada situación, Dios nos fortalece de la misma forma que lo hace con otros que viven sus propias luchas en otros contextos.

¿Cuándo llega la prueba?

Charles H. Spurgeon, uno de los grandes predicadores del siglo XIX, escribió a sus estudiantes algunas advertencias, con base en su propia experiencia, sobre cuándo comúnmente puede llegar algún tipo de adversidad a nuestra vida. Algunos de estos tiempos son:

- Después de recibir una bendición.
- Después de un trabajo arduo sin descanso.
- Cuándo se está por emprender un proyecto nuevo, sobre todo de carácter espiritual.

¿Has experimentado adversidad en alguno de estos tiempos en tu propia vida? ¿Te gustaría compartir tu experiencia?

Sí ☐ No ☐

La prueba de Abraham

Al parecer, la prueba de Abraham encaja con los tres tiempos que Spurgeon describe en sus Discursos a mis estudiantes, respecto al momento en que la adversidad puede llegar a nuestra vida. Antes de ser probado, Abraham ya había recibido finalmente el regalo de la promesa de Dios, su hijo Isaac. Él también había trabajado de manera ardua para llegar a establecerse en la tierra de Canaán y, al mismo tiempo, emprendía un proyecto nuevo. Ahora, con la llegada de Isaac a sus vidas, seguramente estaba expectante de la promesa de Dios que haría una gran nación de él y que sería de bendición a todas las familias de la tierra. Sin embargo, él nunca esperaría la manera en que Dios estaba a punto de probarlo. En Génesis 22:1-2 leemos: «Aconteció después de estas cosas, que probó Dios a Abraham, y le dijo: Abraham. Y él respondió: Heme aquí. Y dijo: Toma ahora tu hijo, tu único, Isaac, a quien amas, y vete a tierra de Moriah, y ofrécelo allí en holocausto sobre uno de los montes que yo te diré».

Dios actúa de maneras que no podemos entender y nos prueba de formas que algunas veces no siguen una lógica humana, y es así como Él cumple Sus propósitos.

En este punto de la historia, Abraham ya había desarrollado su fe en Dios. Él había dejado su tierra y su familia en obediencia al Señor, sin saber hacia dónde se dirigía (He. 11:8). Fue en esta tierra que una noche Dios lo visitó en su tienda y lo llevó afuera para enseñarle las estrellas y decirle: «... Mira ahora los cielos, y cuenta las estrellas, si las puedes contar. Y le dijo: Así será tu descendencia. Y creyó a Jehová, y le fue contado por justicia» (Gn. 15:5-6). Esta promesa era en verdad grande y Abraham la creyó. Dios le prometió tener una descendencia tan grande como el número de las estrellas en el firmamento, a pesar de que él y su esposa Sara eran ya de edad avanzada y, por encima de todo, Sara era estéril. La fe de Abraham sin duda alcanzó niveles muy altos de confianza en Dios, al grado que fue llamado «amigo de Dios» (Is. 41:8; Stg. 2:23). Sin embargo, la fe de Abraham fue puesta a prueba una vez más cuando Él le pidió a su hijo. ¿Tenía sentido lo que Dios le pidió? Así como la prueba de Abraham, muchas de las pruebas que experimentamos no parecen tener sentido para nosotros. ¿Por qué Dios le quitaría a un hijo que Él mismo le había prometido? Sin embargo, Dios actúa de maneras que no podemos entender y nos prueba de formas que algunas veces no siguen una lógica humana, y es así como Él cumple Sus propósitos. Tenga sentido o no para nosotros, lo cierto es que si no hay prueba no hay crecimiento en nuestra fe, ni podemos experimentar más de Dios de la manera que Él nos enseña a través de la adversidad.

Lee los siguientes pasajes y escribe de qué manera la fe de estas personas fue probada y cómo respondieron a la adversidad.

- Deuteronomio 8:2-3 ____________________
- Daniel 3:16-18 ____________________
- Juan 6:5-6 ____________________
- Hechos 16:1-33 ____________________

Los doctores sugieren abortar a mi hija

Una de las mayores pruebas que hemos vivido como familia fue cuando esperábamos a mi tercera hija. Al cumplir mi esposa cinco meses de embarazo, el mundo vivía una de sus peores crisis de los últimos tiempos cuando la pandemia llenaba de miedo y de incertidumbre el corazón de todas las personas. Con mis otras dos hijas pequeñas y la escasez de recursos, como pañales, fórmulas para bebé, papel de baño y otros alimentos, la situación que vivíamos se complicaba aún más. Además, las restricciones sanitarias no permitían que yo acompañara a mi esposa a sus chequeos médicos y ultrasonidos de rutina. Aun con la dura situación, nada pudo prepararnos para lo que estaba por venir. En uno de esos chequeos rutinarios a mi esposa, el doctor nos informó que algo anormal en nuestra bebé tenía que revisarse con más detenimiento y debían realizar otro tipo de pruebas para descartar algunos defectos de nacimiento. Al cabo de unos días, cuando todos los exámenes médicos fueron realizados, solo quedaba esperar los resultados. Tengo en mi memoria esos días y noches como si hubieran sido eternos, de mucha oración y de angustia. Recuerdo aquel día como si fuera hoy. Yo estaba en mi oficina aquella mañana cuando sonó el teléfono, era mi esposa y lloraba. De inmediato, supe lo que pasaba sin que ella me lo dijera. Había recibido una llamada del hospital para decirle que los resultados de los análisis mostraban que nuestra bebé venía con graves malformaciones de nacimiento y que tendríamos que ir a la clínica para entrevistarnos con un especialista de inmediato. Recuerdo cómo mis piernas temblaban al entrar por esa oficina,

La prueba hace que no vuelvas a ser el mismo cuando te refugias en el Señor y experimentas más de Su gracia.

y cómo mi corazón se desgarraba al escuchar que una opción que teníamos para que «el producto» no sufriera, era el aborto.

Sin embargo, en medio del dolor, yo no podía perder la fe ni la esperanza. Me había aferrado a la promesa de que mi hija viviría y sería una bebé completamente sana. El resto del embarazo fue el tiempo más largo que jamás hemos vivido. Oramos e intercedimos por nuestra hija, muchas veces postrados, en otras ocasiones sin fuerzas, y otras noches en vela. A medida que el tiempo avanzaba, yo sentía cómo poco a poco el temor se disipaba y la paz crecía en mi interior. Los chequeos médicos se hicieron más frecuentes y los doctores, de modo gradual, descartaron «uno por uno» cada posible defecto de nacimiento que nos habían dicho que mi hija tendría, hasta que llegó el día en que mi hija Maya nació completamente sana. Esa mañana, cuando por fin la sostuve entre mis brazos, yo solo la veía, la acariciaba, le contaba sus deditos, no escuchaba a un bebé llorar, escuchaba la fidelidad de Dios. Nunca le pregunté a los médicos si ella había nacido con algún problema de salud, sabía que no. ¿Por qué tuvimos que vivir esta experiencia? «No lo sé». Solo sé que, a lo largo de esos días y noches en que iba a la presencia de Dios con un corazón agobiado para ser lleno de Él, conocí y llegué a experimentar al Señor como no lo había hecho nunca antes en mi vida. La prueba hace que no vuelvas a ser el mismo cuando te refugias en el Señor y experimentas más de Su gracia.

Dios nos permite experimentar los puntos bajos de la vida para enseñarnos lecciones que no podríamos aprender de otra manera.
C. S. LEWIS

¿A quién más podemos ir?

Aunque las circunstancias adversas no tengan sentido para nosotros, podemos ver que lo que Dios obra en nuestra vida sí tiene sentido. Piensa por un momento: *¿Cómo podríamos conocer la sanidad, si nunca hemos experimentado la enfermedad? ¿Cómo sabríamos qué es la paz, si no hemos tenido ansiedad? ¿Cómo conoceríamos qué es confiar en Dios si no tenemos temor?¿Cómo conoceríamos la gracia o el perdón si no hemos tenido una deuda o una falta?* La adversidad nos coloca en el punto y en el momento exactos para darnos cuenta de que no tenemos más a dónde ir, sino solo a Dios, y nos lleva a experimentar más de Él.

La adversidad nos coloca en el punto y en el momento exactos para darnos cuenta de que no tenemos más a dónde ir, sino solo a Dios.

Lo cierto es que, una vez que la prueba pasa y recibimos la gracia de Dios que nos sustenta, ya no miramos la prueba con el mismo dolor que sentíamos en aquel entonces, sino que recordamos ese momento como una expresión de la gracia y la fidelidad con que Dios nos abrazó durante la prueba. Esto fue exactamente lo que le pasó a Abraham. Una vez que él obedeció a Dios y llevó a Isaac su hijo al lugar que Dios le indicó, justo antes de ofrecerlo en sacrificio, el Señor proveyó un carnero para ser sacrificado en lugar de Isaac. Abraham conoció ese día a Dios como el «Dios que proveerá» (Gn. 22:14). Así nosotros, en cada una de nuestras luchas, llegamos a conocer al Señor de una manera única en que Él se manifiesta a nosotros.

¿Has enfrentado alguna prueba o adversidad que te ha llevado a una dependencia más profunda de Dios?

Sí ❑ No ❑

¿Te gustaría compartir esa experiencia?

RESUMEN

- La prueba y la adversidad pueden llevarnos a experimentar una cercanía y una dependencia de Dios que no experimentaríamos de ninguna otra manera.
- Sin prueba ni adversidad en nuestra vida no hay crecimiento de nuestra fe.
- Las circunstancias difíciles que hemos vivido, por duras que estas sean, no nos hacen únicos al enfrentar el dolor y el sufrimiento.
- Todos tenemos diversas pruebas que se presentan de diversas formas y en diferentes tiempos de nuestra vida.
- La adversidad nos coloca en el punto y en el momento exactos para darnos cuenta de que no tenemos más a dónde ir, sino solo a Dios.
- En cada una de las pruebas que enfrentamos podemos conocer a Dios de una manera única en que Él se manifiesta.

¿Cuál fue la enseñanza más significativa que aprendiste hoy?

¿Qué quiere Dios que hagas en respuesta al estudio de hoy?

Una jornada de siete semanas

ACTIVIDAD SEMANAL

1. Toma un momento para recordar algunas de las pruebas y las bendiciones que has vivido a lo largo de tu vida. Haz una lista de ellas en tu diario de oración y dale gracias a Dios por cada una de ellas.

2. Piensa en el propósito que Dios tiene en algunas de las más duras adversidades que has vivido. Reflexiona por un momento. ¿Puedes ver el propósito de Dios en ellas?

3. ¿Crees que por medio de una prueba Dios te está guiando a un área de servicio en particular? Piensa en ello.

Día 2

NO TE OLVIDES DE RECORDAR

LECTURA BÍBLICA: SALMOS 42:1-5

«Como el ciervo brama por las corrientes de las aguas, Así clama por ti, oh Dios, el alma mía. Mi alma tiene sed de Dios, del Dios vivo; ¿Cuándo vendré, y me presentaré delante de Dios? Fueron mis lágrimas mi pan de día y de noche, Mientras me dicen todos los días: ¿Dónde está tu Dios? Me acuerdo de estas cosas, y derramo mi alma dentro de mí; De cómo yo fui con la multitud, y la conduje hasta la casa de Dios, Entre voces de alegría y de alabanza del pueblo en fiesta. ¿Por qué te abates, oh alma mía, y te turbas dentro de mí? Espera en Dios; porque aún he de alabarle, Salvación mía y Dios mío».

Cierra tus ojos por un momento y recuerda uno de los días más felices de tu vida. Quizás uno de tus mejores días sea cuando te casaste, cuando nacieron tus hijos, cuando hiciste aquel viaje familiar o simplemente cuando pasaste un gran día con tus padres, hermanos o amigos. ¿Notaste que muchos de estos recuerdos parece que sucedieron el día de ayer? Seguramente al recordar uno de los días que consideras más felices, vino una sonrisa a tu rostro y te hizo sentir bien en verdad. Lo que es cierto es que estos recuerdos te conectan con las personas con que viviste esos momentos.

Uno de los grandes regalos que Dios nos ha dado es la memoria. Nosotros somos el resultado de todas esas experiencias que hemos vivido a lo largo de nuestra vida y llevamos un registro de ellas porque las guardamos en la mente y el corazón. Imagina por un momento que no fuéramos capaces de recordar absolutamente nada. Qué triste sería que no estuviéramos en condiciones de retener en la memoria lo que hemos vivido. No hace mucho vi un documental sobre la vida de Clive Wearing, un músico y tenor aclamado del Reino Unido, quien hace muchos años sufrió la pérdida de su memoria debido a un virus que entró a su sistema nervioso y le provocó una amnesia severa. Desafortunadamente, este hombre solo puede recordar los últimos siete segundos de su vida, y después de este tiempo su memoria se reinicia una y otra vez en un ciclo que nunca termina.

Conocer este caso de la vida real me llevó a preguntarme: «¿Qué sería de nosotros si no fuéramos capaces de retener nuestros recuerdos?».

Al experimentar tiempos de prueba, una de las cosas que nos ayudarán a recobrar el aliento, la fe y la esperanza es sin duda traer a nuestra memoria lo que Dios ha hecho con nosotros en el pasado y la manera en que Él ha sido fiel. Esto es precisamente lo que hace el salmista cuando escribe Salmos 42. Él se encuentra en un lugar solitario y seco, y expresa un profundo abatimiento dentro de su ser. Él tiene sed de Dios y hace una de las analogías más hermosas al expresar el estado de su alma: «Como el ciervo brama por las corrientes de las aguas, así clama por ti, oh Dios, el alma mía» (Sal. 42:1). Muy seguramente tú también has estado en ese lugar árido, rodeado de circunstancias difíciles y con sed del Dios vivo. Lee Salmos 42 y contesta las siguientes preguntas:

¿Cómo expresa el salmista su profunda tristeza?

DÍA 2

¿Qué recuerda el salmista que le trae esperanza y deseo de seguir alabando a Dios?

En medio del dolor y la adversidad, el salmista recuerda la fidelidad de Dios en el pasado; buenos tiempos de alabanza junto a su pueblo, mientras subían hasta el templo a adorar. Esto lo impulsa a seguir dándole a Él alabanza en el tiempo presente, en medio del dolor y la angustia, y decirle a su alma que espere en Dios, porque aún ha de alabarlo.

Olvidarse de lo que Dios ha hecho debilita nuestra fe

Por otro lado, cuando no recordamos lo que Dios ha hecho y olvidamos Sus bendiciones, nuestra fe tiende a debilitarse, y la duda, la queja y la ansiedad aumentan en nosotros. Esto le pasó al pueblo de Israel cuando fue probado en el desierto. La narrativa de Éxodo 15 nos presenta dos extremos de sentimientos, la primera parte es un canto con danzas y alabanzas por la victoria que Dios le había dado al pueblo de Israel sobre los egipcios cuando abrió el mar y pasaron en seco. Sin embargo, este momento de gran gozo les duró poco. Después, al cabo de tres días, se hallaron sin agua en el desierto, tuvieron sed y pensaron que morirían allí. Con gran rapidez se olvidaron de que Dios podía librarlos como lo hizo en el pasado y comenzaron a quejarse y a dudar del propósito del Señor para ellos.

Lo cierto es que muchas veces, así como el pueblo de Israel, cuando experimentamos un desierto árido en nuestras vidas tendemos a olvidar pronto cuánto Dios nos ha bendecido.

Las circunstancias secan nuestra alma y al encontrarnos con el espíritu abatido es fácil olvidarse del poder de Dios, del propósito que Él tiene y de lo que Él puede hacer en y a través de nosotros. Una vez más, vemos que recordar cómo Dios se ha manifestado en el pasado nos dará vigor para creer que Él lo puede hacer otra vez. Él es Dios hoy, como ayer, y por la eternidad, sin importar lo que vivamos. Detente aquí por un momento. Haz una lista de cómo Dios ha sido fiel contigo desde un año atrás hasta el tiempo presente.

¿Puedes recordar alguna de las manifestaciones de Dios en tu vida?

Dios lo hizo antes y puede hacerlo otra vez

Recordar lo que Dios ha hecho en el pasado fortalece nuestra confianza en Él y centra nuestra atención en Dios y no en las circunstancias que enfrentamos en el presente. En medio de la prueba podemos traer a nuestra memoria cómo Dios nos dio la victoria y mostró Su gran poder cuando pensábamos que todo estaba perdido o sentíamos un gran dolor o vacío. Recordar lo que Dios había hecho en el pasado fue una lección que Jesús enseñó a Sus discípulos cuando en cierto día ellos habían olvidado llevar pan para alimentarse y se preocuparon por eso, a lo que Jesús les respondió: «... ¿Por qué pensáis dentro de vosotros, hombres de poca fe, que no tenéis pan?» (Mt. 16:8). Los discípulos no traían pan con ellos y se preocuparon. Este descuido podría significar la falta de provisión de alimento para todo el día. Sin embargo, Jesús daba por sentado que ese no sería ningún problema porque ¡Él mismo ya había provisto pan para multitudes enteras! Respondamos juntos las preguntas de Jesús a Sus discípulos, que sirvieron para asegurarles que no debían preocuparse por no traer pan. Nota cómo en estas dos preguntas el Señor les pide a Sus discípulos que recuerden dos eventos del pasado donde Él manifestó Su poder.

Recordar lo que Dios ha hecho en el pasado fortalece nuestra confianza en Él y centra nuestra atención en Dios y no en las circunstancias que enfrentamos en el presente.

1. «¿No entendéis aún, ni os acordáis de los cinco panes entre cinco mil hombres, y cuántas cestas recogisteis?» (Mt. 16:9). Lee Mateo 14:13-21 y responde la pregunta de Jesús: ¿cuál era la provisión que se tenía y cuántas cestas se recogieron de lo que sobró?

2. «¿Ni de los siete panes entre cuatro mil, y cuántas canastas recogisteis?» (Mt. 16:10). Lee Mateo 15:32-38 y responde la pregunta de Jesús: ¿Cuál era la provisión que se tenía y cuántas canastas se recogieron de lo que sobró?

Con esta repuesta, Jesús instó a Sus discípulos a recordar que Él tenía todo el poder para hacer en ese momento lo que había hecho en el pasado. Es como si Jesús les dijera a Sus discípulos: «¿No entienden que no les estoy hablando del pan? Yo puedo fabricar el pan con facilidad para ustedes, recuerden las multitudes que alimenté y todo lo que sobró». Esas palabras del Señor resuenan constantemente en mi corazón cuando, al encontrarme en medio de la adversidad, Él me lleva a recordar lo que ya ha hecho en el pasado y es mi oración que también lo haga contigo.

Lecturas bíblicas adicionales:

Salmos 124:1-8; Lamentaciones 3:19-27; Filipenses 1:3-6.

Notas

RESUMEN

- Recordar lo que Dios ha hecho en nosotros, y a través de nosotros, nos da vigor para creer que Él puede hacerlo otra vez.
- Cuando no recordamos lo que Dios ha hecho y olvidamos Sus bendiciones, nuestra fe tiende a debilitarse.
- Recordar lo que Dios ha hecho en el pasado fortalece nuestra confianza en Él y centra nuestra atención en Dios y no en las circunstancias que enfrentamos en el presente.

¿Cuál fue la enseñanza más significativa que aprendiste hoy?

¿Qué quiere Dios que hagas en respuesta al estudio de hoy?

Día 3

PROPÓSITO EN LA ADVERSIDAD

LECTURA BÍBLICA: ROMANOS 8:28, 37-39

«Y sabemos que a los que aman a Dios, todas las cosas les ayudan a bien, esto es, a los que conforme a su propósito son llamados.

Antes, en todas estas cosas somos más que vencedores por medio de aquel que nos amó. Por lo cual estoy seguro de que ni la muerte, ni la vida, ni ángeles, ni principados, ni potestades, ni lo presente, ni lo por venir, ni lo alto, ni lo profundo, ni ninguna otra cosa creada nos podrá separar del amor de Dios, que es en Cristo Jesús Señor nuestro».

Vista desde una perspectiva correcta, la adversidad es una bendición. Como vimos en el «Día 1» de esta semana, Dios cumple grandes propósitos en nosotros al permitir que atravesemos por distintos valles a lo largo de nuestra vida. Romanos 8:28 es uno de los textos que nos ayudan a entender que toda adversidad tiene un propósito y nos permite crecer en Dios: «Y sabemos que a los que aman a Dios, todas las cosas les ayudan a bien…». En lo personal, este es un texto de gran inspiración para mí. Al enfrentar diversas luchas, siempre llego a la conclusión de que, aunque no lo entienda en ese momento, todo lo que vivo me ayuda para bien, porque amo a Dios, aun aquellos pequeños detalles de la vida. Así, al pasar por diferentes vivencias, con frecuencia me pregunto a mí mismo: «¿Cuál es la perspectiva de Romanos 8:28 en esta circunstancia?».

> **No hay aflicción que llegue por casualidad. No nos vemos abandonados a la miseria de creer que las cosas suceden independientemente de un poder divinamente controlador. Ni una gota de amargura cae jamás en nuestra copa a menos que la sabiduría del Padre celestial la coloque allí. La adversidad debe llegar, siempre es con un propósito. Y si es el propósito de Dios, ¿deberías desear escapar de ella?**
>
> **CHARLES H. SPURGEON**

Así como el director de una orquesta, quien dirige con gran pericia cada uno de los instrumentos en tiempo y forma, es impresionante saber que, en Su infinita sabiduría, Dios orquesta cada una de nuestras vivencias, las combina, las usa y produce en ellas una sinergia que resulta en una hermosa armonía de nuestra existencia. ¿No es esto algo bello? Y va más allá de nuestro entendimiento.

El término que el apóstol Pablo usa al afirmar que todas las cosas «trabajan juntas» para bien, es *sunergéo* que se traduce mejor como «sinergia», la cual se define como: «Interacción o cooperación de dos o más organizaciones, sustancias u otros agentes para producir un efecto combinado mayor que la suma de sus efectos separados».[1] Esto nos lleva a entender que todas las cosas (circunstancias y personas) en nuestra vida, de manera combinada, producen un efecto mayor que el que podemos ver y cumplen un propósito divino.

¿Has tenido una vivencia en que notablemente Dios puso las cosas en el lugar y el tiempo precisos? ¿Te gustaría compartir esa experiencia?

Para los que hemos creído en el Señor como suficiente Salvador nada sucede por casualidad, sino por causalidad. Dios coloca cada circunstancia y persona en el tiempo correcto en nuestra vida con un propósito, si vivimos en Su voluntad, en obediencia y en amor a Él. Esto es de gran aliento cuando nos encontramos en diversas pruebas, sobre todo aquellas que pareciera que no tienen sentido para nosotros. La adversidad nunca tiene que ser vista como un fin, sino como un medio para crecer en el Señor. Cada situación adversa Dios la usa en nuestra vida para un propósito mayor, como lo puede ser:

Para los que hemos creído en el Señor como suficiente Salvador nada sucede por casualidad, sino por causalidad.

- crecer en nuestra fe;
- hablar a nosotros;
- acercarnos más a Él y experimentar más Su presencia;
- formar nuestro carácter;
- enseñarnos alguna lección;
- llevarnos hacia una bendición, ya sea para nosotros o para alguien más;
- prepararnos ante una situación;
- equiparnos para el servicio, y
- mostrarnos Su poder y Su gloria.

Todo esto sin duda es muy bueno para nosotros, aunque en su momento no lo veamos así. Lee las siguientes narrativas bíblicas e identifica qué propósito Dios cumplió a través de la adversidad en la vida de estas personas.

Si crees en Jesús y descansas en Él, entonces el sufrimiento será para tu carácter lo que el fuego es para el oro.
TIM KELLER

DÍA 3

[1] Synergy Services (s.f.). *¿Qué significa la sinergia para usted?* https://www.synergyservices.org/es/blog/what-does-synergy-mean-to-you/#:~:text=La%20sinergia%20se%20define%20como,suma%20de%20sus%20efectos%20separados"

- José ________________________________ *Génesis 50:15-20.*
- Pablo ______________________________ *2 Corintios 12:7-10*
- Marta y María ___________ ___________________ *Juan 11:1-4*

Con la certeza en tu corazón de que todo ayuda para bien, en lugar de preguntarte: «¿Por qué tuve que atravesar esto en mi vida?», una pregunta mejor sería: «¿Puedo ver el propósito por el cual Dios lo permitió?». Algunas veces no sabremos Su propósito sino hasta mucho tiempo después. Sin embargo, en el tiempo presente este entendimiento te da fortaleza y confianza para seguir adelante.

La prueba nos cambia, pero no cambia a Dios

Antes de continuar, piensa en alguna prueba que hayas atravesado en tu vida

¿Has notado que algún aspecto de ti ha cambiado como resultado de experimentar esa adversidad?

Sí ☐ No ☐ ¿Te gustaría compartir tu experiencia?

La adversidad puede ser una carga abrumadora o un puente hacia una relación más estrecha con Dios.
CHARLES STANLEY

La adversidad puede cambiarnos por sus efectos; sin embargo, no cambia a Dios. Depende de nuestra perspectiva, si la prueba la vemos como una carga o como un puente para crecer en Dios. La adversidad puede significar una carga para nosotros si no entendemos que hay un propósito divino en ella. Generalmente, las experiencias que nos causan dolor pueden llevarnos a albergar sentimientos negativos como la tristeza, la ansiedad o hasta el rechazo hacia aquellos que nos causaron daño, o incluso hacia nosotros mismos. Estos sentimientos se pueden convertir en una carga muy difícil de llevar si no los depositamos en Dios. A veces nos resulta difícil volver a creer o confiar en alguien, incluso en Dios. Por otro lado, vista desde la perspectiva de Romanos 8:28, la prueba puede ser un puente que nos lleve a alcanzar las mejores bendiciones que el Señor tiene para nosotros si permitimos que Él nos transforme. La carta de Santiago nos indica que debemos encontrar un gran gozo al enfrentar diversas pruebas (Stg. 1:2), porque es entonces cuando somos transformados en aquello que el Soberano desea para nosotros.

El apóstol Pablo, al cerrar el capítulo 8 de Romanos, enfatiza que en «todas las cosas» somos más que vencedores en Cristo. Nota cómo «todas las cosas» se refieren a las mismas luchas y adversidades que ayudan a bien a los que aman a Dios mencionadas antes. El apóstol lo describe de esta forma: «… ni la muerte, ni la vida, ni ángeles, ni principados, ni potestades, ni lo presente, ni lo por venir, ni lo alto, ni lo profundo, ni ninguna otra cosa creada nos podrá separar del amor de Dios…» (Ro. 8:38-39). La prueba nos cambia, pero no cambia a Dios, Su amor por nosotros permanece siempre constante. Si bien por medio de las pruebas y de diferentes formas de adversidad Dios moldea nuestro carácter y hace crecer nuestra fe, la fidelidad del Señor y Su amor por nosotros son un ancla inamovible ante toda tempestad, por fuerte que sea.

Lecturas bíblicas adicionales:
Salmos 46:1-11; Salmos 123:1-4; Romanos 8:28-39.

Notas

RESUMEN

- Dios orquesta cada una de nuestras vivencias para cumplir un propósito mayor en nosotros.
- Ningún tipo de adversidad que experimentemos es por obra de la casualidad, si no por la causalidad.
- En lugar de preguntarte: «¿Por qué tuve que atravesar esto en mi vida?». Una pregunta mejor sería: «¿Puedo ver el propósito por el cual Dios lo permitió?».
- Ningún tipo de adversidad, circunstancia o cosa creada puede separarnos del amor de Dios que es en Cristo Jesús.

¿Cuál fue la enseñanza más significativa que aprendiste hoy?

¿Qué quiere Dios que hagas en respuesta al estudio de hoy?

Día 4

EL TIEMPO DE DIOS Y LA MANERA DE DIOS

LECTURA BÍBLICA: MARCOS 4:35-41

«Aquel día, cuando llegó la noche, les dijo: Pasemos al otro lado. Y despidiendo a la multitud, le tomaron como estaba, en la barca; y había también con él otras barcas. Pero se levantó una gran tempestad de viento, y echaba las olas en la barca, de tal manera que ya se anegaba. Y él estaba en la popa, durmiendo sobre un cabezal; y le despertaron, y le dijeron: Maestro, ¿no tienes cuidado que perecemos? Y levantándose, reprendió al viento, y dijo al mar: Calla, enmudece. Y cesó el viento, y se hizo grande bonanza. Y les dijo: ¿Por qué estáis así amedrentados? ¿Cómo no tenéis fe? Entonces temieron con gran temor, y se decían el uno al otro: ¿Quién es este, que aun el viento y el mar le obedecen?».

Hace algunos años me invitaron a predicar en cierta iglesia. Después del servicio, una de las familias nos invitó a su casa para comer juntos. Tuvimos un tiempo bendecido y compartimos vivencias de lo que Dios había hecho en nuestras vidas. En aquella ocasión, la abuela del hogar se sentó a la mesa justo a mi lado y nos contó que uno de los momentos más duros en su vida fue cuando le diagnosticaron un cáncer muy agresivo. Esta noticia cayó de sorpresa y de gran preocupación para toda su familia. La situación no podía ser peor cuando, después de seguir un tratamiento, el médico le dijo que lamentablemente no había esperanza, que ella no viviría mucho tiempo, tal vez no más de seis meses. Siguiendo las instrucciones del doctor, ella preparó sus cosas para enfrentar lo mejor posible esta dura enfermedad hasta el final. Después ella añadió: «Pero Dios me sanó, ¡hizo un milagro! Eso pasó hace más de veinte años, es más, el médico que me dijo eso ya murió». Por alguna razón todos reímos al escuchar eso. Esta es una gran historia que me recordó que Dios siempre tiene la última palabra en lo que sucede en nuestra vida, sin importar cuán difícil sea la adversidad, nada escapa de la perfecta soberanía de Dios.

Jesús les enseñó esta lección a Sus discípulos cuando calmó la tempestad al cruzar el Mar de Galilea con ellos sobre una barca. Esta es una de las historias de la Biblia que más nos enseñan de niños, pero que más necesitamos tener presente como adultos, porque es cuando tendemos a olvidar que en nuestros muchos problemas nada escapa del poder de Dios. Este relato nos envuelve con sus descripciones tan vívidas, porque cada uno de nosotros hemos experimentado de forma simbólica los elementos descritos por el evangelista al encontrarnos en diversas pruebas: una noche de oscuridad, el viento y la marea en nuestra contra y las olas junto con la tempestad que llegan a nosotros sin previo aviso. Es así como golpean las tormentas de la vida que buscan hundir nuestra barca. Sin embargo, aunque Jesús estaba dormido en ese bote, en ningún momento dejó de tener un completo control sobre la tormenta. La lección que aprendemos es que incluso lo más atemorizante para nosotros está sujeto a los pies del Señor, y Él responderá en Su tiempo y forma a la adversidad que enfrentamos.

El tiempo de Dios

Dios, en Su infinita sabiduría y perfecta voluntad, permite que nos encontremos en diferentes pruebas y adversidades para cumplir Sus propósitos en nosotros. Y de esta manera no solo cumple Su voluntad, sino que también Él lo hace a Su tiempo.

Dios nunca tiene prisa, Dios nunca llega tarde.

Muy a menudo creemos que no hay mejor tiempo para que se cumpla lo que deseamos que nuestro tiempo. Pensamientos como: ***Si hubieras estado aquí; Es demasiado tarde para mí; Ya no hay nada que hacer, o Todo está perdido***, inundan nuestro corazón con ansiedad cuando creemos que es muy tarde para nosotros. Los discípulos despertaron a Jesús antes de que fuera demasiado tarde para ellos, y así pasa en ocasiones en nuestra vida, queremos que Dios se manifieste en el momento que llega la adversidad o la prueba, de no ser así, pensamos que es tarde. Lo cierto es que el Señor no tiene prisa para calmar nuestras tempestades, Él lo hará en Su momento y nosotros debemos esperar el tiempo de Dios. Sin embargo, no debemos preocuparnos, porque Él nunca llegará tarde para socorrernos. «Dios nunca tiene prisa» y «Dios nunca llega tarde» son dos principios que he aprendido en mi caminar con Él. Cuando siento, desde mi perspectiva, que Dios se está tardando y debe apurarse, me conforta saber que Él tiene un completo control de todo lo que me causa temor y hará las cosas en Su debido momento. A veces pudiéramos creer que todo está perdido o que es tarde para nosotros, pero no lo es para Dios.

Una de las historias que nos muestran que el Señor nunca llega tarde ante las más duras de nuestras adversidades es cuándo Lázaro, Su amigo, enferma y muere. Toma unos minutos para leer la historia donde Jesús resucita a Lázaro en Juan 11:1-44. ¿Cuál era el propósito de la enfermedad de Lázaro? (Jn. 11:4).

¿Cuál era el propósito de la enfermedad de Lázaro? (Jn. 11:4).

¿Qué hizo Jesús al saber que Su amigo Lázaro estaba enfermo? (Jn. 11:6).

¿Qué le dijeron Marta y María a Jesús cuando llegó a Betania? (Jn. 11:21, 32).

Señor, si hubieses estado aquí mi hermano no habría muerto.
MARTA Y MARÍA DE BETANIA

Con seguridad, Marta y María creyeron que Jesús había llegado tarde porque su hermano ya había muerto hacía cuatro días, y ya no había nada que hacer; sin embargo, el Señor intencionalmente espera para ir a visitarlos con el fin de mostrar Su gloria. ¿Alguna vez has creído que Dios llegaba tarde en una circunstancia difícil en tu vida y que ya no había nada que hacer? ¿Te gustaría compartir tu experiencia?

La manera de Dios

Dios no solo se manifestará en Su tiempo, sino también a Su manera, esta es Su perfecta voluntad y Su total soberanía. Así, nosotros podemos descansar confiados de que, ante cualquier situación, Él obrará de acuerdo con lo que es mejor y que, en el proceso, experimentaremos más de Él. A lo largo de las historias de la Biblia podemos darnos cuenta de cómo, en algunas ocasiones en que todo parecía perdido, Dios cambió la situación por algo bueno y la tornó en una bendición. Así es Él, Dios cumple Su voluntad aun en las más duras dificultades que vivimos, e interviene y las cambia conforme a Su propósito. La manera en que Dios se manifiesta es sobrenatural. Lo demostró al calmar la tempestad, y también al resucitar a Lázaro en Betania. No hay nada imposible para Dios, todas las cosas son posibles cuando Él obra en medio de la adversidad. ¡Qué hermosa confianza tenemos los que creemos esta verdad! Lee los siguientes textos que nos hablan de que no hay nada difícil para Dios:

El modo en que Dios se manifiesta es sobrenatural.

- Marcos 10:27
- Lucas 1:37
- Lucas 18:27
- Jeremías 32:17
- Jeremías 32:27

¿Puedes notar que tu fe en el Señor aumenta al leer cómo Dios se manifiesta en estos relatos bíblicos?

Sí ❑ No ❑

Lee también los siguientes pasajes de la Escritura y describe cómo es que Dios intervino y cambió las realidades que estas personas vivían, de acuerdo con Su plan y a Su propósito. Las palabras, «pero Dios» marcan un antes y un después en cada historia, y en cómo Él obra en circunstancias adversas.

- ______________________________ mas Dios
  ____________________ *Gn. 50:20 (lee Gn. 50:15-21)*
- ______________________________ mas Dios
  ____________________ *Ro. 5:8 (lee Ro. 5:6-11)*
- ______________________________ pero Dios
  ____________________ *Ef. 2:4 (lee Ef. 2:1-10)*
- ______________________________ pero Dios
  ____________________ *Fil. 2:27 (lee Fil. 2:25-30)*
- ______________________________ pero el Señor
  _________________ *2 Ts. 3:3 (lee 1 Ts. 3:3-5, NBLA)*
- ______________________________ pero el Señor
  ____________________ *2 Ti. 4:17 (2 Ti. 4:14-18)*

Al atravesar las distintas pruebas y adversidades en nuestra vida, recordemos que Dios obrará en cada situación a Su tiempo y a Su manera, y que Él tiene la última palabra ante cada adversidad que enfrentamos.

Lecturas bíblicas adicionales:

2 Reyes 20:1-11; Isaías 55:9-11; Hechos 16:25-34.

Notas

RESUMEN

- Dios siempre tiene un completo control ante cada adversidad que enfrentamos.
- Aun lo más atemorizante para nosotros está sujeto a los pies del Señor.
- Dios nunca tiene prisa; sin embargo, Dios nunca llega tarde.
- Para Dios no hay nada imposible, Él obra de manera sobrenatural.
- Dios se manifiesta siempre a Su manera y de acuerdo con Su voluntad. Aun cuando todo parece perdido ante una situación, Él tiene la última palabra.

¿Cuál fue la enseñanza más significativa que aprendiste hoy?

¿Qué quiere Dios que hagas en respuesta al estudio de hoy?

Día 5

HERRAMIENTAS EN EL TALLER DE DIOS

LECTURA BÍBLICA: JEREMÍAS 18:1-6

«Palabra de Jehová que vino a Jeremías, diciendo: Levántate y vete a casa del alfarero, y allí te haré oír mis palabras. Y descendí a casa del alfarero, y he aquí que él trabajaba sobre la rueda. Y la vasija de barro que él hacía se echó a perder en su mano; y volvió y la hizo otra vasija, según le pareció mejor hacerla. Entonces vino a mí palabra de Jehová, diciendo: ¿No podré yo hacer de vosotros como este alfarero, oh casa de Israel? dice Jehová. He aquí que como el barro en la mano del alfarero, así sois vosotros en mi mano, oh casa de Israel».

Dios le mostró al profeta Jeremías una hermosa analogía en la casa del alfarero, el cual representa a Dios, quien trabaja sobre la rueda y forma una vasija que Él mismo destruye en Su mano y la vuelve a hacer, porque así le parece mejor. La vasija representa la casa de Israel y también a nosotros como Sus hijos. Esta misma figura de Dios que trabaja con nosotros como el alfarero con el barro es encontrada en otras porciones de la Escritura, como lo declara el profeta Isaías: «Ahora pues, Jehová, tú eres nuestro Padre; nosotros barro, y tú el que nos formaste; así que obra de tus manos somos todos nosotros» (Is. 64:8). Lo cierto es que, en muchas ocasiones en nuestra vida, el Señor trabaja de formas que pueden resultarnos dolorosas, y así como la vasija es destruida en la mano del alfarero, el Señor puede quebrantarnos para luego formarnos nuevamente como a Él le parece mejor.

La prueba y la adversidad

El Señor, como un alfarero, trabaja con nosotros como un odre de barro en Sus manos que Él moldea a medida que le da vueltas a la rueda del torno. Así, nos santifica y nos transforma conforme le parezca mejor. Dios trabaja con todo nuestro ser: el espíritu, el alma, el carácter, las emociones, la fe, los deseos y más, para cumplir Su propósito en nosotros. Dos herramientas que hemos visto en este capítulo, con las cuales Dios cumple este fin, son la prueba y la adversidad. Así como el alfarero quita las asperezas y las imperfecciones de la vasija que moldea con sus manos, Dios permite el tiempo de adversidad en nuestra vida para que vengamos a Su presencia y seamos restaurados por Él. Nota cómo los tiempos de dolor y sufrimiento que atravesamos no son para destruirnos, sino para transformarnos mientras nos rehace en Su mano. En el taller de Dios, sin embargo, vemos que, para formarnos a Su imagen, Él usa otras herramientas como Su gracia y Su presencia. Estas nos forman y nos sustentan en cada momento por la obra del Espíritu Santo.

Los tiempos de dolor y sufrimiento que atravesamos no son para destruirnos, sino para transformarnos mientras nos rehace en Su mano.

La gracia y el sustento de Su presencia

La gracia de Dios es expresada en diversas maneras hacia nosotros. Una de estas expresiones se manifiesta al ser sostenidos en la debilidad y la prueba. A esta gracia se refiere el apóstol Pablo cuando escribe sobre un profundo dolor, que él llama «un aguijón en la carne», y declara que le rogó a Dios tres veces que se lo quite; sin embargo, este dolor era necesario para que Pablo pudiera experimentar la fortaleza de Dios en su debilidad. Por ello, la respuesta que recibió el apóstol fue: «... Bástate mi gracia; porque mi poder se perfecciona en la debilidad...» (2 Co. 12:9). Por lo que Pablo escribió: «... Por tanto, de buena gana me gloriaré más bien en mis debilidades, para que repose sobre mí el poder de Cristo. Por lo cual, por amor a Cristo me gozo en las debilidades, en afrentas, en necesidades, en persecuciones, en angustias; porque cuando soy débil, entonces soy fuerte» (2 Co. 12:9-10). El apóstol Pablo también escribió que, cuando estuvo preso por anunciar el evangelio, todos los que estaban con él lo habían desamparado y dejado con gran angustia; sin embargo, el Señor estuvo a su lado, le dio fuerzas para cumplir su misión y fue librado (2 Ti. 4:16-17). Esta es una gran verdad; realmente somos más fuertes cuando somos débiles, porque el poder de Dios obra en nosotros de un modo que no experimentamos cuando nos creemos autosuficientes. Esto es solo por Su gracia que nos sustenta. Estos pasajes han sido de gran inspiración para mi propia vida. En momentos de suma debilidad, aunque no lo sienta de esa manera, sé que soy más fuerte, porque sé que el poder y la gracia de Dios obran en mí.

Así, la gracia se manifiesta de manera sobrenatural en medio del dolor y del vacío. Dios nos sustenta con la presencia ininterrumpida de Su Espíritu que obra en nosotros y nos imparte fuerzas cuando pensamos que no podemos continuar. De esa manera «... somos transformados de gloria en gloria en la misma imagen, como por el Espíritu del Señor» (2 Co. 3:18). La gracia de Dios se hace visible como una fortaleza en la debilidad que solo experimentamos cuando dependemos completamente de Él. No existe un vacío que Dios no pueda llenar con Su gracia. A la medida del vacío, así será la medida de llenura de Su gracia.

No existe un vacío o un dolor que Dios no pueda llenar con Su gracia. A la medida del vacío, así será la medida de llenura de Su gracia.

¿Alguna vez experimentaste un vacío o un dolor que pensaste que no podrías sobrellevar, pero Dios te sustentó con Su gracia en ese momento? ¿Te gustaría compartir tu experiencia?

Dos propósitos de Dios en la adversidad: moldear nuestro carácter y equiparnos para el servicio

> **Es a través de la adversidad que experimentamos que Dios nos equipa para servir y ayudar a otros a ser confortados en su dolor.**

Quizás muchas veces te has preguntado cuál es el propósito al enfrentar las pruebas y la adversidad. Pareciera que muchas de nuestras pruebas no traen nada positivo que pudiéramos rescatar. No obstante, sin duda siempre hay enseñanzas valiosas en ellas. Dios puede usar todo tipo de adversidad para formar nuestro carácter. Es durante el dolor y el sufrimiento que nos acercamos a Su presencia, somos transformados y echamos nuestra carga en Él. Así que no desaproveches ninguna dificultad de tu vida; en lugar de alejarte, acércate a la presencia de Dios para recibir Su gracia y así ser transformado por Él (Ef. 4:13-14).

Por otro lado, es a través de la adversidad que experimentamos que Dios nos equipa para servir y ayudar a otros a ser confortados en su dolor. En especial, podemos ser de gran ayuda para el crecimiento espiritual de aquellos que han pasado por las mismas pruebas y adversidades que nosotros vivimos en el pasado. A esto se refiere el apóstol Pablo al escribir: «Bendito sea el Dios y Padre de nuestro Señor Jesucristo, Padre de misericordias y Dios de toda consolación, el cual nos consuela en todas nuestras tribulaciones, para que podamos también nosotros consolar a los que están en cualquier tribulación, por medio de la consolación con que nosotros somos consolados por Dios» (2 Co. 1:3-4). En este texto vemos que otro propósito de la adversidad es dar el consuelo que recibimos de Dios a otros.

Consolado para llevar consuelo

En una ocasión, al terminar un servicio de domingo, se acercó a mí un hermano de la iglesia y me compartió que Dios había puesto en su corazón comenzar un ministerio de alcance y restauración a aquellos que luchaban con diversas adicciones. Después me di cuenta de que Dios lo había rescatado a él de una vida de alcoholismo y adicciones. Y, entonces, comprendí por qué el Señor lo estaba llamando ahora a ser luz para otros que permanecían en la oscuridad y el dolor que él mismo experimentó por muchos años. ¡Todo tenía sentido! Esto mismo lo he visto vez tras vez en diversas áreas; personas que sufrían de diversas formas, de infertilidad, de las consecuencias del aborto, del abuso de sustancias y el alcohol, del luto y la depresión, de acoso y abuso, de crisis matrimoniales y conflictos familiares, que recibieron, como hijos e hijas de Dios, consuelo del Señor y, así mismo, ofrecieron consolación a otros. Cuando recibimos el consuelo de Dios en nuestras luchas, somos capacitados para ser portadores del mismo consuelo. Si quieres saber en cuáles áreas Dios te llama para servir, un buen indicador estaría en las áreas en que has experimentado algún tipo de prueba o adversidad. Recuerda que la adversidad nunca es en vano, siempre tiene un propósito, como lo son el consuelo y el servicio a otros. El taller del alfarero es una preparación para servir a otros a quienes Dios también está moldeando. En este proceso de crecimiento debemos entender que el Alfarero tiene el derecho de formarnos como mejor le parezca a Él.

Lecturas bíblicas adicionales:

2 Corintios 7:1-7; Efesios 3:14-21; 4:9-16; Colosenses 2:6-7

Notas

RESUMEN

- La prueba y la adversidad son herramientas en el taller de Dios que moldean nuestro carácter y edifican nuestra fe.

- La gracia de Dios y Su constante presencia nos fortalecen nos sustentan a medida que Él, como nuestro alfarero, trabaja en nosotros.

- La gracia de Dios llena el más profundo de nuestros vacíos; no hay vacío que Su gracia no pueda llenar.

- Es a través de la adversidad que experimentamos que Dios nos equipa para servir a otros y nos usa para consolarlos en su dolor.

¿Cuál fue la enseñanza más significativa que aprendiste hoy?

¿Qué quiere Dios que hagas en respuesta al estudio de hoy?

Una fe que vence el temor

Día 1

¡NO TEMAS! YO ESTOY CONTIGO

PRINCIPIO 3: FE SOBRE EL TEMOR

Una fe firme en Dios nos dará la victoria sobre el temor que nos impide avanzar.

El temor ocupa un lugar relevante entre los obstáculos que nos impiden crecer espiritualmente y profundizar nuestra relación con Dios. En esta semana, este será el tema de enfoque, visto desde diferentes ángulos. Lo cierto es que con miedo no podemos alcanzar lo que Dios nos ha llamado a ser, por esto, es realmente importante que en nuestra búsqueda de Dios nos despojemos con valor de todo tipo de miedo que nos impide avanzar. Ahora, al hablar de miedo debemos especificar que no todo el miedo es malo. Existe el temor con que Dios nos ha creado, que constituye una respuesta emocional y fisiológica de alerta para escapar de peligros o situaciones que atentan contra nuestra integridad personal o nuestra existencia. Por otro lado, también la Biblia menciona el temor a Dios como algo que todos debemos buscar para agradarlo y obedecerlo, pero de este último reflexionaremos más en detalle en el día cuatro de esta semana. Por ahora nos enfocaremos en el miedo y la duda que llegan a la mente y el corazón y que nos detienen en el cumplimiento de la misión que Dios nos ha encomendado.

«No temas, porque yo estoy contigo; no desmayes, porque yo soy tu Dios que te esfuerzo; siempre te ayudaré, siempre te sustentaré con la diestra de mi justicia».
ISAÍAS 41:10

¿Te gustaría vencer tus más profundos temores?

Sí ❑ No ❑

El miedo que no debe caber en nuestro corazón es aquel que nos paraliza y que no nos deja avanzar en nuestro crecimiento en Dios; es el miedo engañoso que nos miente y nos aleja del propósito del Señor. Ahora, todos tenemos ciertos temores en diversas situaciones de la vida, estos miedos pueden ser considerados normales en un sentido; sin embargo, no debemos dejar que ninguno de ellos detenga nuestro avance hacia lo que Dios nos ha llamado a ser. Según sea nuestro contexto; el lugar donde vivamos, la edad y las diversas situaciones que hemos enfrentado, nuestros temores pueden variar en magnitud o intensidad. Estos son algunos de los temores más comunes que la mayoría de las personas enfrentamos:

- Al cambio o a salir de la comodidad.
- A la soledad.
- Al fracaso.
- Al desprecio o al rechazo.
- Al dolor y el sufrimiento.
- A la inestabilidad financiera o a no poder proveer para la familia.
- A lo que otros digan y opinen.
- Al hacer el ridículo o a fallarle a otros.
- A no desarrollarse como persona.
- A envejecer y cómo adaptarse a ello.
- A no ser competentes en lo que se hace o que haya otros mejores.
- A lo desconocido o misterioso.
- A la enfermedad.
- Una variedad de fobias como a las arañas, a las alturas, a los lugares encerrados, etc.
- A morir.
- A desastres naturales.
- Al futuro y a lo desconocido.
- Al pasado o a volver a vivir alguna situación de dolor.
- Al abuso y el acoso o bullying.
- A ser dañados en el ego o reputación.
- A la inestabilidad social y a las guerras.
- A los actos de terror y de violencia.
- A no ser feliz.

Uno de los temores por el que muchas personas no crecen en Dios es el miedo a comprometerse con Él. Saben que una vida rendida al Señor implica dejar ciertas prácticas, hacer ciertos ajustes o pagar cierto precio que no desean pagar. Otros enfrentan el miedo al rechazo, a la soledad, al fracaso, a vivir por fe, a salir de la zona de confort, a lo desconocido o al futuro.

Lo cierto es que, siempre que quieras avanzar en el crecimiento de tu fe, habrá obstáculos que vencer, y que pueden llegar a ser muy intimidantes. Siempre habrá algo nuevo que enfrentar y que superar para seguir adelante.

Personalmente, me he encontrado en situaciones donde el temor quiere apoderarse de mi corazón. Sé lo que se siente, a veces por las mañanas, cuando suena el despertador y un sentimiento de temor quiere inundar el alma por lo que me espera ese día. Muchos de estos temores han querido desviarme de la voluntad de Dios, pero he entendido y me he propuesto que ningún miedo en mi jornada al seguir a Jesús más de cerca me detendrá de llegar a lo que Dios me ha llamado a hacer en la vida, la familia y el ministerio.

¿Has enfrentado algún miedo que no te deja crecer en Dios?
¿Te gustaría compartir tu experiencia?

El miedo es una de las armas más eficaces del enemigo

Dos de las armas que más utiliza el enemigo contra nosotros, y que son de las más eficaces en lograr sus objetivos, son precisamente el miedo y la duda. Si el enemigo logra poner en nuestro corazón una duda sobre Dios, Su Palabra o Sus promesas, ya habrá logrado mucho para estorbar el plan que el Señor tiene para nosotros. El enemigo trata de manipular nuestra mente al generar duda y confusión, así mismo, pondrá temor en nuestra alma, sentimientos de inseguridad, inadecuación o insuficiencia para hacernos dudar de la obra de Dios. Una de las historias en los Evangelios que nos muestra cómo el temor nos puede alejar del plan de Dios es cuando Jesús camina sobre el mar y llama a Pedro a que camine junto con Él. Lee Mateo 14:22-32 y contesta las siguientes preguntas:

1. ¿Cuál era el deseo de Pedro al ver a Jesús que venía hacia ellos sobre el agua? ¿Qué le pidió a Jesús?

2. ¿Caminó Pedro sobre el mar mientras iba hacia Jesús? ¿Por qué lo hizo?

3. ¿Qué vio Pedro que desvió su atención? ¿Qué pasó como resultado de su duda?

¡No temas!

La historia de Pedro, cuando camina sobre el agua en el Mar de Galilea, nos muestra vívidamente lo que el miedo y la duda son capaces de hacer en nuestra fe cuando avanzamos hacia Jesús. Pedro tenía el deseo de ir hacía Jesús y lo hizo de manera milagrosa por el corto tiempo que anduvo sobre las aguas. Esto era el poder de Jesús que obraba en él por medio de su fe. Al igual que en esta historia de Pedro, nuestra fe es estorbada cuando enfrentamos temor. Simplemente no podemos crecer ni avanzar cuando el temor se apodera de nosotros. ¿Alguna vez has imaginado qué hubiera pasado si Pedro no hubiera dudado y hubiera caminado sobre el agua hasta Jesús aquella noche? Muy probablemente otro de Sus discípulos hubiera saltado al agua, y después otro, y otro, hasta quedar la barca vacía en medio del mar, azotada por el viento y las olas. ¡Y todos habrían disfrutado el poder de Dios en una celebración sobrenatural mientras andaban sobre el mar con Jesús!

El Señor nuestro Dios tiene más poder para guardarnos y bendecirnos que el enemigo para atacarnos y destruirnos.

Esto me lleva a pensar que en muchas ocasiones dejamos de experimentar el poder de Dios por causa de la duda y el temor. Nunca podremos caminar sobre el mar con Jesús si somos paralizados por el miedo. No debemos olvidar que, aunque ciertamente vivimos asediados por el enemigo, quien «… como león rugiente, anda alrededor buscando a quien devorar» (1 P. 5:8), el poder de Dios para guardarnos va mucho más allá que toda obra del diablo. El principio que echa fuera el temor radica en la confianza de que el Señor nuestro Dios tiene más poder para guardarnos y bendecirnos que el enemigo para atacarnos y destruirnos.

En muchas ocasiones dejamos de experimentar el poder de Dios por causa de la duda y el temor.

Justo antes de que Jesús caminara sobre el mar, hizo uno de los milagros más visibles y memorables al alimentar a 5000 personas (sin contar mujeres y niños). Los discípulos no solo habían sido testigos de este evento, sino que también participaron en dicho milagro cuando repartieron el pan y recogieron lo que había sobrado. ¿Acaso no podría esperarse que la fe de ellos estaría lo suficientemente fortalecida luego de presenciar un milagro tan grande? Esto había pasado tan solo unas horas antes. Sin embargo, esa noche en la barca, la duda y el temor fueron capaces de doblegar la fe de Pedro mientras caminaba hacia Jesús sobre el agua, y de la misma manera nos puede suceder a nosotros. ¿Qué podemos hacer ante el miedo y la duda? Ejercitar nuestra fe y abrazar las promesas de Dios resulta de gran ayuda al enfrentar al gigante del temor. Esto a veces es una decisión más que un mero sentimiento. Es decir, decidimos avanzar pese a nuestros más grandes temores y, como resultado, experimentamos una fe más grande. Sin embargo, nuestra fe no es ciega, sabemos que Jesús está con nosotros y descansamos en las promesas de Dios y en Su Palabra. Así mismo, pese al temor, Su Espíritu nos da la certeza de que hacemos Su voluntad.

«Yo estoy contigo»

Aun cuando el temor es real y no debe ser minimizado, hay una frase recurrente en la Biblia que Dios les dice a Sus siervos al encomendarles una misión: «No temas». Este aliento de Dios lo observamos particularmente cuando Él está a punto de hacer una obra por medio de ellos. Dios les dijo «no temas» a Moisés, Josué, Ezequiel, Daniel, Jeremías, Isaías, a Sus discípulos y al apóstol Pablo, solo por mencionar algunos. Recuerda que cuando hay temor no podemos avanzar porque nos paraliza y nos impide movernos hacia lo que Dios tiene para nosotros.

Lee los siguientes pasajes y escribe, con base en las promesas de Dios, por qué no debemos temer.

- Josué 1:9 ____________________
- Salmos 27:1 ____________________
- Salmos 34:4 ____________________
- Salmos 46:1 ____________________
- Salmos 56:11-13 ____________________
- Salmos 118:6 ____________________
- Isaías 41:10 ____________________
- Lucas 8:50 ____________________
- Romanos 8:15 ____________________
- 2 Timoteo 1:7 ____________________

Como podemos ver en cada uno de los anteriores textos, no solo nos declaran que no debemos temer, sino que también todos añaden una promesa de que Dios está con nosotros y de que debemos poner nuestra confianza en Él, porque Él nos sustenta.

Estás equipado para hacer lo que Dios te pide

Con frecuencia, el miedo también se manifiesta en nosotros en forma de un sentimiento de que no estamos capacitados o no tenemos la habilidad para algún tipo de servicio o llamamiento. Sin embargo, la Palabra de Dios nos enseña que Él es fiel y que está con nosotros y nos capacita para la misión que nos da, por grande que esta sea. Jesús capacitó a Sus discípulos durante tres años para su misión. De la misma manera, Dios puso las circunstancias necesarias en la vida de hombres y mujeres de fe para equiparlos y así cumplir su llamado; por ejemplo, como Moisés cuando vivió en Egipto y luego en el desierto; o Josué, al aprender por cuarenta años de lo que Dios hacía con Moisés y Su pueblo; o Pablo, educado como un fariseo para luego ser apóstol de Jesús, esto solo por mencionar algunos de ellos. De la misma forma, Dios nos capacita por medio de muchas de las experiencias que vivimos. Él las usa; con ellas nos equipa para obedecer Su llamado. Además, Dios mismo nos sustenta con Su presencia continua, Su Palabra y Su Espíritu.

La parábola de los talentos nos enseña que no debemos temer al cumplir la misión que Él nos ha dado. Lee la parábola en Mateo 25:14-30 y contesta las siguientes preguntas:

¿Cuántos talentos el hombre dio a sus siervos mientras estaba de viaje? ¿Con base en qué fueron dados estos talentos a cada uno de ellos?

¿Qué hicieron los siervos con ese dinero?

¿Cuál fue la razón por la cual escondió su talento aquel siervo que recibió solo uno?

La parábola de los talentos nos deja una gran enseñanza de lo que el temor puede causar en nosotros; el miedo simplemente nos lleva a no hacer nada, porque llegamos a creer que es mejor no intentarlo que fracasar. En este relato es importante notar que el señor de estos siervos les dio talentos para ser administrados de acuerdo con su capacidad. Él conocía a sus siervos y sabía qué eran capaces de producir de acuerdo con su habilidad, y no le dio a ninguno más de lo que podía manejar. En otras palabras, cada uno de ellos tenía la habilidad de producir con esos talentos, que eran una gran suma de dinero, algún negocio rentable. Los dos primeros siervos así lo hicieron y dieron los resultados esperados a su amo cuando volvió de su viaje; produjeron el doble del valor que se les confió. Sin embargo, aquel siervo a quien se le había dado un solo talento tuvo miedo y lo escondió. ¿Te has preguntado a qué le tuvo miedo este siervo? En este relato, el siervo le dice a su señor que tuvo miedo de él, por ser un hombre duro. Sin embargo, ¿por qué temería este siervo a su amo si, en lugar de enterrarlo, hubiera trabajado su talento? Más bien, tuvo miedo al fracaso y a sus consecuencias. Él creía que no podía hacer lo que se le pidió, que lo echaría a perder todo y después no sabría qué decirle a su amo cuando este le pidiera cuentas. Esto es lo que revela su respuesta, al decir a su señor: «... escondí tu talento en la tierra; aquí tienes lo que es tuyo» (Mt. 25:25). Esto no nos debe pasar a nosotros. Dios no nos pedirá algo que no podamos hacer, lo cual es razón suficiente para no temer; más bien, Él nos capacita en el cumplimiento de nuestro llamado, porque fiel es el que nos llamó (1 Ts. 5:24).

RESUMEN

- El miedo nos paraliza y no nos deja avanzar en profundizar nuestra relación con Dios y en obedecer a Su llamado.
- No dejes que el miedo te detenga de hacer lo que Dios te ha llamado a hacer.
- El Señor es más poderoso para protegerte y bendecirte que el enemigo para atacarte y destruirte.
- «No temas» es una frase que vemos frecuentemente en la Biblia. Dios, repetidas veces, les dice a Sus siervos que no deben temer, y siempre acompaña esas palabras con una promesa de Su presencia, ayuda y sustento.
- Saber que Dios está con nosotros y que estamos capacitados por Dios al cumplir nuestra misión nos da aliento al enfrentar el temor y vencerlo.

¿Cuál fue la enseñanza más significativa que aprendiste hoy?

¿Qué quiere Dios que hagas en respuesta al estudio de hoy?

Una jornada de siete semanas

ACTIVIDAD SEMANAL

1. En tu tiempo de oración con Dios enlista en tu diario espiritual algunas cosas que te han causado temor, especialmene aquellas que te impiden crecer en tu obediencia a Dios, a Su Palabra y a Su llamado para ti. ¿Puedes identificar algunas de estas? Así mismo, quizás también venga a tu mente algún proyecto o ministerio del que has sentido ser parte, pero por temor no lo has hecho.

2. Ora y pide a Dios que disipe tus temores y que te dé la fe necesaria para enfrentar cada uno de tus miedos y te ayude a recordar que Él está contigo.

3. Selecciona tres versículos dónde Dios dice a Sus siervos «no temas», memorízalos y repítelos cada vez que tu corazón quiera ser invadido por el temor.

   - ______________________________
   - ______________________________
   - ______________________________

Día 2

¿QUÉ ES LO QUE VES?

LECTURA BÍBLICA: GÉNESIS 15:1-6

«Después de estas cosas vino la palabra de Jehová a Abram en visión, diciendo: No temas, Abram; yo soy tu escudo, y tu galardón será sobremanera grande. Y respondió Abram: Señor Jehová, ¿qué me darás, siendo así que ando sin hijo, y el mayordomo de mi casa es ese damasceno Eliezer? Dijo también Abram: Mira que no me has dado prole, y he aquí que será mi heredero un esclavo nacido en mi casa. Luego vino a él palabra de Jehová, diciendo: No te heredará este, sino un hijo tuyo será el que te heredará. Y lo llevó fuera, y le dijo: Mira ahora los cielos, y cuenta las estrellas, si las puedes contar. Y le dijo: Así será tu descendencia. Y creyó a Jehová, y le fue contado por justicia».

Cuando estaba en tercer grado solía ser un buen estudiante en mi escuela, o al menos eso creía yo; completaba mis tareas con esmero y procuraba obtener buenas notas en todas las materias. Cada dos semanas recibíamos las calificaciones obtenidas durante ese período y nuestros padres debían firmarlas como evidencia de que estaban enterados de nuestro desarrollo escolar. Por un tiempo, mis calificaciones eran muy buenas. Sin embargo, era notorio que una materia me daba algo de problemas, y siempre registraba una nota baja en esa misma clase. Cuando mi mamá notó este patrón en mis calificaciones, me dijo: «Llamaré al director de la escuela para conversar con él sobre esta nota baja». Cierto día yo estaba en la escuela y era la hora del recreo cuando el director del colegio me llamó para hablar conmigo. Recuerdo que yo estaba sumamente nervioso; a mis ocho años de vida nunca había conversado con gente importante, y sabía que mi mamá le había hablado de clase de notas bajas; simplemente no sabía qué esperar. Para mi sorpresa, cuando llegué a su oficina no dijo palabra alguna, solo me pidió que caminara con él, y así lo hice. Caminamos por todo el campus del colegio; desde las áreas de recreación y las canchas de fútbol hasta los pasillos de la escuela y las aulas de clase. Yo solo lo seguía y caminaba detrás de él. Después de un rato de recorrido, él se detuvo repentinamente. Sin decir una palabra sacó una hoja de papel en blanco y dibujó un punto negro con un marcador que sacó de su portafolio. Luego volteó su mirada hacía mí y preguntó: «¿Qué es lo que ves?» Esa fue la primera vez que él se dirigía a mí en todo nuestro paseo. «Veo un punto negro», le respondí sin titubeos. Me dijo: «Ese es el problema, solo ves el punto negro y no puedes ver todo el blanco que está alrededor». Era verdad, un punto negro captaba toda mi atención de aquella hoja, y de igual manera, yo no podía ver en mis calificaciones nada más que aquella nota baja. De la misma forma, nos pasa lo mismo al vivir diversas circunstancias en la vida, toda nuestra atención está enfocada en solo un punto, una prueba, una adversidad, una decepción o temor. Lo que es peor, muchas veces podemos ser paralizados por el miedo o la duda ante tal circunstancia, sin ser capaces de ver nada más a nuestro alrededor, ni aun las promesas de Dios.

¿Ves dudas o promesas?

En la historia de Abraham notamos que Dios no solo le promete tener un hijo que fuera su heredero, sino también una gran descendencia. Para ilustrar Su promesa a Abraham, Dios lo visitó una noche, lo llevó fuera de su tienda y le mostró el firmamento y su inmensidad. Solo trata de imaginar aquel cielo estrellado lleno de luces celestiales, visto desde el desierto de la tierra de Canaán. Abraham, desde esta misma vista, podía ver las estrellas y tener la convicción de que así de numerosos serían sus descendientes, aunque él tenía ya noventa y nueve años, o podía ver dudas, confusión y fijar los ojos en su realidad. Así nosotros, de una misma circunstancia, podemos tener diferentes perspectivas, todo depende de si ejercitamos la fe o no lo hacemos, entonces veremos un conflicto o una promesa. La narrativa bíblica nos indica que Abraham le creyó a Dios pese a todos los obstáculos humanos que frustraban la posibilidad de que él y su mujer Sara tuvieran un hijo. Creer en Dios nos da la perspectiva correcta para cada situación en la vida. Por otro lado, la falta de fe nos lleva a no experimentar más de Dios y no gozar de Sus bendiciones. Así como Abraham, en nuestras vivencias podemos ver una promesa o una incertidumbre, eso depende de lo que creamos. Nuestra fe siempre juega un papel decisivo en lo que Dios hace en nosotros. En esas estrellas, Abraham no veía sus limitaciones, miedos, o duda, él veía promesas. Todo tiene que ver con la respuesta a la pregunta ¿qué es lo que ves?

Creer en Dios nos da la perspectiva correcta para cada situación en la vida. Por otro lado, la falta de fe nos lleva a no experimentar más de Dios y no gozar de Sus bendiciones.

¿Has experimentado alguna circunstancia en tu vida dónde tú decidiste creer a pesar de que la lógica humana señalaba lo contrario? ¿Quieres compartir tu experiencia?

La fe y la razón

Al experimentar a Dios más de cerca en nuestra vida, pronto llegará un punto de transición en nuestra fe que va desde «creer en Dios» hasta «creerle a Dios» y a lo que Él nos enseña en Su Palabra. Para creer lo que Dios afirma, nuestra fe debe moverse de creer solo en Su existencia o en Él de una manera general, a creer en cada una de las verdades que están en Su Palabra y, eventualmente, esta fe nos llevará a la obediencia. Como en el caso de Abraham, en algunas ocasiones lo que Dios nos dice va más allá de la lógica o la razón, y tenemos que creerlo, aun cuando veamos que todo está perdido o que no hay esperanza. En la parábola del grano de mostaza, Jesús enseñó cómo la fe tiene la virtud no solo de crecer, sino también de alcanzar alturas nunca imaginadas (Mt. 13:31-32). Este tipo de fe nos lleva a realizar obras impensables y ganar batallas que no pudiéramos obtener solo con el uso de la razón, y todo por creerle a Dios. En otra ocasión, Jesús enseñó que las montañas, elementos de la naturaleza que se caracterizan por ser inamovibles y permanentes, pueden moverse si tenemos la fe del tamaño de un grano de mostaza y, con esta fe, «... nada os será imposible» (Mt. 17:20). Así, ante una adversidad, en lugar de ver la duda o el temor, debemos expandir la fe a nuevos horizontes, quizás como nunca antes lo hemos hecho, y creerle a Dios.

Creer en Dios no es lo mismo que creerle a Dios.

Ahora, esto no significa que la razón o la lógica estén equivocadas, pero la fe nos demuestra virtudes que sobrepasan la razón. Cuando trabajamos nuestra fe y creemos lo que Dios dice, podemos entender cosas que la razón no nos brinda por sí misma. Por ejemplo, la razón no se mueve, la fe crece exponencialmente; en la razón no hay duda, la fe vence la duda y hasta el temor; la razón genera conocimiento, la fe genera convicción que nos coloca en una mejor posición para formar un carácter. La fe, sobre todo, opera en nosotros en tiempos de incertidumbre, la razón provee evidencia de que todo está ya dicho y no hay nada más por hacer. La razón no requiere fe, la fe no requiere ver. De forma opuesta, si ves que algo está por suceder, es probable que no requieras el uso de la fe. Pero si no puedes ver lo que vendrá, entonces tu fe aumenta. Sin duda alguna hay una bendición al no conocer lo que sucederá, porque es cuando más dependemos de Dios y experimentamos una fe más fuerte en Él (2 Co. 12:10).

Recordar lo que Dios ha hecho en el pasado fortalece nuestra confianza en Él y centra nuestra atención en Dios y no en las circunstancias que enfrentamos en el presente.

Toma unos minutos para leer el capítulo 11 de Hebreos (He. 11:1-40).
Anota algunas de las proezas que estos héroes de la fe lograron por creerle a Dios, que eran sumamente difíciles o hasta imposibles de lograr por ellos mismos.

Auméntame la fe

El temor y la fe siempre están en constante conflicto. Si el temor en nosotros aumenta al enfrentar una lucha, nuestra fe tiene que crecer también. En muchas ocasiones he querido tener una fe firme ante la adversidad, pero no la puedo alcanzar por mí mismo, es entonces cuando me encuentro orando a Dios: «Señor, auméntame la fe». Esta oración me lleva a recordar aquel relato donde un padre desesperado trajo a su hijo a Jesús en un estado deplorable, preso por un espíritu inmundo desde su niñez, que lastimaba su cuerpo con convulsiones y lo impulsaba a lanzarse al fuego (Mr. 9:14-29). Este hombre había tratado todo lo que estaba en su poder para que su hijo fuera libre y, desesperado, vino a Jesús y le rogó: «... si puedes hacer algo, ten misericordia de nosotros» (Mr. 9:22). Las palabras de este hombre suenan en nuestro corazón cuando nos hemos encontrado ante una circunstancia en la que parece que todo está perdido y estamos desesperados. En medio de esta profunda angustia, Jesús le respondió a este hombre: «... si puedes creer, al que cree todo le es posible» (Mr. 9:23). Inmediatamente él clamó a Jesús: «... Creo; ayuda mi incredulidad» (Mr. 9:24). Así como al padre de aquel muchacho, nos pasa a veces a nosotros en nuestro interior, creemos, pero pareciera que nuestra fe no es suficiente ante la adversidad y el temor, y necesitamos que Dios nos ayude a experimentar una fe mayor. Y así como este padre angustiado, nosotros también podemos pedirle a Dios que aumente la fe en nuestro interior. Como en esta historia, en una misma circunstancia puedes ver un escenario devastador y sin esperanza o puedes ver la mano poderosa de Dios que está a punto de obrar. Cuando el temor se apodere de tu corazón ante una situación extrema, recuerda las palabras de Jesús una y otra vez: «... si puedes creer, al que cree todo le es posible».

¿Quieres pedirle al Señor que aumente tu fe ante alguna situación difícil que estés enfrentando?

Sí ☐ No ☐

Hazlo ahora, toma un momento para decirle: «Creo en ti, pero, aun así, auméntame la fe», como resultado, notarás que tu temor se minimiza y experimentarás una comunión con Dios que se profundiza.

Lecturas bíblicas adicionales:
Mateo 17:14-21; Marcos 9:14-29; Hebreos 11:8-12.

Notas

RESUMEN

- De una misma circunstancia podemos tener diferentes perspectivas, todo depende de si ejercitamos la fe o no lo hacemos. Entonces, veremos una cosa u otra.
- Creer en Dios nos da la perspectiva correcta para cada situación en la vida, por otro lado, la falta de fe nos lleva a no experimentar a Dios ni Sus bendiciones.
- Creer en Dios no es lo mismo que creerle a Dios, y a lo que Él nos promete en Su Palabra.
- La fe nos demuestra virtudes que la razón no nos ofrece; la razón no se mueve, en cambio, la fe crece.
- El temor y la fe siempre están en constante conflicto. Si el temor en nosotros aumenta al enfrentar una lucha, nuestra fe tiene que crecer también.
- En momentos de debilidad podemos pedirle a Dios que aumente nuestra fe.

¿Cuál fue la enseñanza más significativa que aprendiste hoy?

¿Qué quiere Dios que hagas en respuesta al estudio de hoy?

Día 3

LA RESPUESTA DE DIOS A NUESTROS TEMORES

LECTURA BÍBLICA: ÉXODO 4:10-17

«Entonces dijo Moisés a Jehová: ¡Ay, Señor! nunca he sido hombre de fácil palabra, ni antes, ni desde que tú hablas a tu siervo; porque soy tardo en el habla y torpe de lengua. Y Jehová le respondió: ¿Quién dio la boca al hombre? ¿o quién hizo al mudo y al sordo, al que ve y al ciego? ¿No soy yo Jehová? Ahora pues, ve, y yo estaré con tu boca, y te enseñaré lo que hayas de hablar. Y él dijo: ¡Ay, Señor! envía, te ruego, por medio del que debes enviar. Entonces Jehová se enojó contra Moisés, y dijo: ¿No conozco yo a tu hermano Aarón, levita, y que él habla bien? Y he aquí que él saldrá a recibirte, y al verte se alegrará en su corazón. Tú hablarás a él, y pondrás en su boca las palabras, y yo estaré con tu boca y con la suya, y os enseñaré lo que hayáis de hacer. Y él hablará por ti al pueblo; él te será a ti en lugar de boca, y tú serás para él en lugar de Dios. Y tomarás en tu mano esta vara, con la cual harás las señales».

Aunque para nosotros el temor que nos acecha en diversas áreas y a diferentes tiempos de nuestra vida es una realidad y puede representar un gran desafío, muchos de estos temores son el producto de un sentido de inadecuación o debilidad ante una situación dada. Este fue el caso de Moisés, cuando Dios lo llamó desde aquella visión de la zarza que ardía en medio del Desierto de Madián con una misión única que cumplir. Moisés sintió un gran temor al pensar que él no era el indicado debido a sus limitaciones y debilidades. Algunas veces nos sentimos así cuando el miedo quiere invadir nuestro corazón y nos hace creer que no somos los indicados o que no estamos capacitados. Sin embargo, Dios no ve nuestros temores de la misma manera en que nosotros los vemos. De hecho, Él nunca ha experimentado alguna duda o temor, Él es Dios, y no es Su voluntad que Sus hijos vivan bajo el dominio del miedo. Al leer la historia de Moisés podemos ver cuál es la respuesta de Dios hacia nuestros más profundos miedos, y recibir un confort que solo viene de Él y que echa fuera todo temor.

Con frecuencia, al escuchar la historia de Moisés sobre esta gran visión donde Dios le habla desde la zarza en el desierto, es probable que hayas oído que

Moisés le da «excusas» a Dios para no hacer lo que Él le pide y no cumplir Su misión. No obstante, si reflexionamos más detenidamente en las respuestas de Moisés, estas no eran excusas, sino limitaciones reales que él tenía y que le causaban miedo. Limitaciones de conocimiento, de habilidad, de capacidad, físicas, emocionales, económicas, de recursos o de tiempo, suelen ser, a menudo, la causa del miedo en nuestro corazón para no realizar alguna misión que Dios nos ha dado. Estas limitaciones que Moisés expresó nos ayudan a ver de dónde vienen nuestros más profundos temores. El temor de Moisés fue expresado en dos preguntas, y, al igual que él, conocer las respuestas a estas dos preguntas juega un papel importante en cómo enfrentamos nuestros temores.

Dios no ve nuestros temores de la misma manera en que nosotros los vemos.

¿Cuáles fueron los motivos que Moisés le da a Dios donde expresa su temor?

- ____________________ *Éxodo 4:1*
- ____________________ *Éxodo 4:10*
- ____________________ *Éxodo 4:13*

Moisés estaba sinceramente convencido de que él no era la persona correcta para esta misión que Dios le encomendaba. Su miedo se ve expresado cuando piensa que su pueblo no le creería que el Señor se le había aparecido en una visión y le había dicho todo esto, además, él no tenía las habilidades que lo calificaban para hablar en público. Por ello, creía que otro en su lugar lo podía hacer mejor que él.

¿Alguna vez has sentido que no eres la persona correcta para cumplir con una misión o servir en lo que Dios te ha encomendado?

Sí ☐ No ☐

¿Te gustaría compartir tu experiencia?

¿Quién soy yo?

¿Quién soy yo para ir delante de Faraón? Es la primera pregunta que Moisés le hace a Dios. Moisés sentía que no era apto para esta tarea, él no creía que tuviera las habilidades para hablar ante el faraón. Simplemente pensaba que esta era una labor que le quedaba grande. Y era cierto, por él mismo no podría realizar tal obra. Además, él aún no conocía su llamado ni cómo Dios podía manifestarse con Su poder y hacer Su obra a través de él. Por eso tenía miedo. ¿Te has preguntado alguna vez «quién soy yo»? Cuando tenemos miedo es porque pensamos que enfrentaremos la situación por nuestros propios medios y en nuestras propias fuerzas, y nos vemos a nosotros como de poco valor, eso puede resultar en verdad atemorizante. Puedo entender el miedo de Moisés porque yo mismo fui tartamudo en mi adolescencia, así que entiendo la frustración y el descrédito que él sentía consigo mismo ante tal desafío. Yo nunca supe cómo sané de ese problema, pero en aquel momento ni en mi más grandioso sueño hubiera imaginado que yo sería alguna vez capaz de traer una prédica a mi iglesia, hasta que entendí quién era yo en Dios y lo que Él era capaz de hacer a través de mí, aun en mi debilidad. Lee Éxodo 4:1-5 y 4:10-12

¿Cuál es la respuesta de Dios ante el temor y la duda de Moisés?

¿Quién eres tú?

Si no conocemos a Dios personalmente ni Su poder, estamos a merced de nuestros temores.

¿Cuál es tu nombre? Esta es la segunda pregunta que Moisés le hizo a Dios, la cual era un claro indicio de que él no lo conocía personalmente. Seguramente Moisés conocía de Dios, porque sabía del Dios de sus padres, Abraham, Isaac y Jacob, pero no tenía una relación con Él. El miedo que Moisés experimentó al recibir esta misión divina se evidencia al saber que no tenía todas las respuestas, porque él no conocía el poder de Dios. Si no conocemos a Dios personalmente ni Su poder, estamos a merced de nuestros temores. Los pensamientos positivos o humanistas de que nosotros podemos salir adelante por nosotros mismos pueden ser que ayuden temporalmente, pero no son la solución, estos no pueden fortalecer nuestro corazón, al enfrentar las batallas, como Dios lo hace. Por otro lado, a medida que conocemos más de Dios y experimentamos Su presencia somos capaces de afrontar todo tipo de temor y salir victoriosos. Dios equipó a Moisés para esta tarea y Su presencia con él le dio el valor no solo para sacar al pueblo de Israel de Egipto con grandes señales, sino también para guiarlo en el desierto. Lo cierto es que, después de esta manifestación de Dios, en ninguna otra parte de la narrativa bíblica vemos que Moisés le pregunte otra vez: «¿Quién eres tú?» Ni tampoco dudó de lo que el Señor podía hacer. De igual forma, conocer a Dios y Su Palabra nos ayuda a conocer Su verdad. Así mismo, a medida que estamos en Su presencia nuestros miedos más profundos son disipados, porque Él echa fuera el temor.

Lee Éxodo 3:13-14 ¿Cuál es la respuesta de Dios ante las limitaciones de Moisés?

Dios respondió todas las preguntas de Moisés, y así responderá a la tuyas. Ante su debilidad, le indicó que Él es el creador y que no hay nada imposible para Él. Dios nos hizo y nos conoce, Él pondrá todo lo que necesitamos pensar, decir y hacer ante una determinada situación si nos ponemos completamente en Sus manos y nos dejamos usar por Él, asi como Dios puso en la boca de Moisés lo que debía hablar ante el faraón, así Él estará con nosotros y nos fortalecerá en cualquier debilidad. Por otro lado, se dio a conocer a Moisés para que confiara en Él, le mostró señales y prodigios y le declaró que estaría con él en todo momento. Al experimentar estas dos respuestas de Dios en nuestro corazón somos fortalecidos para enfrentar toda situación de temor. El nombre que Dios le reveló a Moisés sería el nombre de Su pacto por todas las generaciones. Dios le dio esta gran revelación a alguien que pensaba que no era la persona correcta; sin embargo, lo era para Él.

Dios nos hizo y nos conoce. Él pondrá todo lo que necesitamos pensar, decir y hacer ante una determinada situación si nos ponemos completamente en Sus manos y nos dejamos usar por Él.

¿Has estado ante un desafío que pensaste no poder enfrentar, pero Dios te fortaleció? ¿Te gustaría compartir tu experiencia?

Lecturas bíblicas adicionales:
Deuteronomio 31:1-8; Josué 1:1-9; Salmos 3:1-6.

Notas

RESUMEN

- Muchos de nuestros temores son el producto de un sentido de inadecuación o debilidad ante una situación dada.
- El temor de Moisés se ve reflejado en las preguntas que le hace a Dios: «¿Quién soy yo?» y «¿Cuál es tu nombre?».
- Moisés estaba sinceramente convencido de que él no era la persona correcta para esta misión que Dios le daba. Sin embargo, lo era para Dios.
- El Creador le responde a Moisés al mostrarle Sus atributos como el Dios creador y todopoderoso.
- Dios pondrá todo lo que necesitas pensar, decir y hacer ante una determinada situación si te pones completamente en Sus manos y te dejas usar por Él.

¿Cuál fue la enseñanza más significativa que aprendiste hoy?

¿Qué quiere Dios que hagas en respuesta al estudio de hoy?

Día 4

UNA VIDA DE TEMOR A DIOS

LECTURA BÍBLICA: LUCAS 5:1-11

«Aconteció que estando Jesús junto al lago de Genesaret, el gentío se agolpaba sobre él para oír la palabra de Dios. Y vio dos barcas que estaban cerca de la orilla del lago; y los pescadores, habiendo descendido de ellas, lavaban sus redes. Y entrando en una de aquellas barcas, la cual era de Simón, le rogó que la apartase de tierra un poco; y sentándose, enseñaba desde la barca a la multitud. Cuando terminó de hablar, dijo a Simón: Boga mar adentro, y echad vuestras redes para pescar. Respondiendo Simón, le dijo: Maestro, toda la noche hemos estado trabajando, y nada hemos pescado; mas en tu palabra echaré la red. Y habiéndolo hecho, encerraron gran cantidad de peces, y su red se rompía. Entonces hicieron señas a los compañeros que estaban en la otra barca, para que viniesen a ayudarles; y vinieron, y llenaron ambas barcas, de tal manera que se hundían. Viendo esto Simón Pedro, cayó de rodillas ante Jesús, diciendo: Apártate de mí, Señor, porque soy hombre pecador. Porque por la pesca que habían hecho, el temor se había apoderado de él, y de todos los que estaban con él, y asimismo de Jacobo y Juan, hijos de Zebedeo, que eran compañeros de Simón. Pero Jesús dijo a Simón: No temas; desde ahora serás pescador de hombres. Y cuando trajeron a tierra las barcas, dejándolo todo, le siguieron».

El temor de Dios

Esta semana hemos meditado en nuestra fe en Dios, que debe permanecer fuerte para poder vencer el miedo y la duda. Sin embargo, hay un tipo de temor que es necesario tener y desarrollar, y a medida que nuestra relación con el Señor crece, este también se fortalece, es el temor a Dios. Este temor nos ayuda a marcar una diferencia entre nosotros y Dios, en que Él trasciende nuestra realidad y existencia, y nos incrementa una constante conciencia de Su majestuosa santidad y de que en todo momento y lugar debemos obedecerlo. El temor a Dios también nos guía a adorarlo de manera genuina.

Podemos decir que el temor a Dios nos hace vivir bajo una constante conciencia de que Él es la realidad más grande que existe y de que no hay nada fuera de Él. Este temor nos lleva a vivir vidas en completa obediencia, santidad, adoración y dependencia de Dios.

El temor de Dios nos hace vivir bajo una constante conciencia de que Él es la realidad más grande que existe y de que no hay nada fuera de Él.

Lee la narrativa bíblica de la pesca milagrosa en Lucas 5:1-9. ¿Por qué motivo el temor se apoderó de Pedro y de los que estaban con él?

¿Qué hizo Pedro como resultado de ese temor?

¿Qué le contestó Jesús a Pedro?

Pedro y otros pescadores habían estado trabajando en el Mar de Galilea toda aquella noche, pero no habían podido pescar nada. Sin embargo, siguieron las instrucciones de Jesús de volver a echar la red mar adentro, ¡y entonces el milagro ocurrió! La pesca fue tan grande que la barca se hundía por el número de peces en la red, tanto así que tuvieron que llamar a los de otra barca para que los ayudaran. Pedro supo que esto no podía haber sucedido sin el poder sobrenatural de Jesús. Esto hizo que él se inundara por completo de temor y, como resultado, se postró a Sus pies en adoración.

La Palabra nos enseña que el miedo a la incertidumbre y el temor a Dios son dos cosas completamente opuestas. Mientras que, en repetidas ocasiones, se nos insta en la Biblia a no tener miedo, muchos otros textos nos hablan de la dicha y la bendición que es vivir en el temor de Dios. El miedo es de carácter temporal, el temor de Dios debe ser constante; el miedo quiere vencer nuestra fe, el temor de Dios hace crecer nuestra fe; el miedo nos puede alejar de la misión de Dios, el temor de Dios nos dirige a cumplir esa misión. El miedo viene como producto de que no somos capaces de manejar una situación o de que la desconocemos, en el temor de Dios dependemos totalmente de Él ante cualquier situación. El miedo proviene del maligno, el temor de Dios es la obra del Espíritu Santo en nosotros. De hecho, el temor de Dios disipa el miedo (1 Jn. 4:18). El relato de la pesca milagrosa nos deja ver las bendiciones que hay en el temor a Dios, nos guía hacia una vida de adoración, de obediencia y santidad, y a una dependencia completa de Él.

El temor de Dios nos lleva a una vida de adoración

El temor a Dios nos hace reconocer que Él está por encima de nosotros en términos de poder, soberanía, santidad, bondad y grandeza, y como resultado, este temor reverencial nos guía a una vida de adoración y rendición a Él, basada en el reconocimiento de que no hay nada fuera de Dios. En la historia bíblica, Pedro, al ver que Jesús demostró Su poder en la pesca milagrosa, se llenó de temor y no dudó en postrarse ante el Señor como respuesta a Su incomparable santidad, diciendo: «... Apártate de mí, Señor, porque soy hombre pecador» (Lc. 5:8). Así nosotros, al vivir una vida en temor a Dios, somos guiados por el Espíritu Santo a una completa rendición a Él.

El temor de Dios nos lleva a una vida de obediencia y santidad

El temor a Dios nos coloca en la posición correcta en cuanto a quiénes somos, quién es Dios y lo que debemos hacer para amarlo y obedecerlo.

El temor de Dios hace también que nuestras vidas busquen agradarle a Él. Cuando descuidamos nuestra comunión con Dios, es ese temor santo el que nos trae de regreso a Él y provoca intranquilidad en nosotros si estamos lejos de Su presencia o vivimos fuera de Su voluntad. El temor a Dios nos lleva a buscar la santidad y a vivir en obediencia. El milagro de la gran pesca tuvo un enorme impacto en estos pescadores que experimentaron el temor de Dios. Fue tan extraordinario que, cuando Jesús les dijo «síganme», ellos lo dejaron todo y lo siguieron. Así, el temor a Dios nos coloca en la posición correcta en cuanto a quiénes somos, quién es Dios y lo que debemos hacer para amarlo y obedecerlo.

El temor de Dios nos lleva a una dependencia total de Él

Seguramente, alguna vez has estado en una situación donde, antes de tomar alguna decisión importante, sientes que primero necesitas orar para que Dios te guíe a hacer lo correcto, y si no buscas a Dios te sientes inseguro de qué hacer. Así, la Palabra de Dios nos dice en repetidas ocasiones que el principio de la sabiduría es el temor de Dios (Sal. 111:10; Pr. 1:7; 9:10), el Salmo 111:10 añade: «... Buen entendimiento tienen todos los que practican sus mandamientos...». Vivir bajo el temor de Dios nos da seguridad de que estamos en Sus caminos y de que dependemos por completo de Él. Por otro lado, Proverbios 3:7 nos indica: «No seas sabio en tu propia opinión; teme a Jehová y apártate del mal».

Cuando no dependemos de Dios y no lo buscamos en oración ni cultivamos la comunión con Él, pretendemos ser sabios en nuestra propia opinión.

Algo que he entendido en mi experiencia como papá es que no hay mejor enseñanza que pueda dejar a mis hijas que vivir en el temor de Dios. No puedo darles todo un manual de instrucciones y consejos sobre qué hacer y cómo vivir ante todas y cada una de las situaciones de vida que ellas pudieran enfrentar. Y si lo hiciera, quizás muchas de estas instrucciones serían incompletas o no precisamente las mejores. Sin embargo, lo que sí puedo hacer, que es mucho mejor que eso, es enseñarles a vivir de manera constante bajo el temor de Dios y que aprendan a guardar Sus mandamientos, de este modo, con base en la Palabra y el Espíritu, sabrán qué hacer en todas y cada una de sus vivencias.

- Dt. 5:29 ____________________
- Sal. 33:18 __________________
- Pr. 3:7-8 ___________________
- Pr. 9:10 ____________________
- Pr. 15:33 ___________________
- Pr. 31:10 __________________
- Hch. 9:31__________________
- 2 Co. 7:1 __________________

¿Has encontrado alguna de estas bendiciones por vivir en el temor de Dios? ¿Te gustaría compartir alguna de estas experiencias?

Lecturas bíblicas adicionales:
Deuteronomio 10:12-22; Salmos 112:1-7; Proverbios 3:1-10.

Notas

RESUMEN

- El temor de Dios nos hace vivir bajo una constante conciencia de que Dios es la realidad más grande que existe y de que no hay nada fuera de Él de Su control.

- El miedo y el temor a Dios son dos cosas por completo opuestas; el miedo viene como producto de que no somos capaces de manejar una situación o de que la desconocemos, mientras que en el temor de Dios dependemos totalmente de Él ante cualquier situación.

- El temor de Dios nos coloca en la posición correcta en cuanto a quiénes somos, quién es Dios y lo que debemos hacer para amarlo y obedecerlo.

- El temor de Dios nos lleva a una vida de adoración.

- El temor de Dios nos impulsa a buscar la santidad y a vivir en obediencia.

- El temor de Dios nos lleva a una dependencia total de Él.

¿Cuál fue la enseñanza más significativa que aprendiste hoy?

¿Qué quiere Dios que hagas en respuesta al estudio de hoy?

Día 5

CREER SIN CONDICIONES

LECTURA BÍBLICA: DANIEL 3:16-23

«Sadrac, Mesac y Abed-nego respondieron al rey Nabucodonosor, diciendo: No es necesario que te respondamos sobre este asunto. He aquí nuestro Dios a quien servimos puede librarnos del horno de fuego ardiendo; y de tu mano, oh rey, nos librará. Y si no, sepas, oh rey, que no serviremos a tus dioses, ni tampoco adoraremos la estatua que has levantado. Entonces Nabucodonosor se llenó de ira, y se demudó el aspecto de su rostro contra Sadrac, Mesac y Abed-nego, y ordenó que el horno se calentase siete veces más de lo acostumbrado. Y mandó a hombres muy vigorosos que tenía en su ejército, que atasen a Sadrac, Mesac y Abed-nego, para echarlos en el horno de fuego ardiendo. Entonces estos varones fueron atados con sus mantos, sus calzas, sus turbantes y sus vestidos, y fueron echados dentro del horno de fuego ardiendo. Y como la orden del rey era apremiante, y lo habían calentado mucho, la llama del fuego mató a aquellos que habían alzado a Sadrac, Mesac y Abed-nego. Y estos tres varones, Sadrac, Mesac y Abed-nego, cayeron atados dentro del horno de fuego ardiendo».

Una fe firme para vencer nuestros miedos y dudas no solo viene como resultado de creer en las promesas de Dios, sino que también viene junto con la certeza de que vivimos bajo Su voluntad y de que todo lo que nos sucede está bajo el perfecto control de Dios. Este tipo de certeza solo se obtiene a través de una obediencia incondicional a Dios y a Su Palabra.

Una fe firme para vencer nuestros miedos y dudas […] solo se obtiene a través de una obediencia incondicional a Dios y a Su Palabra.

Saber que estamos en la voluntad Dios nos otorga una fe firme para enfrentar aquello que nos da temor

Una de las historias fascinantes de la Biblia es cuando tres hombres son arrojados al horno de fuego ardiente, porque vivían bajo la seguridad que esa era la voluntad de Dios. En este relato, el rey Nabucodonosor hizo levantar una estatua de sí mismo para que, al sonar la música en todo su reino, todos se postraran ante ella y la adoraran, de lo contrario el que desobedeciera tal edicto sería lanzado al horno de fuego ardiendo. Sadrac, Mesac y Abed-nego no adorarían a este ídolo, porque ellos temían a Dios y solo le daban adoración a Él. Es impresionante notar en esta historia que estos tres hombres no titubearon cuando fueron llevados y confrontados ante el rey y le hicieron saber con firmeza su decisión de que no adorarían la gran estatua. Esta fue su extraordinaria respuesta: «... No es necesario que te respondamos sobre este asunto» (Dn. 3:16). Ellos sabían que adorar el ídolo no era la voluntad de Dios y eso les daba la convicción de que, sin importar las consecuencias, ellos las enfrentarían, probablemente con temor, pero con una fe mucho más grande. Estos hombres creían sin condiciones que, sin importar lo que pasara, Dios estaría con ellos.

Así como en la historia de Sadrac, Mesac y Abed-nego, saber que hacemos la voluntad de Dios disipa nuestros miedos y nos otorga valor para seguir adelante en el cumplimento del propósito que Dios nos ha dado. Este principio lo he vivido cuando no todo sale como espero o deseo; sin embargo, tener la certeza de que vivo bajo la voluntad de Dios me ha dado aliento cuando el temor ha querido invadir mi mente y mi corazón, y así estoy convencido de que pase lo que pase, mi vida agrada a Dios y estoy en el centro de Sus propósitos para mí.

Y si no... es la voluntad de Dios

La historia bíblica de Sadrac, Mesac y Abed-nego nos muestra que ellos experimentaban no solo una fe firme, sino también una fe creciente en medio de la incertidumbre. Cuando estos tres hombres son confrontados por el rey Nabucodonosor para postrarse ante la estatua y así evitar ser lanzados al horno de fuego, ellos contestaron con una respuesta firme: «He aquí nuestro Dios a quien servimos puede librarnos del horno de fuego ardiendo; y de tu mano, oh rey, nos librará. Y si no, sepas, oh rey, que no serviremos a tus dioses, ni tampoco adoraremos la estatua que has levantado» (Dn. 3:17-18).

Muchas veces, al leer esta historia, pasamos por alto que estos tres hombres en realidad no sabían lo que les ocurriría. Ellos estaban confiados de que Dios los libraría del horno ardiente, pero «¿y si no?»; si en Su soberanía divina Dios permitía que fueran quemados vivos en el horno de fuego, de cualquier forma, ellos no adorarían esa estatua. En su respuesta vemos que su fe operaba en ellos de tal forma que, sin saber lo que pasaría, ellos experimentaban una confianza

Nuestra fe no debe estar condicionada a que se cumplan nuestros deseos, sino debe actuar solo por hacer la voluntad de Dios.

en Dios que no estaba condicionada por sus deseos, sino que estaban dispuestos a hacer la voluntad de Dios hasta enfrentar sus últimas consecuencias. A veces nos puede resultar fácil creer a Dios siempre y cuando sepamos con certeza lo que sucederá o que estemos convencidos de que Él cumplirá nuestros deseos. Por el contrario, una fe sin condiciones nos hace confiar plenamente en Dios sin importar lo que pueda ocurrirnos y sabemos que estamos en Su mano.

Piensa por un momento, ¿hay condiciones que pudiéramos ponerle a Dios para creer en Él, amarlo y obedecerlo? ¿Cuáles serían las condiciones que algunos le ponen a Dios para creer en Él u obedecerlo?

Una fe sin condiciones

Si nuestra fe está condicionada por lo que queremos, entonces nuestro amor a Dios también lo está.

Todos nos sentimos bien cuando pensamos que hacemos la voluntad de Dios, pero si Su voluntad es diferente de lo que queremos, entonces quizás ya no nos sintamos tan cómodos. ¿Te has puesto a pensar qué pasaría si es la voluntad de Dios que atravesemos valles oscuros en nuestra vida? Lo cierto es que, a lo largo de nuestro caminar con Dios, en diversas ocasiones esa será Su voluntad, porque es en los valles oscuros donde experimentamos más Su presencia y Él cumple muchos de Sus propósitos en nosotros. Sin embargo, ante una situación adversa que desearíamos que no sucediera es reconfortante saber que esa es la voluntad de Dios y que Él nos guiará a través del dolor y confortará nuestra alma (Sal. 23:3). Aun cuando Dios nos guíe por la adversidad o permita la prueba, y suceda lo que no deseamos que pase, una fe sin condiciones será Su voluntad para nosotros. Si nuestra fe está condicionada por lo que queremos, entonces nuestro amor a Dios también lo está.

Este tipo de fe incondicional nos permite experimentar a Dios de un modo que de otra forma no podríamos hacerlo, esta es la fe que agrada al Señor y que Él recompensa. El libro de Hebreos afirma que: «... Dios [...] es galardonador de los que le buscan» (He. 11:6). Esto es lo que vemos en la historia de Sadrac, Mesac y Abed-nego. Sin aún saber que Dios los libraría, ellos caen atados en el horno de fuego ardiente, pero para su sorpresa, ¡no se queman! ni aun sus ropas, ni siquiera uno de sus cabellos, sino que el Señor mismo vino al horno junto con ellos a «pasearse» ¡alrededor de las llamas de fuego! Este tipo de experiencias con Dios solo se experimenta cuando decidimos creer sin condiciones.

Quizás, en algún momento de temor, duda o incertidumbre, tu fe será puesta a prueba sin saber lo que pasará, pero sabiendo cuál es la voluntad de Dios. Cuando vencemos el miedo y la duda con la fe en Dios no solo experimentamos más de Él, sino que también lo que Dios hace por medio de nosotros tiene un impacto en quienes nos rodean. Lee el final de esta historia en Daniel 3:26-30 y contesta las siguientes preguntas:

¿Cuál fue el impacto que tuvo la fe sin condiciones de estos tres hombres en el reino de Babilonia?

¿Alguna vez un acto de fe te ha llevado a experimentar más de Dios y ha tenido impacto en otros?

Sí ☐ No ☐ ¿Quieres compartir tu experiencia?

¿Quieres experimentar una fe creciente e incondicional en Dios?

Sí ☐ No ☐ Pídeselo ahora mismo.

Lecturas bíblicas adicionales:
Salmos 23:1-6; Salmos 27:1-14; Hebreos 11:32-40.

Notas

RESUMEN

- Saber que hacemos la voluntad de Dios permite que nuestros miedos se disipen y nos da valor para seguir adelante en el cumplimento del propósito que Dios nos ha dado.
- Nuestra fe no debe estar condicionada a que se cumplan nuestros deseos, sino debe actuar solo por hacer la voluntad de Dios.
- Si nuestra fe está condicionada por lo que deseamos, entonces nuestro amor a Dios también lo estará.
- Cuando vencemos el miedo y la duda con la fe en Dios no solo experimentamos más de Él, sino que también lo que Dios hace por medio de nosotros tiene un impacto en quienes nos rodean.

¿Cuál fue la enseñanza más significativa que aprendiste hoy?

¿Qué quiere Dios que hagas en respuesta al estudio de hoy?

SEMANA 4

Humildad y quebrantamiento

S4

Día 1

LA HUMILDAD QUE TOCA EL CORAZÓN DE DIOS

PRINCIPIO 4: HUMILDAD

La humildad y el quebrantamiento de corazón son la antesala para experimentar la presencia de Dios.

La humildad y el quebrantamiento hacen evidente la condición de un corazón que agrada a Dios. El quebrantamiento es un estado del alma que tiene una gran necesidad de Dios, que busca una total dependencia de Él y que muestra un hambre por Su presencia. Así mismo, el quebrantamiento también llega a nuestro corazón cuando experimentamos un profundo dolor por haber fallado a Dios o por estar lejos de Él y de Sus caminos. Sin un quebrantamiento genuino del corazón no hay forma de llegar a Su presencia, simplemente no hay atajos que nos lleven a Dios, más que por medio de un corazón humilde delante de Él. Un corazón quebrantado siempre es la antesala para experimentar la misma presencia de Dios y es el principio de lo que Él está a punto de hacer en y a través de nosotros. No hay atajos para encontrarnos con Su presencia, más que a través de un espíritu quebrantado.

Un corazón quebrantado siempre es la antesala para experimentar la misma presencia de Dios y es el principio de lo que Él está a punto de hacer en y a través de nosotros. No hay atajos para encontramos con Su presencia, más que a través de un espíritu quebrantado.

Por el contrario, tristemente el orgullo y la soberbia nos impiden crecer en Dios. Muchas personas se pierden lo mejor de Él por su orgullo y su sentido de autosuficiencia. Lamentablemente, este mensaje de independencia de Dios lo podemos ver en muchos lugares, donde se enfatiza la automotivación y el humanismo como recursos para alcanzar nuestras metas. Algunas frases que en apariencia suenan inofensivas y hasta se escuchan bastante positivas tales como: «Tú puedes», «Cree en ti mismo»; o incluso creer en el uso de «fórmulas mágicas» como «Repítelo varias veces y sucederá» o «Tu boca tiene poder si lo declaras». Todas estas son prácticas que nos alejan de tener un corazón contrito y humillado y nos llevan a creer que podemos alcanzar todo lo que deseamos por nuestros propios medios, si creemos en nosotros. El lenguaje de un corazón humilde expresa: «Señor, si tú no haces algo, todo está perdido», «Si no eres tú, Señor, no hay nadie más»,

«No puedo hacer nada sin ti». Lo cierto es que sin Dios no podemos hacer nada (Jn. 15:5), sin importar qué tan buenos creamos que somos. Si bien es cierto que el Señor nos ha dado habilidades para diversos propósitos en la vida, confiar en que podemos resolver cada situación por nosotros mismos nos lleva a pensar que somos autosuficientes. Por otro lado, el corazón quebrantado siempre nos acerca a una vida de completa dependencia de Dios.

¿Alguna vez has escuchado que tú puedes hacer las cosas si crees en ti mismo?

Sí ☐ No ☐

¿Te gustaría compartir cómo te sientes al pensar en esa afirmación?

¿Habrá algo que llame la atención de Dios?

En un mundo con casi ocho mil millones de seres humanos es entendible que muchas veces podamos sentir que pasamos desapercibidos para los demás, que no somos importantes o que a Dios no le llama la atención lo que hacemos. ¿Seré yo especial para Dios? ¿Habrá forma de llamar Su atención? Lo cierto es que a Dios nada le impresiona. Los estándares del mundo en que vivimos, que normalmente son asociados con la grandeza, el éxito, la belleza, el poder o la riqueza, no pueden impresionar a Dios en lo más mínimo. Dios nos enseña en Su Palabra: «Mía es la plata, y mío es el oro» (Hag. 2:8). Más allá de esta tierra, otro texto exclama: «Los cielos y los cielos de los cielos no te pueden contener» (2 Cr. 6:18). Él es dueño de todo, tal como lo declara Su Palabra: «De Jehová es la tierra y su plenitud» (Sal. 24:1). ¿Qué podemos tener o hacer que impresione al Señor? ¿Qué logro podemos alcanzar para llamar Su atención? O ¿qué tan buenos podemos llegar a ser para que Él fije Su atención en nosotros? ¿Te das cuenta de que no hay nada ni nadie que se acerque siquiera un poco a Dios en infinito poder, conocimiento y grandeza? Entonces, ¿qué puede llamar la atención del Señor? La Palabra de Dios, a través de sus diferentes narrativas, nos lleva una y otra vez al mismo punto: ¡Sí, hay algo que llama la atención de Dios!, un corazón contrito y quebrantado. Lee los siguientes textos de la Escritura y anota qué hace Dios con aquellos que humillan su corazón delante de Él.

- 2 Reyes 22:19 ______________________________
- 2 Crónicas 12:6-7 ______________________________
- 2 Crónicas 33:12-13 ______________________________
- Salmos 34:18 ______________________________
- Salmos 51:17 ______________________________
- Salmos 138:6 ______________________________
- Salmos 147:3 ______________________________

- Isaías 57:15 ____
- Daniel 10:12 ____

Al meditar en estos textos, es notable ver cómo Dios manifiesta Su poder en aquellos que presentan su corazón en humildad y quebrantamiento. En el texto de Daniel, por ejemplo, él había buscado a Dios por tres semanas en oración y ayuno hasta que tuvo una visión donde le declaran: «Desde el primer día que dispusiste tu corazón a entender y a humillarte en la presencia de tu Dios, fueron oídas tus palabras». ¡Dios ya había atendido las palabras de Daniel desde el primer día que él humilló su corazón sin siquiera él saberlo! Y esa visión que tuvo era una respuesta a su quebrantamiento (Dn. 10:12). De manera similar, Dios le reveló al profeta Isaías que Él es «el Alto y Sublime», que habita en las alturas y en la eternidad. En otras palabras, que Dios trasciende el tiempo y el espacio, y, además, habita en la santidad. ¡Qué impactante declaración de la esencia y el poder de Dios descritos por Él mismo! Sin embargo, Su trascendencia se hace inmanente al decir que Él también habita «con el quebrantado y humilde de espíritu, para hacer vivir el espíritu de los humildes, y para vivificar el corazón de los quebrantados» (Is. 57:15). Estas narrativas bíblicas nos permiten ver que si hay algo que mueve el corazón de Dios es un genuino y total quebrantamiento, es decir, cuando experimentamos que no tenemos nada, sino solo a Dios.

¿Con cuánto te quedas?

Uno de los malentendidos que nos llevan a la confusión respecto a cuál es la condición de un corazón humilde está relacionado con cuánto damos a Dios y a otros de nuestro tiempo, esfuerzo, trabajo, o incluso de nosotros mismos. Sin embargo, podemos dar mucho de nosotros y, a pesar de ello, guardar mucho para nosotros. Los Evangelios nos narran una hermosa historia donde una viuda llevaba su ofrenda al templo. Este acto de ofrendar en el arca del templo representaba una forma de adoración a Dios, al poner parte del sustento diario al servicio de las necesidades del santuario. Sin embargo, ella no era la única que traía su ofrenda en aquella ocasión, el evangelista nos cuenta que muchos otros venían a depositar sus dádivas, y Jesús también estaba allí con Sus discípulos. Lucas, el evangelista, nos dice cómo Jesús vio a los ricos venir a la caja de las ofrendas a echar de su riqueza, su dinero, y también vio a esta viuda pobre que dio dos monedas de muy poco valor. Aunque Jesús vio a ambos, a los ricos y a la viuda hacer lo mismo, su atención no fue capturada por los adinerados, sino por la viuda pobre. ¿Por qué? No era la cantidad de dinero que daban estas personas lo que llamó la atención de Jesús, sino con cuánto se quedaban después de dar. El evangelista captura esta escena, la atención de Jesús fue dirigida cuando: «Levantando los ojos» (Lc. 21:1), observó cómo la gente venía a dar sus ofrendas. Después de ver a esta viuda, Él llamó a Sus discípulos y les enseñó que ella había echado más que todos: «Porque todos aquellos echaron para las ofrendas de Dios de lo que les sobra; mas esta, de su pobreza echó todo el sustento que tenía» (Lc. 21:1-4). Esta es una gran lección para saber que lo que llama la atención de Dios no es lo que damos, sino con cuánto nos quedamos. Esto es para nosotros cuando no tenemos nada, sino solo a Dios. Un corazón completamente quebrantado por entero es el que llama Su atención. Dios no llenará un corazón que ya está lleno, sino uno que está vacío.

Lo que llama la atención de Dios no es lo que damos, sino con cuánto nos quedamos.

Dios mira el corazón

Dios se complace al ver un corazón que es humilde. El mismo Jesús mostró una humildad que no tiene comparación al venir a servir y no a ser servido (Mt. 20:28). Él mismo exclamó: «Aprended de mí, que soy manso y humilde de corazón» (Mt. 11:29). Y son precisamente los siervos humildes quienes experimentan más de Dios, y a los que Él usa para cumplir Sus propósitos. Este fue el caso de Moisés, quien llegó a ser considerado el más grande de los profetas y experimentó una manifestación de Dios como ningún otro lo hizo; ver la gloria de Dios y hablar con Él cara a cara «... como habla cualquiera a su compañero...» (Ex. 33:11). Esto no hubiera sido posible si Moisés no hubiera tenido un corazón sumamente manso. La Escritura nos declara que «Moisés era muy manso, más que todos los hombres que había sobre la tierra» (Nm. 12:3). Dios recompensa esta clase de humildad y Él se manifiesta a aquellos que lo buscan de esta manera como no lo hace con nadie más.

Por otro lado, la hipocresía o la falsa humildad no pueden engañar a Dios, Él discierne el corazón y nada hay oculto delante de Él. Esto es lo que le declaró al profeta Samuel cuando estaba frente a los hijos de Isaí, de entre los cuales el Señor ya había provisto un rey para Israel. No obstante, al estar frente a todos ellos para ungir al que sería el nuevo rey de Israel, Dios le dijo a Samuel: «No mires a su parecer, ni a lo grande de su estatura [...] porque Jehová no mira lo que mira el hombre; pues el hombre mira lo que está delante de sus ojos, pero Jehová mira el corazón» (1 S. 16:7). ¡Qué gran lección! A Dios no lo podemos engañar con palabras, actitudes o acciones, Él ve más allá, hasta lo más profundo de nuestro más secreto ser interior. El Señor conoce si nuestra devoción y oraciones no son del todo sinceras o si nuestro corazón se encuentra lejos de Él. Pero también sabe si el corazón del ser humano es humilde y está quebrantado. Esto es a lo que Dios se refirió cuando afirmó que Él había encontrado un varón conforme a Su corazón al referirse a David como el nuevo rey de Israel (Hch. 13:22) debido a la ternura de su corazón para servirlo, esta es la humildad en la que Dios se deleita y que llama Su atención. Un corazón vacío y quebrantado nunca pasará desapercibido para Dios.

Dios no llenará un corazón que ya está lleno, sino uno que está vacío.

Ya que Dios mira el corazón y no la apariencia, ¿qué hay en tu corazón en lo que Dios se pudiera fijar? ¿Crees que puedas llamar Su atención?

Sí ❑ No ❑

¿Por qué? ¿Te gustaría compartir tu experiencia?

RESUMEN

- La humildad y el quebrantamiento son la antesala de un encuentro con la presencia de Dios, que no sucede de ninguna otra manera.
- A Dios nada lo impresiona, solo un corazón contrito y humillado llama Su atención.
- No se trata de cuánto das, sino con cuánto te quedas; Dios no llenará un corazón que ya está lleno, sino uno que está vacío.
- Dios no mira lo que está a la vista, Él mira el corazón, es ahí donde podemos llamar Su atención a través de un espíritu humilde y quebrantado.

¿Cuál fue la enseñanza más significativa que aprendiste hoy?

¿Qué quiere Dios que hagas en respuesta al estudio de hoy?

Una jornada de siete semanas

ACTIVIDAD SEMANAL

1. En tu tiempo de oración con Dios practica la humildad, esto no tiene que ver con posesiones materiales, sino con un estado del corazón. Póstrate ante Él en señal de humildad, vacía tu corazón en Su presencia y deja que Dios te llene con Su gracia, poder y amor.

2. Busca oportunidades para servir a otros con humildad, sin esperar recibir ningún tipo de reconocimiento o algo a cambio. Seguramente encontrarás muchas ocasiones en que puedes mostrar un espíritu humilde por medio de actos de servicio hacia los demás.

3. Busca pedir perdón a alguien que hayas ofendido recientemente, hace algún tiempo, o incluso hace algunos años atrás. Toma la iniciativa de entablar una conversación con esa persona sin importar si él o ella te han ofendido también. Puedes llamarlo y pedirle que te perdone, muestra un corazón humilde ante esa situación, restaura esa relación rota y nota cómo creces en Dios al hacerlo. No lo pienses mucho, hazlo ahora mismo.

Día 2

UNA HUMILDAD COMO LA DE CRISTO

LECTURA BÍBLICA: FILIPENSES 2:1-11

«Por tanto, si hay alguna consolación en Cristo, si algún consuelo de amor, si alguna comunión del Espíritu, si algún afecto entrañable, si alguna misericordia, completad mi gozo, sintiendo lo mismo, teniendo el mismo amor, unánimes, sintiendo una misma cosa. Nada hagáis por contienda o por vanagloria; antes bien con humildad, estimando cada uno a los demás como superiores a él mismo; no mirando cada uno por lo suyo propio, sino cada cual también por lo de los otros. Haya, pues, en vosotros este sentir que hubo también en Cristo Jesús, el cual, siendo en forma de Dios, no estimó el ser igual a Dios como cosa a que aferrarse, sino que se despojó a sí mismo, tomando forma de siervo, hecho semejante a los hombres; y estando en la condición de hombre, se humilló a sí mismo, haciéndose obediente hasta la muerte, y muerte de cruz. Por lo cual Dios también le exaltó hasta lo sumo, y le dio un nombre que es sobre todo nombre, para que en el nombre de Jesús se doble toda rodilla de los que están en los cielos, y en la tierra, y debajo de la tierra; y toda lengua confiese que Jesucristo es el Señor, para gloria de Dios Padre».

El mejor ejemplo de humildad y servicio que podemos referir es el de Jesús. No hay un modelo más grande de humildad que el que Cristo nos enseñó a través de Su obra y Su persona. Tampoco existe un contraste más distante de exaltación y humillación que el de Cristo, descrito en este pasaje. Se cree que este texto era un himno antiguo de la primera iglesia, el cual describe la obra redentora de Jesús, quien existió en forma de Dios, se humilló hasta lo sumo, tomó la forma de un siervo y murió en una cruz. El apóstol Pablo escribió en su carta a los Filipenses que este es el ejemplo que debemos seguir, el de Jesús; no hay un estándar más alto de amor, humildad y servicio.

Nos parecemos más a Jesús al amar y servir a los demás como Él nos amó y sirvió. De esta manera, crecemos en comunión con Él y con los demás.

Si no fuera por esto, no habría ninguna esperanza de salvación para nosotros.

La humildad de Cristo es lo que Pablo enseña que debemos imitar como Sus discípulos. Nota que, antes de escribir este hermoso pasaje cristológico, el apóstol Pablo exhorta a la iglesia a vivir una vida caracterizada por la humildad. Lee Filipenses 2:1-4 y completa las oraciones que siguen a cada uno de los imperativos.

- Completad mi gozo, ______________________________ (Fil. 2:2).
- Nada hagáis por contienda o por vanagloria; antes bien con humildad, ______________________________ (Fil. 2:3).
- No mirando cada uno por lo suyo propio, ______________ (Fil. 2:4).

DÍA 2

El ejemplo de un líder servidor

> **El liderazgo no se mide por el número de personas que tienes a tu cargo, sino por el número de personas a quienes sirves.**
> **Miguel Núñez**

Es notable que, antes de poner el ejemplo de Cristo como modelo a seguir de humildad, Pablo exhorta al amor, al servicio y a la humildad que deben mostrar los unos con los otros; no podemos llegar a imitar a Cristo si no mostramos estas virtudes en las relaciones humanas que establecemos. Por otro lado, al amar y servir a los otros nos parecemos más a Él y, como resultado, nuestra relación con Jesús se profundiza, porque esta es Su voluntad. Por lo general, hoy en día la autoridad de alguien es medida en proporción a cuantas personas él o ella dirige, qué títulos tiene, qué posición ocupa o cuál es su estatus social. Esto no es así para los discípulos de Jesús, la humildad debe ser expresada en todos los niveles de la vida, el trabajo, la iglesia, la familia, los amigos y hasta con desconocidos. A este ejemplo de Jesús se refiere el apóstol Pablo, quien a pesar de tener la posición más privilegiada en unión con el Padre (Jn. 1:1), existir desde la eternidad y ser el creador de todo lo que existe (Col. 1:15), se humilló hasta lo sumo y nos amó hasta la muerte.

¿Te gustaría ser más como Jesús y mostrar humildad, amor y servicio a los demás?

Sí ❑ No ❑

¿En cuáles áreas de tu vida puedes expresar esta actitud que hubo en Cristo?

Forma de siervo

Pablo escribió que Cristo tomó la forma de siervo y se hizo obediente hasta la muerte, y muerte de cruz. El término que se usa para «siervo», y que mejor describe este vocablo en el idioma original, es

> «Vosotros me llamáis Maestro, y Señor; y decís bien, porque lo soy. Pues si yo, el Señor y el Maestro, he lavado vuestros pies, vosotros también debéis lavaros los pies los unos a los otros».
>
> JUAN 13:13-14

«esclavo». Su significado debe entenderse como 'alguien que está a merced de otra persona'.

Hay una narrativa bíblica capturada por Juan el evangelista, quien nos muestra a Jesús como un siervo que, en total humildad y mansedumbre, lavó los pies de Sus discípulos. La escena del lavado de los pies es una representación de la encarnación de Jesús, tal como lo declara aquel antiguo himno sobre Jesús en Filipenses, quien se humilló y tomó la forma de siervo. En esta ocasión, el Señor tomó una toalla y un lebrillo, y uno por uno comenzó a lavar los pies a Sus discípulos, esto no solo era una muestra de humildad y servicio, sino que también era un acto que los siervos estaban obligados a hacer a sus señores. Es notable en este relato que Jesús incluso lavó los pies a Judas, aquel que lo entregaría.

El servicio, una marca de todo cristiano

Tomar la posición de un siervo es una marca distintiva que todo discípulo de Jesús debe llevar, no solo al servir a aquellos que simpatizan con nosotros o que sentimos que nos aman, sino también debemos de tener esta actitud con todos por igual. Este es el sentir de Cristo al que el apóstol Pablo se refiere que debemos imitar. Lee los siguientes pasajes de la Escritura y anota cómo debemos mostrar humildad al imitar la actitud que hubo en Cristo Jesús.

- Mateo 5:44-48 ____________________________________
- Marcos 10:35-45 __________________________________

A lo largo de mi servicio como pastor, he podido observar que un escenario en donde comúnmente la humildad y el servicio pueden ser notablemente expresados es a la hora de sentarse a la mesa para compartir los alimentos con otros. Por lo general, al comer juntos siempre hay algo que se necesita traer a la mesa, cosas que pasar a otros y muchas oportunidades de servir. Con frecuencia, es en verdad visible que aquellos que tienen un espíritu de servicio siempre están al tanto de qué necesidades hay que suplir, incluso, de ser necesario, ceden su lugar. Por otro lado, también es notorio cuando las personas solo piensan en comer, sin importarles las necesidades de los demás. Esto me sucedió no hace mucho, cuando en una reunión de líderes en casa de uno de ellos, después de terminar nuestra junta, había planeado ordenar sándwiches que iban a ser llevados al lugar donde nos encontrábamos. Sin embargo, por alguna razón hubo un error en el número de sándwiches que se ordenaron, solo llegaron diez, cuando éramos doce personas las que esperábamos cenar. Al llegar la cena a la casa, cada uno de los líderes tomó un sándwich sin prestar atención a que no había suficientes para todos. Solo cuatro de nosotros esperamos a que otros se sirvieran primero, y después, al ver que no habría suficiente para todos, compartimos lo que quedaba.

Aunque pareciera que estos son detalles insignificantes, son precisamente los actos pequeños los que dicen mucho de un gran espíritu de servicio y humildad que tiene una persona. Cada creyente en Jesús como Señor y Salvador debería tener un espíritu de siervo como el de Cristo. Y este servicio se debe expresar a otros no por obligación, sino por amor, y siempre buscar oportunidades para asistir a los demás, y aun ir más allá de nuestra comunidad de fe. En realidad, no se necesitan títulos ni posiciones para mostrar nuestro servicio a los demás. Los títulos y las posiciones no deben ser un fin, sino al contrario, deben verse como un medio donde el servicio es el fin. El verdadero líder servidor no sirve para ser visto ni para ganar una reputación piadosa ante los demás. Ser como Cristo es buscar servir y no ser servidos. De hecho, el líder servidor es primero siervo en su propia casa, con su familia y con la gente más cercana, de otra manera no será capaz de servir en otros lugares genuinamente.

Los servidores no buscan posiciones o títulos, buscan servir.

GENES WILKES

El líder servidor es primero siervo en su propia casa, con su familia y con la gente más cercana, de otra manera no será capaz de servir en otros lugares genuinamente.

En algunas ocasiones, he tenido la bendición de conocer a personas que son en extremo serviciales. Estas se caracterizan en su forma especial de hablar y ser; son sumamente atentas y buscan en todo tiempo y con todo detalle hacer sentir bien a los demás, pareciera que el servicio está en su ADN. Tristemente, no hay muchos de estos que pueda recordar, que sin esperar recibir nada a cambio solo sirven. Lo cierto es que cada discípulo de Jesús debe ser de esta manera. Tal y como el apóstol Pablo escribió: «No mirando cada uno por lo suyo propio, sino cada cual también por lo de los otros» (Fil. 2:4).

¿Te gustaría seguir el ejemplo de humildad y servicio de Cristo?

Sí ☐ No ☐

¿Qué crees que te hace falta?

¿En qué áreas te gustaría desarrollar más tu servicio?

Lecturas bíblicas adicionales:

Mateo 20:20-28; Lucas 22:27; Juan 13:12-16; 2 Corintios 8:9.

Notas

RESUMEN

- El mejor ejemplo que podemos referir de humildad y servicio es el de Jesús.

- No existe un contraste más distante de exaltación y humillación que el que Cristo mostró. Él existía en forma de Dios, se humilló hasta lo sumo y tomó forma de siervo.

- Cada creyente que ha recibido a Jesús como Señor y Salvador debería tener un espíritu de siervo como el de Él. Y este servicio se debe expresar a otros no por obligación, sino por amor, siempre buscando oportunidades en donde servir a los demás, y aun yendo más allá de nuestra comunidad de fe.

- No se necesitan títulos ni posiciones para mostrar nuestro servicio a los demás. Los títulos y las posiciones no deben ser un fin, sino un medio, el amor y servicio son el fin.

- El servicio humilde debe ser una marca de todo cristiano.

¿Cuál fue la enseñanza más significativa que aprendiste hoy?

¿Qué quiere Dios que hagas en respuesta al estudio de hoy?

Día 3

PERDONAR Y SER PERDONADO

LECTURA BÍBLICA: MATEO 18:23-35

«Por lo cual el reino de los cielos es semejante a un rey que quiso hacer cuentas con sus siervos. Y comenzando a hacer cuentas, le fue presentado uno que le debía diez mil talentos. A este, como no pudo pagar, ordenó su señor venderle, y a su mujer e hijos, y todo lo que tenía, para que se le pagase la deuda. Entonces aquel siervo, postrado, le suplicaba, diciendo: Señor, ten paciencia conmigo, y yo te lo pagaré todo. El señor de aquel siervo, movido a misericordia, le soltó y le perdonó la deuda. Pero saliendo aquel siervo, halló a uno de sus consiervos, que le debía cien denarios; y asiendo de él, le ahogaba, diciendo: Págame lo que me debes. Entonces su consiervo, postrándose a sus pies, le rogaba diciendo: Ten paciencia conmigo, y yo te lo pagaré todo. Mas él no quiso, sino fue y le echó en la cárcel, hasta que pagase la deuda. Viendo sus consiervos lo que pasaba, se entristecieron mucho, y fueron y refirieron a su señor todo lo que había pasado. Entonces, llamándole su señor, le dijo: Siervo malvado, toda aquella deuda te perdoné, porque me rogaste. ¿No debías tú también tener misericordia de tu consiervo, como yo tuve misericordia de ti? Entonces su señor, enojado, le entregó a los verdugos, hasta que pagase todo lo que le debía. Así también mi Padre celestial hará con vosotros si no perdonáis de todo corazón cada uno a su hermano sus ofensas».

Una de las más grandes pruebas de fuego donde se muestra una sincera humildad es en buscar una reconciliación con aquellos a quienes hemos ofendido, o que nos han ofendido. El orgullo y la falta de perdón juegan un papel central en las relaciones rotas que experimentan las personas. Por otro lado, la humildad y la sencillez nos llevan a restaurar toda relación que se haya roto, sin importar cual haya sido la razón del conflicto. Jesús, en Sus enseñanzas, hizo hincapié que el perdón y la reconciliación es lo que agrada a Dios, y son esenciales para vivir una vida de adoración. De hecho, en la Biblia encontramos una relación en la manera en que Dios nos perdonó a nosotros y cómo nosotros perdonamos a los que nos ofenden. Jesús enseñó a Sus discípulos a orar y pedir a Dios: «... perdónanos nuestras deudas, como también nosotros perdonamos a nuestros deudores» (Mt. 6:12; ver también Lc. 6:37; Ef. 4:32; Col. 3:13).

Muchas veces nos sentimos cómodos al pensar que Dios nos ha perdonado de lo malo que hemos hecho, pero por alguna razón no sentimos la misma comodidad al pensar que nosotros debemos perdonar a los que nos han ofendido, o es más fácil pensar que podemos dar un perdón con reservas. «Perdono, pero no olvido» es una frase que sin duda hemos escuchado, y que tristemente aún practicamos. Imagina que así fuera el perdón que Dios nos ofrece, un perdón con condiciones o inestable. Gracias a Dios, Su perdón no solo es sin reservas, sino que también es la provisión a la deuda más grande que teníamos y que no podíamos pagar.

¿Alguna vez has sentido que das o recibes un perdón con reservas o condiciones?
¿Te gustaría compartir tu experiencia?

La parábola del siervo injusto muestra una gran diferencia entre la deuda que Dios nos perdonó y la deuda que nosotros debemos perdonar al que nos ofende. Lee la parábola en Mateo 18:23-35 y contesta a las siguientes preguntas:

¿Cuál era la deuda que el siervo de la parábola tenía con el rey?

¿El rey perdonó a su siervo?

¿Cuál era la deuda que el consiervo tenía con este siervo de la parábola?

¿El siervo perdonó a su consiervo?

Perdonar a otros como Dios nos perdonó a nosotros

Esta historia nos muestra a un siervo que le debía una gran cantidad de dinero a su rey. Diez mil talentos representaban muchos años de trabajo. Tanto que ni aun si vivía miles de vidas para trabajar y ganar dinero, este hombre no podría cubrir toda su deuda. La parábola no nos declara cómo es que el siervo adquirió esta deuda tan grande. Sin embargo, este rey era tan rico que, a pesar de esa deuda tan grande, no se había percatado de ella hasta que revisó las cuentas del reino. Una vez que estuvo frente al rey, el siervo le ruega que lo perdone para no ir a la cárcel. Notoriamente, este rey es movido a misericordia y le perdona el total de su deuda. La hipérbole de esta historia representa a Dios como un rey que mostró un gran perdón hacia nosotros sin merecerlo. La deuda de nuestro pecado era muy alta. Sin embargo, Dios fue movido por Su amor y nos dio un perdón total por Su gracia, Su poder y Su gran amor. No obstante, muchas veces tomamos la actitud de este siervo, quien después de recibir el perdón de una deuda tan grande no fue capaz de mostrar misericordia ni perdonar a alguien que lo había ofendido. La deuda que este siervo tenía con su rey no tiene punto de comparación con la deuda que él no quiso perdonar.

Así como en esta historia, nuestra humildad se ve expresada en buscar una genuina reconciliación y restaurar las relaciones que hayan sido afectadas, del modo en que también Dios nos perdonó. Tristemente, hoy en día es muy común ver relaciones familiares y de amistad sin restaurar, matrimonios destruidos y familias divididas, y todo porque no somos capaces de perdonar las ofensas de los demás. Las familias no son destruidas por la abundancia de conflictos que enfrentan, sino por su falta de perdón. Así como el rey perdonó a su siervo, la reconciliación y el perdón no deben expresarse superficialmente, sino con el deseo genuino de restaurar la relación rota a su estado original y olvidar el agravio por completo y sin reservas.

Las familias no son destruidas por la abundancia de conflictos que enfrentan, sino por su falta de perdón.

La humildad de cada discípulo de Jesús debe ser expresada en un reconocimiento auténtico cuando hemos fallado a otros y en saber perdonar cuando otros nos han fallado. Este es el ejemplo que Jesús nos dio, Él mismo perdonó a quienes lo crucificaron, aún sin ellos saber que estaban cometiendo un gran error y un terrible acto de maldad, y sin siquiera expresar algún tipo de arrepentimiento. Esto es lo que Jesús enseñó cuando Pedro le preguntó: «… Señor, ¿cuántas veces perdonaré a mi hermano que peque contra mí? ¿Hasta siete?» (Mt. 18:21) Jesús respondió así su interrogante: «… No te digo hasta siete, sino hasta setenta veces siete» (Mt. 18:22). Con esta enseñanza Jesús dejó claro que para el perdón no hay límites y que este debe ser más grande que cualquier falta cometida y así cubrir toda ofensa.

¿Alguna vez has sentido que no puedes perdonar a alguien que te ha ofendido?

Sí ☐ No ☐

¿Te gustaría orar al respecto y pedirle a Dios que te ayude a perdonar si aún no lo has hecho?

Sí ❑ No ❑

Detente un momento y ora al Señor, pídele que te ayude a perdonar a quien te ha ofendido. Para poder profundizar tu relación con Dios deberás perdonar de corazón las ofensas de los demás.

Deja tu ofrenda y primero arregla las cosas

El perdón y la reconciliación genuina es la prueba de fuego para expresar la humildad que agrada a Dios.

El perdón, o la falta de este hacia los demás, tiene un gran impacto en nuestra relación con Dios y en cómo Él se manifiesta a nosotros. Esto se hace notorio en la instrucción de Jesús en el Sermón del Monte en donde Él enseña que, si al traer una ofrenda al altar nos acordamos de que algún hermano tiene algo contra nosotros, primero busquemos la reconciliación con él y después presentemos la ofrenda a Dios. Para que nuestra comunión con Dios sea fuerte debemos vivir en comunión también con los demás. Jesús nos dio este ejemplo no solo en Sus enseñanzas, sino que también lo mostró en Su propia vida. Él lavó los pies del que lo traicionó esa misma noche (Jn. 13:3-5), sanó la oreja del siervo que venía a Su arresto en Getsemaní (Lc. 22:50-51), pidió perdón al Padre en favor de aquellos que lo crucificaron (Lc. 23:34), le dio esperanza al ladrón que murió junto con Él en la cruz (Lc. 23:43), una vez resucitado, restauró a Sus discípulos que lo habían abandonado y los amó hasta el final (Jn. 13:1). El ejemplo de Jesús, como el perdón de aquel rey a su siervo, debe inspirarnos a perdonar a quien nos ha ofendido.

Y a ti, ¿te gustaría comenzar a restaurar por medio del perdón alguna relación que esté rota?

Sí ❑ No ❑ ¿Por qué no lo haces ahora mismo?

Detente unos minutos aquí y, si tus posibilidades te lo permiten, trata de contactar a esa persona con la que has tenido una relación distante. Notarás de inmediato cómo tu relación con Dios se profundiza al perdonar y restaurar esa relación.

Lecturas bíblicas adicionales:

Mateo 5:21-26; Mateo 18:21-22; Marcos 11:25-26.

Notas

RESUMEN

- El perdón y la reconciliación genuina son la prueba de fuego para expresar la humildad que agrada a Dios.
- La restauración de las relaciones rotas con nuestra familia y amigos solo es posible cuando hay una verdadera expresión de humildad al buscar una reconciliación.
- La reconciliación no debe ser superficial, sino con el deseo genuino de restaurar la relación rota a su estado original y olvidar la falta por completo.
- Las relaciones rotas no se deben a la abundancia de conflictos, sino a la falta de perdón.

¿Cuál fue la enseñanza más significativa que aprendiste hoy?

¿Qué quiere Dios que hagas en respuesta al estudio de hoy?

Día 4

FELICES Y BENDECIDOS LOS POBRES EN ESPÍRITU

LECTURA BÍBLICA: MATEO 5:3-5

«Bienaventurados los pobres en espíritu, porque de ellos es el reino de los cielos. Bienaventurados los que lloran, porque ellos recibirán consolación.

Bienaventurados los mansos, porque ellos recibirán la tierra por heredad».

El quebrantamiento trae consigo bendición

Jesús abrió uno de Sus más célebres discursos y toda Su enseñanza registrada en los Evangelios con la expresión: «Bienaventurados los pobres de espíritu, porque de ellos es el reino de los cielos» (Mt. 5:3). Contrario a los estándares de este mundo, en el reino de Dios ser pobre es un estado de felicidad y bendición, ya que esta es la condición del corazón que agrada a Dios y una característica de los ciudadanos de Su reino. De hecho, las tres primeras bienaventuranzas en el Sermón del Monte nos dirigen a este tema en común: el consuelo y la bendición que hay para aquellos que tienen un corazón humilde y quebrantado.

Por lo general, en el contexto bíblico se entendía por ser pobre tres tipos de estados. El primero es aquel que no tiene recursos materiales y vive en estado de pobreza material. El segundo se refiere a quienes vivían el asedio constante de opresión o bajo algún tipo de abuso. Sin embargo, ser pobre en espíritu nos habla de una pobreza espiritual, que es tener una necesidad de Dios, caracterizada por un espíritu que necesita ser vivificado por Él. Esta pobreza de espíritu puede venir por un fuerte dolor o tristeza, un hambre espiritual o un estado de pena o luto. El profeta Isaías, a cuyo texto aludió Jesús al decir estas bienaventuranzas, escribió sobre la obra del Mesías en Isaías 61:1-3:

«El Espíritu de Jehová el Señor está sobre mí, porque me ungió Jehová;
me ha enviado a predicar buenas nuevas a los abatidos,
a vendar a los quebrantados de corazón, a publicar libertad a los cautivos,
y a los presos apertura de la cárcel; a proclamar el año de la buena
voluntad de Jehová, y el día de venganza del Dios nuestro;
a consolar a todos los enlutados; a ordenar que a los afligidos de Sion
se les dé gloria en lugar de ceniza, óleo de gozo en lugar de luto,
manto de alegría en lugar del espíritu angustiado;
y serán llamados árboles de justicia, plantío de Jehová, para gloria suya».

Con base en el pasaje de Isaías 61, ¿qué características tiene el pobre de espíritu y cuál es la promesa de Dios para los que están en esa condición?

Promesa:	Estado del corazón:
Proclamar buenas nuevas	A los abatidos
______________________	______________________
______________________	______________________
______________________	______________________

El estado de un espíritu abatido, de un corazón quebrantado, de experimentar cautiverio y opresión, de sufrir un dolor de luto o de aflicción o angustia, son características de ser pobre de espíritu. Y existe una gran bendición para los que viven en este estado de quebrantamiento, porque solo Dios puede traer sanidad y liberación ante tales circunstancias. La pobreza espiritual es necesaria para experimentar un toque de renuevo por parte de Dios.

Hace algunos años mi esposa y yo junto con dos de mis hijas pequeñas, Zoe y Noa, teníamos libre un sábado por la mañana, por lo que decidimos salir a buscar «ventas de cochera» en el vecindario donde vivíamos. Este era un pasatiempo que disfrutábamos en esa etapa de nuestras vidas. Sin tener nada en mente que comprar en particular, nos detuvimos en una casa donde a simple vista se observaba que vendían algunos juguetes, ropa y cosas de niñas. Al tener dos hijas pequeñas, pensé que sería una buena idea ir a ver que había allí. El matrimonio de la casa nos recibió con una gran amabilidad y me di cuenta de que eran cristianos. Al conversar con ellos, y sin que hubiera transcurrido demasiado tiempo, sentimos una gran confianza y conversamos sobre un par de experiencias de cómo Dios se había manifestado en nuestras vidas. Ellos nos compartieron su historia, de cómo por muchos años no habían podido tener hijos, a pesar de haber intentado todo y gastando una gran cantidad de dinero. Nos contaron que un día el médico que los atendía les dio la triste noticia de que no tenían ninguna esperanza de procrear una familia, era simplemente imposible. Esa triste noticia los llevó a buscar a Dios de una manera nunca antes experimentada por

DÍA 4

ellos, en una oración profunda y en ayuno. Sabían que solo Dios podía darles una respuesta, así que humillaron su corazón hasta quebrantarlo sin tener nada ni a nadie más que al Señor. Y entonces sucedió. Al cabo de unos meses, durante un tiempo de adoración en su iglesia local, Dios habló a su corazón que ellos ¡ya se encontraban esperando a su primer bebé! No lo dudaron ni un momento, de inmediato, al terminar el servicio ese día, salieron de allí a comprar cosas para «el bebé que venía en camino», sin ni siquiera consultar un médico o hacerse una prueba de embarazo. En ese momento, detuvieron su historia y le hablaron a su hija que ya tenía diez años y también a su segunda hija de ocho, a quienes saludamos con mucho gusto, y cuyos juguetes y ropas compramos finalmente. Este testimonio nos enseña una vez más que al experimentar una pobreza de espíritu es cuando Dios se manifiesta como de otra manera no lo haría con nosotros. Si nuestro corazón no está en el punto en que podemos decir: «Señor, te necesito más que a nadie», entonces necesita ser quebrantado.

Si nuestro corazón no está en el punto en que podamos decir: «Señor, te necesito más que a nadie», entonces necesita ser quebrantado.

¿Alguna vez has experimentado una pobreza espiritual como la descrita en estas bienaventuranzas y en el texto de Isaías 61?

Sí ❑ No ❑ ¿Te gustaría compartir tu experiencia?

Felices y bendecidos son los pobres en espíritu

Las bienaventuranzas nos enseñan que existe una dicha y una bendición para aquellos que experimentan el estado del corazón descrito en ellas. Dos términos en hebreo componen el significado de lo que son las bienaventuranzas o *makarismós*. Estos términos nos indican que hay felicidad y gozo (*ésher*, de *ashar*), tal como aparece en Salmos 84:5: «Bienaventurado [feliz] el hombre que tiene en ti sus fuerzas...». Al mismo tiempo, la bienaventuranza nos indica que también existe una bendición *(barak)* como lo describe, por ejemplo: Deuteronomio 28:6, «Bendito serás en tu entrar, y bendito en tu salir». Esta felicidad y bendición solo vienen de Dios.

No hay nada ni nadie que llene la necesidad de aquel que es pobre en espíritu, sino solo el Padre que está en los cielos. Si estás en esta condición y no vas a la presencia de Dios en completa humildad y derramas todo tu corazón, no hay nada en el mundo que pueda satisfacer tu hambre.

Así como lo describen estas tres primeras bienaventuranzas, los pobres en espíritu, los que lloran y los humildes, experimentan un gozo y una bendición que solo viene como resultado de la intervención divina cuando nos encontramos en tal condición. Solo aquel que está quebrantado de corazón experimenta un toque de Dios que nadie más puede dar. No hay nada ni nadie que llene la necesidad de aquel que es pobre en espíritu, sino solo el Padre que está en los cielos. Si estás en esta condición y no vas a la presencia de Dios en completa humildad y derramas todo el corazón, no hay nada en el mundo que pueda satisfacer tu hambre. Por eso eres pobre, tienes hambre, pero no de pan, sino de Dios.

Cuando no tienes nada, lo tienes todo

Aun cuando la pobreza espiritual puede ser dolorosa, es realmente en esos momentos oscuros que lo tenemos todo, si nos refugiamos en el Señor. Él es el único que nos puede satisfacer por completo y llenar todo el vacío del alma con el gozo y la bendición que vienen de manera sobrenatural a nosotros. Esta es la bendición de ser pobre en espíritu, no tener nada, porque en el Señor estamos completos. La humildad y el corazón quebrantado nos llevan a experimentar una dimensión del amor y el consuelo de Dios que no podríamos tener de otra manera. En Salmos 34:18 aprendemos que «Cercano está Jehová a los quebrantados de corazón; y salva a los contritos de espíritu». Alguien que está contrito de espíritu tiene un dolor en el alma. Por lo general, esta aflicción viene como un sentimiento de haber ofendido a Dios o de estar lejos de Él, o por una angustia profunda en el corazón. No obstante, el Señor salva y está cercano a aquellos que se dan cuenta de su necesidad de Dios.

Cercano está Jehová a los quebrantados de corazón; y salva a los contritos de espíritu.
SALMOS 34:18

La humildad y el corazón quebrantado nos llevan a experimentar una dimensión del amor y el consuelo de Dios que no podríamos tener de otra manera.

La pobreza espiritual solo se sacia cuando le dices a Dios: «Señor, eres Tú o no es nada», y te das cuenta de que sin Él estás perdido. Es ahí cuando podemos experimentar lo mejor que Dios tiene para nosotros. Por otro lado, la Palabra de Dios también declara que Él mira al altivo de lejos (Sal. 138:6). Dios no se acercará a aquellos que creen que no lo necesitan por sus sentimientos de orgullo y autosuficiencia. Proverbios 3:7 afirma: «No seas sabio en tu propia opinión...», la altivez y el orgullo nos guiarán a no buscar a Dios con un espíritu quebrantado, pero la humildad es siempre la antesala de la manifestación de Dios.

La pobreza espiritual solo se sacia cuando le dices a Dios: «Señor, eres Tú o no es nada».

¿Consideras que eres pobre en espíritu?

Sí ☐ No ☐

¿Por qué? ¿Te gustaría compartir tu experiencia?

Lecturas bíblicas adicionales:

Salmos 34:1-22; Salmos 147:1-6; Isaías 61:1-4.

Notas

RESUMEN

- Ser pobre en espíritu es una condición del corazón que agrada a Dios y una característica de los ciudadanos de Su reino.
- Nada ni nadie puede satisfacer el hambre y el vacío espiritual, sino solo el Señor.
- Solo al experimentar una pobreza espiritual, cuando sentimos que no tenemos nada, es cuando lo tenemos todo si nos refugiamos en el Señor, porque Él es el único que puede satisfacernos plenamente y llenar todo vacío del alma.
- La humildad y el corazón quebrantado nos llevan a experimentar una dimensión del amor y del consuelo de Dios que no podríamos tener de ninguna otra manera.

¿Cuál fue la enseñanza más significativa que aprendiste hoy?

¿Qué quiere Dios que hagas en respuesta al estudio de hoy?

Día 5

LA HUMILDAD NOS PREPARA PARA ADORAR

LECTURA BÍBLICA: 2 CRÓNICAS 7:14; MIQUEAS 6:8; MATEO 11:29-30; MATEO 18:3-4

«Si se humillare mi pueblo, sobre el cual mi nombre es invocado, y oraren, y buscaren mi rostro, y se convirtieren de sus malos caminos; entonces yo oiré desde los cielos, y perdonaré sus pecados, y sanaré su tierra» (2 Cr. 7:14).

«Oh hombre, él te ha declarado lo que es bueno, y qué pide Jehová de ti: solamente hacer justicia, y amar misericordia, y humillarte ante tu Dios» (Mi. 6:8).

«Llevad mi yugo sobre vosotros, y aprended de mí, que soy manso y humilde de corazón; y hallaréis descanso para vuestras almas; porque mi yugo es fácil, y ligera mi carga» (Mt. 11:29-30).

«Y dijo: De cierto os digo, que si no os volvéis y os hacéis como niños, no entraréis en el reino de los cielos. Así que, cualquiera que se humille como este niño, ese es el mayor en el reino de los cielos. Y cualquiera que reciba en mi nombre a un niño como este, a mí me recibe» (Mt. 18:3-5).

Uno de los lugares santos más visitados en Tierra Santa es aquel donde tradicionalmente se afirma que Jesús nació, en Belén. Hoy en día, y durante cientos de años, una basílica conmemora ese lugar al hacer que miles de peregrinos de todo el mundo vengan a ver lo que fue el portal de Belén donde nació el Salvador del mundo. Esta basílica tiene una peculiaridad, su puerta de acceso principal es notablemente muy baja y hasta un tanto angosta. De esta manera, todo visitante que desee experimentar el lugar donde nació el Señor, tiene que inclinarse al entrar. Por tal motivo, este acceso es conocido como «la puerta de la humildad». El acto de humillarse al entrar a la basílica nos recuerda un gran principio: antes de adorar, tienes que humillarte. La adoración que a Dios le agrada es la que se hace con humildad. Por otro lado, sin humildad la adoración a Dios no es verdadera.

Sin humildad no se toca el corazón de Dios

En el estudio de esta semana hemos aprendido que sin humildad no se toca el corazón de Dios. Una actitud arrogante o soberbia nunca producirá una verdadera adoración. Un patrón que observamos es que la humildad y el quebrantamiento del corazón son la antesala de todo mover del Señor y de toda oración contestada. Dios simplemente no responderá a una oración que no se haga en toda humildad y ruego. Por el contrario, la humildad y el quebrantamiento propician que la mano de Dios se mueva en favor de Sus hijos.

La humildad es la base para experimentar una búsqueda del rostro de Dios y prepara nuestro corazón para la adoración.

La adoración de un hombre religioso y de otro pecador

Una de las parábolas que Jesús enseñó trata precisamente sobre este principio. El relato de la parábola conocida como el fariseo y el cobrador de impuestos nos cuenta que dos hombres subieron al templo a orar, en este contexto la oración implica adoración a Dios. Lee la parábola del fariseo y el cobrador de impuestos en Lucas 18:9-14 y contesta las siguientes preguntas:

Necesitamos a nuestro Dios; lo tendrán los que lo buscan, y no se negará a ninguno de nosotros si buscamos personalmente Su rostro.

CHARLES H. SPURGEON

1. ¿Con cuáles acciones el fariseo mostraba un espíritu altivo o arrogante al orar en el templo?

2. ¿Cómo se ve expresada la humildad y el quebrantamiento en la oración del cobrador de impuestos?

3. ¿Cuál es el resultado de ambas oraciones y la enseñanza de Jesús al contar esta parábola?

El fariseo era considerado un hombre de gran piedad. El cobrador de impuestos, por el contrario, era reconocido como un pecador abierto, y él sabía su condición y reputación. Sin embargo, las oraciones de estos hombres no tienen que ver con estos estereotipos. La humildad, o la falta de ella, mostrada en sus oraciones, marcó una diferencia de cómo estas fueron contestadas por Dios. Mientras que el fariseo se jactaba de su aparente santidad y su piedad al compararse con los demás hombres, el publicano sabía que él no era digno ni siquiera de levantar su rostro a Dios en oración debido a su pecado. Su oración, incluso, es una de las más cortas registradas en toda la Biblia con solo seis palabras en el idioma original, las cuales pueden traducirse: «Perdóname, porque soy un pecador». Sin embargo, esta sencilla frase tocó el corazón de Dios, no por su elocuencia, ni su apariencia ante los hombres, sino por su humildad y sincero arrepentimiento. Jesús concluyó esta historia al señalar que fue el cobrador de impuestos, y no el fariseo, quien fue justificado. Este relato nos enseña que la humildad es el primer paso para experimentar arrepentimiento y regresar a Dios en adoración. Por otro lado, nuestras oraciones pueden ser estorbadas por el orgullo o la altivez del corazón.

Buscar al Señor de todo corazón comienza siempre con una disposición humilde del alma.

El orgullo nos impide llegar a Dios en oración y puede manifestarse de diferentes maneras, no solo en acciones dirigidas a Él, sino también hacia los demás. Así como el fariseo de la parábola «... oraba consigo mismo...» (Lc. 18:11) y se justificaba a sí mismo a la luz del pecado de otros. Él simplemente no podía adorar a Dios de corazón por su orgullo hacia Dios y hacia los demás. De manera similar, el conflicto con otros y la falta de perdón y reconciliación con los demás estorban nuestra adoración a Dios. En 1 Pedro 3:7 se señala, de modo particular, que los esposos debemos vivir con sabiduría en la relación con nuestras esposas para que nuestras oraciones no sean estorbadas. Y lo mismo entendemos en relación con nuestro hermano, Jesús enseñó que, al ofrecer adoración a Dios, si tenemos un conflicto con alguien, busquemos reconciliación con él primero y luego entreguemos nuestra ofrenda a Dios (Mt. 5:23-24). El conflicto sin resolver y la falta de humildad para buscar la reconciliación provocan que nuestra devoción a Dios sea estorbada.

¿Has sentido alguna vez que tus oraciones son estorbadas por el orgullo o la altivez hacia Dios o hacia otros? ¿Te gustaría compartir tu experiencia?

Como padre de tres hijas, he aprendido que enseñarles a humillarse delante de Dios será esencial en todo lo que ellas emprendan en su vida. Buscar al Señor de todo corazón comienza siempre con una disposición humilde del alma. Si esa no es la base de la relación con Dios, no se crecerá en comunión con Él. Este principio es encontrado en lo que Dios mismo le enseña a Salomón de que buscar el rostro de Dios comienza con una verdadera humildad.

> ***Si se humillare mi pueblo, sobre el cual mi nombre es invocado, y oraren, y buscaren mi rostro, y se convirtieren de sus malos caminos; entonces yo oiré desde los cielos, y perdonaré sus pecados, y sanaré su tierra (2 Cr. 7:14).***

Lecturas bíblicas adicionales:

Salmos 51:1-12; Daniel 9:4-19; Mateo 23:1-12.

RESUMEN

- La adoración que a Dios le agrada es la que se hace con toda humildad.
- La humildad es el primer paso para el arrepentimiento, regresar a Dios y buscar Su rostro.
- La altivez y el orgullo hacia Dios y hacia otros, evidenciado por una falta de reconciliación, estorban nuestra devoción al Señor.
- Dios no responderá una oración que no se haga con un espíritu humilde.

¿Cuál fue la enseñanza más significativa que aprendiste hoy?

¿Qué quiere Dios que hagas en respuesta al estudio de hoy?

SEMANA 5

Una obediencia incondicional

S5

Día 1

LA OBEDIENCIA A DIOS ES SU VOLUNTAD PARA NOSOTROS

PRINCIPIO 5: OBEDIENCIA

Una obediencia incondicional a Dios nos coloca en el centro de Su voluntad y de lo que Él tiene para nosotros.

Hasta ahora hemos visto algunos principios esenciales que nos harán crecer en nuestra relación con Dios; sin embargo, existe uno que es sumamente necesario e indispensable para agradar al Señor: vivir bajo una obediencia incondicional a Él. Simplemente no hay atajos para crecer en Dios. Si queremos agradarlo con todo nuestro corazón, entonces necesitamos obedecerlo. La obediencia es hacer lo que Dios dice en el tiempo que Él lo dice y en la forma que Él lo dice. Si hacemos algo que no va de acuerdo a su tiempo y en la forma que Él lo ha establecido para nosotros, entonces estamos fuera de su voluntad. Por otro lado, vivir una vida de obediencia nos coloca en el centro de Su voluntad, de lo que Él tiene para nosotros, y nos llevará a experimentar una vida plena en Él. En algunas ocasiones, nos podemos dejar engañar por pensamientos que pueden hacer que creamos que vivimos una vida de obediencia a Dios y lo agradamos, pero en realidad no lo hacemos en absoluto, solo nos engañamos a nosotros mismos. Algunas de estas falacias que nos desvían de nuestra obediencia a Dios son:

La obediencia es hacer lo que Dios dice, en el tiempo que Él lo dice y en la forma que Él lo dice.

1. A veces hemos llegado a creer que las intenciones son suficientes para agradar a Dios. Y pensamos que aun cuando nuestras acciones no dan gloria al Señor, la intención es lo que cuenta, basado en el pensamiento que afirma: «Él conoce nuestro corazón». Por ejemplo, quizás hayas escuchado frases como las siguientes: «Dios sabe que mi corazón no está ahí» o «Lo hago porque otros lo hacen y no tengo opción», «Sé que está mal, pero después le pido perdón a Dios». Pensamientos como estos solo intentan justificarnos a nosotros mismos respecto a lo que sabemos que está mal, pero no nos justifican ante Dios.
2. De manera similar, prometer o afirmar que obedeceremos puede hacernos sentir bien en un momento dado. Algunas veces podemos

encontrarnos en situaciones en que somos por completo conscientes de que estamos desobedeciendo a Dios y prometemos no volver a hacer aquello en lo que le hemos fallado o hacer lo que no estamos haciendo. Sin embargo, aun cuando estemos sinceramente convencidos y comprometidos en apartarnos del mal, prometer no es obediencia ni garantiza nuestra obediencia, hasta que lo hacemos.

3. Cumplir de modo parcial con Su Palabra no es obediencia. Dios no nos ha dado Su Palabra para solo «escoger» lo que queremos hacer y «desechar» lo que no queremos. Obediencia a medias no es obediencia, más bien es desobediencia.
4. Hacer lo que Dios nos pide, pero a nuestra manera, no es obediencia.
5. Hacer lo que Dios nos pide en nuestro propio tiempo tampoco es obediencia. Pudiéramos pensar en algunas ocasiones que el tiempo de obedecer no es tan importante. Sin embargo, la obediencia fuera de tiempo, es desobediencia (ver Lc. 9:61-62).
6. Obedecer a Dios siempre y cuando estemos de acuerdo con lo que Él nos pide o solo cuando entendamos lo que Él se propone hacer por medio de nosotros, no es obediencia. En muchas ocasiones Dios nos guiará a dar pasos de fe que requieren acciones concretas que no podemos entender del todo, pero aun así tenemos que hacer lo que Él nos pide.
7. No hacer lo que Dios pide y enseña en Su Palabra, sin importar cuál sea la razón, es desobediencia.

En ocasiones, queremos agradar a Dios siempre y cuando no nos afecte en lo que hacemos, o nos convenga, y creemos que puede haber un escenario mejor que la obediencia a Dios. En una ocasión, recuerdo que una pareja que asistía a la iglesia donde servía como pastor se me acercó después de un servicio de adoración y me dijeron que a ambos les gustaría bautizarse. Los dos ya habían recibido a Cristo como Señor y Salvador, pero no habían dado el paso del bautismo. Yo les dije que no habría ningún problema y que podían recibir las clases de discipulado que se ofrecen como preparación al bautismo, a lo que los dos respondieron que sí. Todo marchaba muy bien hasta que les pregunté si ellos estaban casados. Me dijeron que no; sin embargo, vivían juntos porque se amaban. Al saber esto, les informé que no podían bautizarse a menos que estuvieran casados, o que no vivieran juntos. Aunque ellos querían agradar a Dios y obedecerlo, me dijeron que no podían casarse porque, si lo hacían y cambiaban su estado civil, tanto él como ella dejarían de recibir los beneficios económicos que el gobierno les ofrecía. «Entonces, sepárense y no vivan juntos, y se pueden bautizar» —les respondí. Pero ellos no estaban dispuestos a hacer eso. Esta pareja prefería vivir en unión libre antes que bautizarse y casarse. Como en esta historia, tristemente, en un gran número de ocasiones llegamos a priorizar muchas otras cosas por encima de lo que agrada a Dios, o a pensar que existe algo mejor para nosotros que la obediencia.

El engaño del enemigo

Podemos encontrar un sinnúmero de razones en que nos sería posible justificar nuestra desobediencia. Satanás intentará de múltiples formas hacernos sentir bien al tentarnos y otorgarnos un sentimiento de tranquilidad que justifique la desobediencia a Dios, dando razones de sobra del porqué no está del todo mal fallarle a Dios. Esto lo notamos desde el principio de la creación, cuando él sedujo a Eva (y a Adán) para pecar contra Dios y les ofreció comer del fruto del árbol que el Creador dijo que no comieran. La mejor arma del enemigo es cuestionar lo que Dios nos ha dicho y lo que está en Su Palabra. Si él puede sembrar una duda en nuestro corazón respecto a Dios o sobre lo que Él dice, ya ha ganado mucho en nosotros para cumplir sus propósitos.

En otras ocasiones, aceptar como «bueno» algo que la Palabra de Dios llama «malo», solo por la influencia de otros o simplemente porque «todos» lo aceptan y lo hacen, tampoco nos justifica delante de Dios. El apóstol Pablo escribió: «No os conforméis a este siglo, sino transformaos por medio de la renovación de vuestro entendimiento, para que comprobéis cuál sea la buena voluntad de Dios, agradable y perfecta» (Ro. 12:2).

¿Puedes notar a tu alrededor formas de pensar o acciones que son normalmente aceptadas, pero que no obedecen lo que Dios pide en Su Palabra? ¿Has sentido algún tipo de presión por practicar estas cosas? ¿Te gustaría compartir tu experiencia?

Algunas de las artimañas que el enemigo usa con frecuencia y que nos llevan a desobedecer a Dios son:

- Conformarnos a lo que normalmente es aceptado como «bueno» cuando en realidad la Palabra de Dios nos enseña que no lo es.
- Conformarnos a lo que es cómodo o placentero, aquello que nos hace sentir bien sin la necesidad de hacer mucho esfuerzo, por encima de hacer los que Dios dice en Su Palabra.
- Conformarnos a lo que nos conviene en ese momento, aquello que trae un beneficio temporal, pero que quebranta los mandamientos de Dios. Por lo general, esto nos da la gloria a nosotros mismos y no a Dios.
- Conformarnos a nuestros deseos, lo que queremos, que nos da satisfacción temporal inmediata, pero no en el tiempo ni en la forma que Dios ha planeado para nosotros.

Muchas de estas tentaciones del maligno vienen con la promesa de que nadie tiene que enterarse de lo que hemos hecho y de que, al cometer tales actos, no habrá consecuencias serias para nosotros. Otras veces, sus tentaciones apelan a nuestro orgullo, ego, placer o comodidad. Así fue como él tentó a Jesús, justo antes de comenzar Su ministerio. Lee 1 Juan 2:16 y la narrativa de las tentaciones que el enemigo le expone a Jesús en Lucas 4:1-13, luego completa el cuadro y lo que Jesús responde a cada una de las acusaciones del enemigo.

Lo que no proviene de Dios 1 Juan 2:16	Tentaciones de Satanás a Jesús Lucas 4:1-13	Respuesta de Jesús a Satanás
Los deseos de ___________	Entonces el diablo le dijo: Si eres Hijo de Dios, di a esta piedra que se convierta en pan.	
Los deseos de ___________	Y le llevó el diablo a un alto monte, y le mostró en un momento todos los reinos de la tierra. Y le dijo el diablo: A ti te daré toda esta potestad, y la gloria de ellos; porque a mí me ha sido entregada, y a quien quiero la doy. Si tú postrado me adorares, todos serán tuyos.	
La vanagloria de ___________	Y le llevó a Jerusalén, y le puso sobre el pináculo del templo, y le dijo: Si eres Hijo de Dios, échate de aquí abajo.	

Algunas de las acciones que Satanás le sugirió hacer a Jesús no eran actos intrínsecamente malos, como, por ejemplo, ser servido por los ángeles o convertir las piedras en pan. El mismo Jesús convirtió el agua en vino (Lc. 2:1-11), y Su nacimiento fue anunciado por ángeles (Lc. 2:8-14). Sin embargo, el tiempo y la forma de realizar estas acciones constituían una desobediencia al propósito que Dios tenía en la misión de Jesús. No obstante, en todas estas tentaciones, notemos cómo Jesús le contestó a Satanás por medio de la Palabra de Dios, conforme a lo que está escrito en ella. De la misma forma, conocer la Palabra nos ayuda a resistir firmes ante toda tentación del enemigo.

¿Puedes notar en tu vida alguna tentación del enemigo que quiera desviarte del propósito que Dios tiene para ti? ¿Te gustaría compartir tu experiencia?

La obediencia nos coloca dentro de la voluntad de Dios para nosotros

Para crecer en el Señor, necesariamente tenemos que amar lo que Dios ama y apartarnos de lo que desagrada a Dios. La voluntad de Dios es que nos apartemos de todo tipo de maldad. Aunque sabemos que Él nos ama grandemente y envió a Su Hijo al mundo para morir por nuestros pecados, eso no significa que Dios se agrada de nuestra maldad y nos acepta tal como somos; más bien, Él nos acepta a pesar de lo que somos, y Su voluntad siempre es nuestra santificación. Pensamientos como: *Dios me acepta tal como soy* o *Nadie me puede juzgar sino solo Dios*, aunque poseen una dimensión de verdad, pueden llevarnos a una perspectiva errónea de la santidad que Dios desea para nosotros. Toda razón que nos haga sentir bien con nuestra maldad o que justifique nuestro pecado no viene de Dios, sino del diablo. El Señor nunca se agradará de una vida en desobediencia, porque esa no es Su voluntad para nosotros; por otro lado, no seremos capaces de crecer en Dios si no lo obedecemos. Lee el relato de Jesús y la mujer que fue sorprendida en adulterio en Juan 8:1-11 y contesta las siguientes preguntas:

Para crecer en el Señor, necesariamente tenemos que amar lo que Dios ama y apartarnos de lo que desagrada a Dios.

¿En qué acto fue sorprendida la mujer de esta historia?
¿Qué castigo debía de recibir por tal acto de acuerdo con la ley?

¿Cuál fue la respuesta de Jesús hacia aquellos que la acusaban?

Después de que sus acusadores se retiraron, ¿qué le dijo Jesús a la mujer?

En esta historia es importante notar que la mujer realmente había quebrantado la ley de Dios y debía enfrentar sus consecuencias al ser sorprendida en el mismo acto de adulterio. Sin embargo, Jesús confrontó a los que la acusaban y no condenó a la mujer por su pecado, pero tampoco justificó su maldad, sino que le dijo: «... vete, y no peques más» (Jn. 8:11). Con esta declaración, podemos notar que la voluntad de Dios no es condenarnos, sino

Estar dentro o fuera de la voluntad de Dios se evidencia, sobre todo, por nuestra obediencia a Él.

que nos apartemos de la maldad y que busquemos vivir de acuerdo con Su Palabra. Estar dentro o fuera de la voluntad de Dios se evidencia, sobre todo, por nuestra obediencia a Él.

La obediencia nos trae una confianza inquebrantable en Dios

Una obediencia incondicional a Dios nos hace crecer en la relación con Él y nos impulsa a buscarlo con integridad. Al obedecer al Señor, podemos estar seguros de que vivimos bajo Su voluntad. Sin importar las circunstancias o la adversidad a nuestro alrededor, podemos estar confiados de que Él cumplirá Su propósito en nosotros. Al vivir en obediencia a Dios, no tenemos nada que temer; pase lo que pase, la obediencia nos otorga una confianza inquebrantable de que Él está con nosotros. La buena noticia para nosotros es que, si no estamos obedeciendo a Dios en algún área, cualquiera que esta sea, podemos cambiar de dirección y volver a Él, esto es arrepentimiento. El arrepentimiento no es solo un cambio de actitud, de idea o de pensamiento, sino también es apartarse del mal y regresar a una comunión más plena con Dios.

Obedezcamos a Dios y dejemos las consecuencias en Sus manos.
CHARLES STANLEY

¿Te gustaría pedir perdón a Dios por algún tipo de desobediencia y profundizar en tu comunión con Él?

Sí ☐ No ☐ Hazlo ahora mismo.

RESUMEN

- Para crecer en Dios es necesario obedecer lo que Él nos dice en Su Palabra. No hay atajos ni sustitutos para la obediencia ni razón que justifique la desobediencia.
- La obediencia a Dios tiene que ser en tiempo y forma.
- El enemigo nos engañará y sutilmente tratará de desviarnos hacia la desobediencia a Dios, sobre todo, él apelará a nuestros deseos egocéntricos que se oponen al plan de Dios para nuestra vida.
- Obedecer a Dios y Su Palabra nos coloca en el centro de Su voluntad para nosotros.
- Al obedecer a Dios, creceremos en nuestra relación con Él y nos dará una confianza inquebrantable de que vivimos bajo Su voluntad, sin importar lo que enfrentemos a lo largo de nuestra vida.

¿Cuál fue la enseñanza más significativa que aprendiste hoy?

¿Qué quiere Dios que hagas en respuesta al estudio de hoy?

Una jornada de siete semanas

ACTIVIDAD SEMANAL

1. Toma un momento de reflexión sobre tu obediencia a Dios. Examina honestamente las diferentes áreas de tu vida a la luz de lo que Él revela en Su Palabra y trata de encontrar espacios donde no has obedecido por completo a Dios.

2. Identifica áreas de tu vida que no le están dando gloria a Dios como deberían y píde la ayuda del Señor para cambiar lo que no le agrada.

3. Pide perdón a Dios si hay alguna desobediencia en tu vida.

4. Comienza a hacer ajustes que te lleven a obedecer a Dios en áreas donde no lo estás haciendo.

Día 2

OBEDECE CON TODO EL CORAZÓN

LECTURA BÍBLICA: MARCOS 12:28-31

«Acercándose uno de los escribas, que los había oído disputar, y sabía que les había respondido bien, le preguntó: ¿Cuál es el primer mandamiento de todos? Jesús le respondió: El primer mandamiento de todos es: Oye, Israel; el Señor nuestro Dios, el Señor uno es. Y amarás al Señor tu Dios con todo tu corazón, y con toda tu alma, y con toda tu mente y con todas tus fuerzas. Este es el principal mandamiento. Y el segundo es semejante: Amarás a tu prójimo como a ti mismo. No hay otro mandamiento mayor que estos».

Jesús nos enseñó que amar a Dios es el primer y más grande mandamiento, y que este amor debe estar por encima de todo e involucra todo nuestro ser. Lo cierto es que si no tenemos este tipo de amor por Dios no será posible vivir en obediencia a Él, y esta solo viene como resultado del amor al Señor. Jesús les dijo a Sus discípulos: «Si me amáis, guardad mis mandamientos» (Jn. 14:15). Si no estamos obedeciendo a Dios, entonces nuestro problema radica en nuestro corazón y en el amor que le profesamos a Él, que debe reinar en todo nuestro ser, no solo ser visto a través de nuestras acciones. De la misma manera, si amamos al Señor con todo el ser, no tendremos mayor problema al amar a nuestro hermano como a nosotros mismos.

Amar con la mente, el alma y el corazón

A veces caemos en el falso razonamiento de que siempre y cuando nuestras acciones no afecten ni dañen a nadie, podemos hacer todo lo que deseemos, o incluso pensar lo que queramos. De hecho, es posible encontrar personas que creen que se puede vivir una vida de obediencia expresada a través de nuestros actos, sin importar lo que sienta el corazón. Esto sería tan imposible como vivir una vida correctamente moral, aun cuando nuestros pensamientos y deseos no lo son. Lo cierto es que nosotros somos el resultado de lo que hemos pensado, creído y deseado a lo largo de los años. Nuestros pensamientos y voluntad se cultivan progresivamente en nuestro ser y, con el paso del tiempo, se materializan en las acciones.

Si no estamos obedeciendo a Dios, entonces el problema radica en nuestro corazón y en el amor que le profesamos a Él.

Por esta razón, Jesús fue tan enfático en decir que el amor a Dios no solo debe ser mostrado por medio de las obras, sino que también debe radicar en todo el ser de la persona, y esto incluye el corazón, el alma, la mente y las fuerzas. Lo que eso significa es que no debe existir ningún espacio en nuestro ser que quede exento del amor que debemos tener a Dios, incluido el rincón más recóndito de nuestra alma. Vivir una vida de obediencia será la clave para que nuestro ser esté listo para amar a Dios. Así como el Señor es «uno», nuestro ser debe ser indivisible al amarlo con todo lo que somos. Detente aquí por un momento y pregúntate:

DÍA 2

¿Estoy dispuesto a amar a Dios con todo mi ser?

Sí ❑ No ❑

¿Estoy dispuesto a obedecerle con todo mi ser?

Nota cómo no puedes contestar «sí» solamente a una de estas preguntas.

La voluntad de Dios para nosotros es que vivamos en santidad a Él en todas las áreas de nuestro ser. El apóstol Pablo escribió: «Y el mismo Dios de paz os santifique por completo; y todo vuestro ser, espíritu, alma y cuerpo, sea guardado irreprensible para la venida de nuestro Señor Jesucristo» (1 Ts. 5:23). En el contexto en que el apóstol Pablo escribió esta carta se pensaba que el cuerpo y el alma, o la mente, funcionaban de manera independiente, y se podía guardar el espíritu de una persona irreprensiblemente a pesar de que el cuerpo se entregara a la maldad, creyendo que la santidad o la maldad del cuerpo no afectaba a la parte espiritual del ser. Sin embargo, la Palabra nos enseña que todo nuestro ser debe cuidarse en santidad a Dios, esto incluye el espíritu, el cuerpo y el alma, que son los pensamientos, el corazón y los deseos.

¿Qué ocupa tu mente?

Al hablar de una obediencia completa a Dios, los pensamientos tienen un rol muy importante. Tus pensamientos no solamente son temporales y pasajeros, sino que también poseen un gran impacto en tu vida, en lo que crees acerca de Dios, en lo que piensas de otros y hasta en lo que crees de ti mismo. Existe un sinnúmero de pensamientos que en apariencia no son malos, pero que no nos llevan a amar más a Dios. Lo cierto es que todo pensamiento que abracemos y que

Nuestra obediencia a Dios incluye todo nuestro ser. Esta va mucho más allá de las acciones; implican nuestros pensamientos, voluntad y deseos, hasta el rincón más recóndito del alma.

dejemos habitar en nuestra mente debe cumplir con el propósito de darle gloria a Dios, porque la obediencia es puesta a prueba en nuestro corazón y en lo que pensamos. Todas las conversaciones en que participamos, la música que escuchamos, los libros que leemos, las películas que vemos, el tipo de entretenimiento que procuramos y todo a lo que nuestros ojos están expuestos y que alimenta nuestra alma, nos deja pensamientos arraigados en nuestro corazón que pueden convertirse en nuestros deseos. Es por eso que debemos estar muy atentos a que todo pensamiento esté sujeto al propósito de Dios para nosotros y le dé gloria a Él, tal como el mismo apóstol Pablo escribió respecto a que todo pensamiento debe estar sujeto a la obediencia a Cristo (2 Co. 10:5). Nunca será exagerado prestar atención a lo que estamos cultivando en el corazón, porque, aun sin darnos cuenta, esto puede llevarnos a una dirección diferente de amar a Dios por sobre todas las cosas. Lo cierto es que si no amamos a Dios con todo nuestro ser, algo más llenará ese espacio en nuestro interior. Lee Filipenses 4:8 y escribe lo que el apóstol Pablo le enseña a esta iglesia sobre en qué cosas debemos pensar:

______________ ______________ ______________

______________ ______________ ______________

¿Qué es lo que deseas?

Algo más a lo que debemos prestar igual atención es a nuestros deseos. ¿Puedo preguntarte en este momento qué es lo que más anhela tu corazón? Si pudieras tener algo, sin importar qué, en este momento, ¿qué pedirías? ______________________________

Muchas veces deseamos más «cosas» o «bendiciones» de todo tipo, que al dador de las bendiciones. Si tu corazón no anhela al Señor más que a nada en el mundo, hay un problema en el corazón. La respuesta que des a esta pregunta será realmente importante, porque un mal enfoque en lo que anhelas te desviará del propósito de Dios para ti. Si deseas algo más que a Dios, entonces tienes un problema en las prioridades de tu corazón. El pastor Charles Stanley nos advierte del peligro de tomar en poco nuestros pensamientos y deseos, ya que estos tienen el poder de convertirse en nuestras acciones, en el desarrollo de cada día de nuestra vida, y eventualmente, en nuestro destino.

> ***«Es una simple cuestión de siembra y cosecha:***
> ***sembramos un pensamiento, cosechamos una acción;***
> ***sembramos una acción, cosechamos un hábito;***
> ***sembramos un hábito, cosechamos una manera de ser;***
> ***sembramos una manera de ser, cosechamos un destino».***[2]

2 Charles Stanley (1 de septiembre de 2016). *Una mejor manera de pensar.* Ministerios En Contacto. https://www.encontacto.org/lea/articles/una-mejor-manera-de-pensar.

Algunas preguntas que debemos hacernos para saber si nuestros pensamientos están alineados a la voluntad de Dios para nosotros son: «¿A dónde me llevarán estos pensamientos?». «¿Son bíblicamente aceptados?». «¿Me edificarán o me derribarán?». Llenar nuestra mente con la Palabra de Dios será nuestra guía para pensar conforme a Su voluntad y ser trasformados por medio de la renovación de nuestro entendimiento (Ro. 12:2).[3]

¿Qué es lo que realmente hay en tu corazón?

En el contexto hebreo el corazón es el centro del ser de la persona, la fuente de todo nuestro ser. Por esta razón, Dios les mandó a tener un amor que viniera del corazón. ¿Qué nos enseñan estos pasajes sobre la importancia de lo que ocupa nuestro corazón?

- Salmos 19:14 ____________________________________
- Proverbios 4:23 __________________________________
- Mateo 6:19-21 __________________________________
- Mateo 15:8-9 ___________________________________
- Mateo 15:19 ____________________________________
- Lucas 6:45 _____________________________________

Dios, ¡examina mi corazón!

Seguramente podemos encontrar áreas en nuestra vida que no hemos entregado a Dios por completo. La buena noticia es que un llamado a la obediencia nunca estará completo sin un llamado al arrepentimiento, y el Señor desea que vengamos a Él rendidos completamente en amor y obediencia.

¿Te gustaría rendir al Señor algún área de tu vida que aún no has entregado?

Sí ❑ No ❑

¿Te gustaría compartir tu experiencia?

La obediencia implica todo lo que tu corazón sea capaz de conocer, sin ninguna reserva. Solo cuando existe este tipo de entrega tu comunión con Dios crece a nuevos horizontes que no son posibles de alcanzar de ninguna otra manera.

[3] Charles Stanley, (28 de septiembre de 2021). *Como controlar nuestros pensamientos.* Ministerios En Contacto. https://www.encontacto.org/escuche/radio/como-controlar-nuestros-pensamientos-i.

La obediencia implica todo lo que tu corazón sea capaz de conocer, sin ninguna reserva. Solo cuando existe este tipo de entrega tu comunión con Dios crece a nuevos horizontes que no son posibles de alcanzar de ninguna otra manera. El rey David tenía una pasión por santidad. En uno de sus salmos pidió a Dios que examinara de modo profundo su ser, para no albergar ningún indicio de maldad. Así fue como expresó su petición: «Examíname, oh Dios, y conoce mi corazón; pruébame y conoce mis pensamientos; y ve si hay en mí camino de perversidad, y guíame en el camino eterno» (Sal. 139:23-24).

¿Te gustaría cambiar en algún aspecto de tu vida y tener más obediencia y amor al Señor?

Sí ☐ No ☐ ¿Te gustaría compartir tu experiencia?

Lecturas bíblicas adicionales:

Mateo 5:21-30; 2 Corintios 10:1-6; Colosenses 3:1-6; 1 Tesalonicenses 5:12-24.

RESUMEN

- El primer y más grande mandamiento es amar a Dios con todo el corazón, el alma, la mente y las fuerzas. Esto solo es posible al vivir vidas entregadas a Él en obediencia.

- Nuestra obediencia a Dios incluye todo nuestro ser, esta va mucho más allá de las acciones; implica nuestros pensamientos, voluntad y deseos, hasta el rincón más recóndito del alma.

- La obediencia implica todo lo que tu corazón sea capaz de conocer, sin ninguna reserva. Solo cuando existe este tipo de entrega tu comunión con Dios crece a nuevos horizontes que no son posibles de alcanzar de ninguna otra manera.

¿Cuál fue la enseñanza más significativa que aprendiste hoy?

¿Qué quiere Dios que hagas en respuesta al estudio de hoy?

Día 3

LA OBEDIENCIA SIEMPRE ES INTENCIONAL

LECTURA BÍBLICA: DANIEL 1:8-9

«Y Daniel propuso en su corazón no contaminarse con la porción de la comida del rey, ni con el vino que él bebía; pidió, por tanto, al jefe de los eunucos que no se le obligase a contaminarse. Y puso Dios a Daniel en gracia y en buena voluntad con el jefe de los eunucos».

La vida de Daniel es una gran inspiración para todo aquel que quiera vivir en obediencia, oración e íntima comunión con Dios. Daniel marcó una diferencia en su generación y dejó un ejemplo a todos nosotros de que es posible vivir una vida de obediencia e íntima comunión con Dios aun cuando estemos rodeados de pruebas, tentaciones y gente que no busca al Señor. Una de las grandes enseñanzas de la vida de Daniel es que alcanzar este tipo de obediencia a Dios no sucederá por casualidad, accidente ni por azares del destino. Una vida de completa consagración a Dios solo es posible cuando se lo busca de todo corazón, con un deseo intenso y hambre por Su presencia, y con un compromiso total de una vida rendida a Él.

Puede ser que en algunas ocasiones estemos dispuestos a obedecer a Dios y lo hagamos en ciertas áreas o temporadas de nuestra vida, pero si no nos proponemos firmemente ser fieles al Señor, terminaremos por ceder tarde o temprano ante la presión de hacer lo malo, en especial cuando estamos rodeados de personas y circunstancias que no dan gloria a Dios. Así vivió Daniel toda su vida en el exilio en Babilonia, en un contexto de adoración a otros dioses y prácticas que deshonraban al Dios de la Biblia. Si bien es el Señor el que nos sostiene y nos guarda para no pecar contra Él, y no nuestra propia fuerza, la intención del corazón y nuestro compromiso de consagración juegan un papel importante para lograr una obediencia a Dios como la que vemos en Daniel. En esta historia observamos que él propuso en su corazón no fallarle a Dios en ningún área, y Dios lo guardó hasta el final. Sin embargo, proponérselo solo en sus fuerzas no le daría a Daniel la victoria sobre la maldad, su comunión y su amor por el Señor sostuvieron su vida y lo guardaron de toda maldad. En la narrativa bíblica podemos ver que Daniel, a lo largo de su vida, buscó más y más de Dios en toda circunstancia, con oración y ayuno, y es por eso que pudo alcanzar este tipo de obediencia. Nuestra obediencia a Dios es directamente proporcional a nuestra comunión con Él, sin una comunión firme nuestra obediencia no será firme, porque Él es quien nos sostiene para no fallarle.

La obediencia a Dios siempre es intencional, nunca accidental.

La obediencia a Dios siempre es intencional, nunca accidental

Nuestra obediencia a Dios será constantemente desafiada de una manera u otra. El ejemplo de Daniel nos inspira a obedecer a Dios más allá de diversas circunstancias o realidades:

1. Cuando otros no obedecen. Dejarse guiar por lo que diga la mayoría siempre será lo más sencillo de hacer, aunque no sea lo correcto. Daniel enfrentaba un doble reto: vivía en un mundo que no le daba gloria a Dios en absoluto y algunos del pueblo de Israel no se mantuvieron firmes en sus convicciones de guardar la ley que Dios les había dado. De manera similar, nuestra obediencia a Dios es mayormente desafiada cuando enfrentamos presión de otros que desobedecen, en especial cuando estos afirman creer en Dios.
2. Cuando no es lo más sencillo. En ocasiones, la justificación de las propias acciones nos hace sentir que podemos desobedecer cuando estamos rodeados de circunstancias adversas, y pensamos que no tenemos otra opción o que hacer lo que agrada a Dios no es tan sencillo. Sin embargo, no hay ninguna razón que justifique la desobediencia a Dios.
3. En todas las etapas de nuestra vida. En la historia de Daniel vemos que él se mantuvo firme en sus convicciones de amar y obedecer a Dios a lo largo de toda su vida, desde muy joven, cuando él fue llevado cautivo a Babilonia, hasta cuando fue una persona de edad avanzada. Con frecuencia, una de las razones usadas para justificar la desobediencia es la de ser demasiado joven, o demasiado mayor. Sin embargo, vemos que la edad no fue un impedimento para Daniel en su consagración a Dios.

DÍA 3

La consagración a Dios no tiene límites

La Biblia nunca nos habla de tomar «vacaciones espirituales».

Al hablar de obediencia a Dios, algunos pudieran pensar que ellos ya son obedientes al Señor porque viven de acuerdo con Sus mandamientos y preceptos; sin embargo, debemos recordar que una vida de consagración a Dios no tiene límites, siempre habrá un lugar de más íntima comunión con Él que en donde nos encontramos. Tristemente, muchos no avanzan al siguiente nivel de consagración porque ya se sienten conformes con lo que tienen. Por otro lado, algunos pueden pensar que de vez en cuando está bien «relajarse un poco» y tomar unas «vacaciones espirituales», sobre todo durante el tiempo de vacaciones seculares o en temporadas fuera de su rutina. Tener este tipo de pensamiento siempre provocará que seamos inconstantes y que no lleguemos a alcanzar niveles de consagración más profundos. Tales prácticas nunca las vemos a lo largo de la vida de Daniel, y gracias a su profunda devoción a Dios, Él lo recompensó.

Una vida de consagración a Dios no tiene límites, siempre habrá un lugar de más íntima comunión con Él que en donde nos encontramos.

Al desobedecer a Dios no solo nos desviamos del propósito que Él tiene para nosotros, sino que también lastimamos Su corazón, y esto debe importarnos si lo amamos. Otro de los grandes personajes bíblicos que tomó muy en serio su consagración a Dios a pesar de la desilusión, la prueba y la tentación que enfrentó en diferentes tiempos de su vida, fue José. Una de las tentaciones que se narran con más detalle en toda la Biblia es precisamente la prueba que él tuvo al ser seducido todos los días por la esposa de Potifar, quien era su amo y oficial del faraón de Egipto. Este relato de la vida de José nos muestra que se puede tener victoria sobre toda tentación y prueba, si nos proponemos ser fieles a Dios. Lee Génesis 39:1-10 y contesta las siguientes preguntas:

1. ¿Cuál fue la tentación de José?

2. ¿Cuáles eran los argumentos de la esposa de Potifar para seducir a José?

3. Cuál fue la respuesta de José a tales argumentos?

Así como en la historia de José, cuando somos tentados o probados, frecuentemente nos detenemos a pensar cuáles serían las consecuencias de nuestra desobediencia. Muchas de las preguntas que nos podemos hacer están enfocadas siempre en nosotros mismos: ¿Cómo me afectará si falló?, ¿qué pasará si otros se enteran?, ¿cómo puedo justificar mi desobediencia? Generalmente, nuestra maldad es algo que no nos gusta que sea descubierta, y el enemigo nos animará a pecar contra Dios con argumentos de que nadie sabrá lo que hemos hecho, así como en el caso de José. No obstante, en la respuesta de José observamos que eso no le importaba a él, más bien, su preocupación se enfocaba en lo que Dios pensaba de él. Esto lo vemos cuando expresó: «… ¿cómo, pues, haría yo este grande mal, y pecaría contra Dios?» (Gn. 39:9). Lo mismo nos debe suceder a nosotros; cuando tenemos una comunión íntima con el Señor, lo que debe importarnos al desobedecerlo es nuestra comunión con Él, por encima de cualquier otra consecuencia.

La obediencia siempre trae una recompensa, nunca pasa desapercibida

Quizás una de las preguntas que puedan venir a tu mente sea: «¿Qué diferencia hay en vivir una vida de obediencia o no hacerlo?». Para responder a esa interrogante regresemos a la historia de Daniel, donde constatamos que una vida de obediencia tiene un gran impacto en cómo nos usa Dios. Daniel no hubiera sido usado por el Señor sin una entrega de consagración completa a Él. Cada una de las revelaciones que le fue dada y la sabiduría que había adquirido venían de parte de Dios como resultado de su comunión con Él. Fue tanta su sabiduría, que no sería exagerado pensar que él era el hombre más sabio de todo el mundo. Daniel fue capaz de resolver los misterios más ocultos, de tapar la boca de leones y de recibir revelaciones que tienen impacto aún en nuestros días. Nada de esto hubiera sido posible si él hubiera desobedecido a Dios desde su juventud. Tal como señala Salmos 25:14: «La comunión íntima de Jehová es con los que le temen...». Además de esto, Daniel pudo experimentar a Dios como muy pocos lo hicieron en los relatos bíblicos. La narrativa bíblica nos enseña que él era ampliamente conocido en el mundo espiritual y muy amado en el reino de Dios (Dn. 10:11). Sin duda alguna, Daniel tenía autoridad espiritual con un gran impacto en los ámbitos terrenal y celestial. No debemos escatimar en ningún momento nuestro compromiso con la obediencia al Señor, de esto depende que cumplamos con el propósito al que Dios nos llamó.

Una vida de obediencia tiene un gran impacto en cómo nos usa Dios.

La obediencia siempre trae una recompensa, nunca pasa desapercibida por Dios.

La autoridad espiritual solo viene como resultado de una vida de consagración.

¿Te has puesto a pensar cómo está tu obediencia a Dios en este momento de tu vida?

¿Te gustaría que fuera diferente?

Sí ☐ No ☐ ¿Quieres compartir alguna de tus experiencias?

Lecturas bíblicas adicionales:

Deuteronomio 28:1-14; Josué 1:7-9; Salmos 128:1-6.

Notas

RESUMEN

- Nuestra obediencia a Dios no pasará por casualidad, accidente ni por azares del destino. Una vida de completa consagración a Dios se busca día a día.
- Sin una comunión firme con Dios, nuestra obediencia no será firme, porque Él es quien nos sostiene para no fallarle.
- Al desobedecer a Dios no solo nos desviamos del propósito que Él tiene para nosotros, sino que también lastimamos Su corazón.
- Siempre hay una recompensa al obedecer a Dios, la obediencia nunca pasa desapercibida, esta tiene un gran impacto en cómo nos usa Dios y cumple Sus propósitos en nosotros.

¿Cuál fue la enseñanza más significativa que aprendiste hoy?

¿Qué quiere Dios que hagas en respuesta al estudio de hoy?

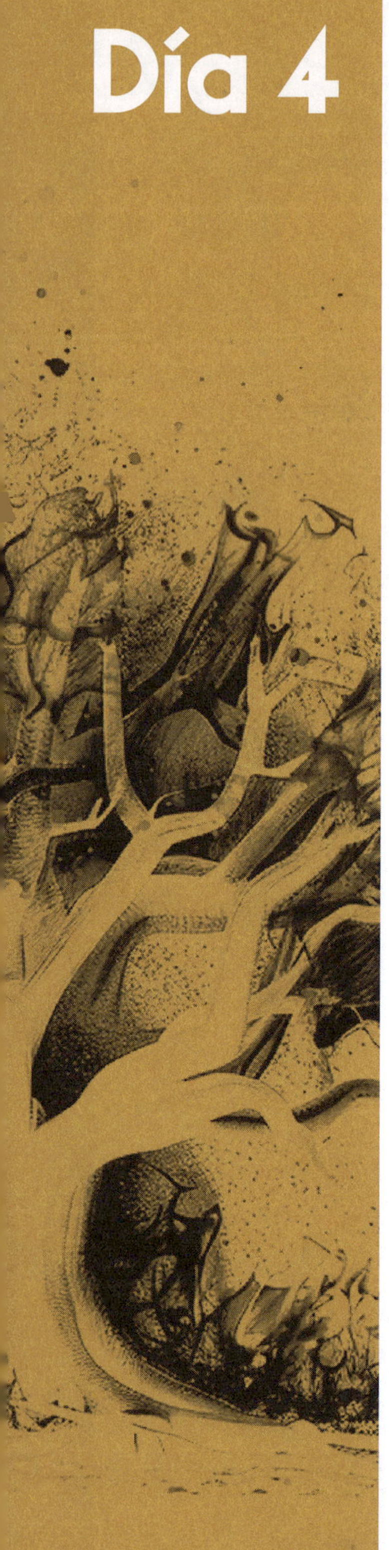

Día 4

¡NO HUYAS DE DIOS!

LECTURA BÍBLICA: JONÁS 1:1-3

«Vino palabra de Jehová a Jonás hijo de Amitai, diciendo: Levántate y ve a Nínive, aquella gran ciudad, y pregona contra ella; porque ha subido su maldad delante de mí. Y Jonás se levantó para huir de la presencia de Jehová a Tarsis, y descendió a Jope, y halló una nave que partía para Tarsis; y pagando su pasaje, entró en ella para irse con ellos a Tarsis, lejos de la presencia de Jehová».

En el mundo de hoy no es poco común ver personas que no les interesa saber nada de Dios; tristemente, muchos pueden creer que Él existe, pero prefieren no incluirlo en sus vidas. Aunque esto es lamentable, también puede pasarnos a nosotros. Una vida de desobediencia a Dios es una declaración de que no lo necesitamos y de que no deseamos cumplir los planes ni los propósitos que Él nos ha entregado. Jonás era un profeta que no quiso escuchar la voz de Dios y nos dejó una lección que aprender. Él literalmente quiso huir de Dios, de Su presencia y de Su misión. Así, muchas personas en desobediencia se alejan del Señor, viven ocupadas en su día a día, quizás en la comodidad, en sus deseos, o simplemente se han olvidado de Él. Lo más triste es que podemos alejarnos de Dios sin ni siquiera darnos cuenta. A veces podemos engañarnos a nosotros mismos al pensar que Dios se complace en lo que hacemos, pero nuestro corazón ya está muy lejos de Él. Lee el primer capítulo de la historia de Jonás 1:1-17 y contesta:

Una vida de desobediencia a Dios es una declaración de que no lo necesitamos y de que no deseamos cumplir los planes ni los propósitos que Él nos ha entregado.

1. ¿Cómo desobedeció Jonás a Dios?

2. ¿Qué hizo Dios en respuesta a la desobediencia de Jonás?

Como en la historia de Jonás, lo mismo nos puede pasar si no obedecemos a Dios y tratamos de huir de Su presencia. Él puede colocar un mar tempestuoso, una tormenta, marineros que nos echen al mar y hasta puede preparar un gran pez que nos lleve a un abismo profundo, a fin de que reconozcamos que Él es Dios y que debemos hacer lo que Él nos ha dicho. Jonás tenía que obedecer a Dios porque ese era su llamado, ser profeta del Señor. Pero no quiso ir a proclamar el mensaje divino a esa gran ciudad llamada Nínive. La narrativa no nos indica directamente el motivo por el cual Jonás no quiso obedecer a Dios (ver Jon. 4:10-11); sin embargo, entendemos que, tanto en la historia de Jonás como en la nuestra hoy, puede haber diversos motivos con los cuales pretendemos justificar nuestros actos de desobediencia, algunos de estos son:

- Si hemos pasado por un dolor o una prueba en nuestra vida.
- Si hemos enfrentado una decepción.
- Si tenemos mucho trabajo u otras ocupaciones.
- Si tenemos influencia de otros que no obedecen.
- Si no entendemos lo que Dios está haciendo.
- Si no estamos de acuerdo con lo que Dios nos pide que hagamos.
- Si tenemos otras prioridades por encima del plan de Dios.
- Si lo que Dios nos pide que hagamos es difícil.

La historia de Jonás nos ilustra la desobediencia a Dios en tres ámbitos diferentes:

Huir físicamente de Dios

Este nivel de desobediencia conlleva un distanciamiento físico de todo lo que se relaciona con Dios, Su Palabra y Su obra. Simplemente, muchas personas que no quieren obedecer a Dios, tanto así que tratan de no estar en contacto con lo que para ellos lo representa, como ir a la iglesia, leer la Biblia, cantar alabanzas, orar o asistir a todo tipo de actividad donde pueda manifestarse Su presencia. Incluso evitan toda conversación en que Dios tenga algo que ver. Esto sucedió con Jonás al huir al lado contrario de donde Dios le había dicho que fuera a predicar.

Huir de los planes de Dios para nosotros

Esta desobediencia se muestra en no hacer lo que Dios nos pide que hagamos y, por consiguiente, estar fuera de Sus propósitos para nosotros. Desobedecer los mandamientos de Dios nunca debe ser tomado a la ligera, sin importar de qué tipo sea, nos trae serias consecuencias. Dios pondrá todo lo necesario para hacernos recapacitar de nuestro error y volvernos a Él. Así, en la historia de Jonás Dios había preparado un gran pez para que él tocara fondo por su desobediencia y volviera a Él para cumplir con su misión.

Huir de la presencia de Dios

Esta desobediencia es la más lamentable de todas, al no querer tener nada que ver con Dios y escapar no solo de Su misión para nosotros, sino también de Su presencia. Es triste notar cómo alguna gente quiere erradicar por completo a Dios de sus vidas, incluso aquellos que alguna vez creyeron en Él y lo amaron, muchas veces por una desilusión, una gran decepción o un dolor que los lleva a culpar a Dios de lo ocurrido, intentar huir de Su presencia y romper todo tipo de relación con Él. La historia de Jonás nos enseña que él realmente quería huir de la presencia de Dios, pero no pudo hacerlo.

Lo cierto es que de ninguna manera podemos huir de Dios, el salmista le pregunta al Señor: «¿A dónde me iré de tu Espíritu? ¿Y a dónde huiré de tu presencia? Si subiere a los cielos, allí estás tú; y si en el Seol hiciere mi estrado, he aquí, allí tú estás. Si tomare las alas del alba y habitare en el extremo del mar, aun allí me guiará tu mano, y me asirá tu diestra» (Sal. 139:7-10). Sin importar dónde nos escondamos o hacia dónde escapemos, Dios nos encontrará, porque somos Sus hijos y nos ama. Al no obedecer al Señor solo nos lastimamos a nosotros mismos cuando enfrentamos las consecuencias de nuestra maldad, que también pueden afectar a quienes nos rodean. Jonás aprendió esta lección, cuando estuvo dentro del gran pez clamó a Dios y Él lo escuchó y lo salvó. Jonás se dio cuenta de que sin Dios estaba perdido y clamó a Él por perdón y auxilio.

Lee Jonás 2:1-10, ¿te has sentido alguna vez como Jonás o has intentado huir de Dios? ¿Te gustaría compartir tu experiencia?

Por el contrario, ser obedientes a la voz de Dios nos conecta íntimamente con Él y nos lleva a experimentar lo mejor de Dios para nosotros. Lo cierto es que no hay razón para huir de Dios, si le hemos fallado, Su gracia es abundante para perdonarnos y limpiarnos de toda maldad, si confesamos nuestro pecado. Lo mejor para nosotros siempre es regresar a Él.

Ser obedientes a la voz de Dios nos conecta íntimamente con Él y nos lleva a experimentar lo mejor de Dios para nosotros.

¿Te gustaría hacerlo ahora mismo?

Sí ☐ No ☐

¿Te gustaría compartir tu experiencia?

Lecturas bíblicas adicionales:
Salmos 139:1-16; Eclesiastés 12:13-14; Daniel 9:1-9.

RESUMEN

- Escapar de Dios y no obedecerlo siempre tendrá consecuencias. Si no escuchamos Su voz, Él puede permitir que enfrentemos las circunstancias que sean necesarias a fin de que volvamos a Él.

- No podemos escapar de Dios, no importa a dónde huyamos o escapemos, Él nos encontrará.

- Lo mejor para nosotros es siempre regresar a Dios, si hemos fallado y le pedimos perdón por nuestra desobediencia, Su gracia es abundante y Él es fiel y justo para limpiarnos de toda maldad.

¿Cuál fue la enseñanza más significativa que aprendiste hoy?

¿Qué quiere Dios que hagas en respuesta al estudio de hoy?

Día 5

¿TE ESTÁ LLAMANDO DIOS?

LECTURA BÍBLICA: 1 SAMUEL 3:8-10

«Jehová, pues, llamó la tercera vez a Samuel. Y él se levantó y vino a Elí, y dijo: Heme aquí; ¿para qué me has llamado? Entonces entendió Elí que Jehová llamaba al joven. Y dijo Elí a Samuel: Ve y acuéstate; y si te llamare, dirás: Habla, Jehová, porque tu siervo oye. Así se fue Samuel, y se acostó en su lugar. Y vino Jehová y se paró, y llamó como las otras veces: ¡Samuel, Samuel! Entonces Samuel dijo: Habla, porque tu siervo oye».

Recuerdo en una ocasión que al participar en un panel de preguntas y respuestas un joven de la audiencia levantó su mano y preguntó: «¿Cómo sé que Dios me está llamando al ministerio?». No había mucho tiempo para responder su pregunta, así que di una respuesta breve y le expliqué que Dios confirmaría en su corazón este llamamiento a través de diferentes circunstancias en su vida. Sin embargo, el joven quería saber más de cómo escuchar la voz de Dios y de cómo estar seguro de que lo que sentía era realmente un llamado genuino del Señor. Después que todo acabó, me quedé pensando en la honestidad de la pregunta de este joven y de su gran deseo de tener una respuesta sobre si Dios le estaba hablando o no. Lo cierto es que el Señor nos está llamando todo el tiempo y de muchas maneras, y nos invita a cumplir el propósito que Él tiene para nosotros. Su deseo es hablarnos y que podamos escucharlo cada día. Todo el tiempo nos llama, nos busca y nos ama, y nosotros debemos obedecer y atender la voz de ese llamado. Piensa por un momento:

¿Alguna vez has escuchado la voz de Dios cuando Él te llama?

Sí ❑ No ❑

¿Te gustaría compartir tu experiencia?

La verdad es que Dios sigue hablando, y siempre que Él habla es con un propósito. Él se comunica con nosotros principalmente a través del Espíritu Santo, la Escritura, la oración, el ayuno, las circunstancias y por medio de otros creyentes que forman Su iglesia. Vivir una vida de obediencia sin reservas a Dios nos dará claridad en el discernimiento de Su voz. Lo cierto es que para poder obedecer al Señor es necesario escucharlo, y para escucharlo es preciso obedecerlo. Sería en verdad triste que Dios nos hablara y no respondiéramos solo porque no escuchamos Su voz.

Vivir una vida de obediencia sin reservas a Dios nos dará claridad en el discernimiento de Su voz.

La historia de Samuel es fascinante, nos habla de cómo una persona desde una edad tan temprana como la adolescencia ya puede estar preparada para escuchar la voz de Dios y para responder a Su llamado. Ana, su madre, lo había consagrado con un voto especial llamado nazareo desde antes de que él naciera, y así, Samuel creció en el santuario de Dios, al servicio de Elí el sacerdote, y vivió una vida de completa consagración al Señor. Pero Samuel no conocía personalmente a Dios y aún no escuchaba Su voz. Hasta que una noche, mientras él descansaba, Dios le habló por su nombre. Al escuchar su nombre, Samuel pensó que era Elí, el sacerdote, quien le hablaba, y acudió a él para atender su petición. La tercera vez que esto pasó, Elí entendió que era Dios quién le hablaba a Samuel, y le indicó que la próxima vez que escuchara su nombre, respondiera: «... Habla, Jehová, porque tu siervo oye...» (1 S. 3:9). Así como Samuel escuchó la voz de Dios y respondió, una vez que escuchas la voz del Señor es necesario que respondas, esto es un acto de obediencia a la misión que Él te llama. Otros personajes de la Biblia tuvieron un encuentro con Dios y respondieron a Su llamado. Lee los siguientes textos bíblicos y contesta cómo fue que Dios habló a estos personajes en la Escritura y cómo ellos respondieron.

Llamado de...	¿Cómo le habló Dios?	¿Cómo respondió a Su llamado?
Isaías (Is. 6:1-8)		
Jeremías (Jer. 1:4-9)		
María (Lc. 1:28-38)		
Pedro y Andrés (Mt. 4:18-20)		
Mateo (Lc. 5:27-32)		
Pablo (Hch. 9:1-6)		

Características del llamado de Dios

Puedes notar, a través de estos relatos bíblicos, que cada encuentro con Dios es único y tiene un propósito singular; Su llamamiento es exclusivo para cada persona. Algunas veces, aquellos que reciben el llamado divino tienen preguntas o inquietudes; sin embargo, siempre que Dios nos habla nos da la certeza de que no hay nada que temer y de que Él está con nosotros. A lo largo de toda la Escritura podemos ver ejemplos de distintos encuentros con Dios que nos dan enseñanzas importantísimas de cómo Él nos llama hoy en día. Al pensar en cómo escuchar la voz de Dios, considera lo siguiente:

- Dios te conoce por nombre, tú eres un ser único para Él y te conoce mejor que nadie en el mundo. Él sabe exactamente quién eres y lo que eres capaz de hacer por medio de Él. Así como el Señor se refirió de Pablo: «... instrumento escogido me es este...» (Hch. 9:15).
- Él sabe tu historia, nada en tu pasado puede sorprenderlo. Te ha llamado incluso desde antes de nacer y ha estado contigo a lo largo de tu vida, nada de ti es desconocido para el Señor. Así como Dios le declaró a Jeremías: «Antes que te formase en el vientre te conocí» (Jer. 1:5).
- El llamado que Dios tiene para ti es solo para ti. La forma en que el Señor se te revela es única y personal. Él te ha puesto en un contexto; un lugar y un tiempo que ningún otro puede ocupar, esto fue lo que seguramente sintió Isaías al verse solo en ese sitio ante el Señor cuando Él preguntó: «... ¿A quién enviaré, y quién irá por nosotros?...» (Is. 6:8).

Cómo estar atento a la voz de Dios

Siempre que Dios nos habla nos da la certeza de que no hay nada que temer y de que Él está con nosotros.

La tercera vez que Samuel escuchó su nombre y acudió con el sacerdote Elí, él recibió instrucciones de estar atento para, en caso de que escuchara la voz nuevamente, saber qué responder. Y así lo hizo. De una manera similar, podemos estar atentos al llamado de Dios a nosotros. El Señor siempre hablará a nuestro corazón, pero conocer algunos de los medios que Él utiliza para hablarnos será de gran ayuda al escuchar Su voz. Reflexiona si Dios te ha estado llamado y que tú puedas escuchar Su voz por alguna de estas maneras:

- Una vida de obediencia en todo lo que hagamos. A medida que busquemos agradar a Dios en todas las áreas de nuestra vida, la voz de Dios sonará más fuerte y clara en nuestro interior y nuestra confianza en responder a ese llamado suyo también crecerá.
- El tiempo a solas con Dios es esencial para discernir Su voz. Sin cultivar el hábito de la oración no podremos escuchar Su voz.
- Un deseo intenso por Su Palabra es un buen indicador de que Dios nos está llamando, y nuestra primera manera de responder será ir a Su Palabra para saber más de lo que Él tiene para nosotros.

- Dios usará las circunstancias a tu alrededor, Él pondrá a las personas y las situaciones en el momento justo para cumplir cada uno de Sus propósitos.
- Si en tu corazón hay angustia al ver ciertas necesidades de otros, tanto físicas como espirituales, y tienes la convicción de que Dios te puede usar para suplirlas.
- La afirmación de otros creyentes puede ser un indicio de que Dios nos está llamando a una misión o a algún tipo de servicio. Cuando otros que viven en obediencia al Señor nos expresan que ven en nosotros un llamado particular de servicio, esta es una manera en la que Dios puede hablarnos y dirigirnos hacia lo que Él tiene para nosotros.

¿Has sentido el llamado de Dios en un área de servicio por alguno de estos medios por los que Dios nos habla?

Sí ☐ No ☐

¿De qué manera has sentido que Dios te está hablando?

A medida que caminas con Dios, Su Espíritu Santo te guiará paso a paso a escuchar Su voz. Él te puede llamar a diversas áreas de servicio para Su gloria, y para cumplir Su voluntad es necesario que, así como el apóstol Pablo, tú puedas responder: «... Señor, ¿qué quieres que yo haga?...» (Hch. 9:6) ¿Te está llamando Dios?

Lecturas bíblicas adicionales:

Génesis 3:8-11; Efesios 4:11-16; 2 Pedro 1:3-11.

Notas

RESUMEN

- Dios siempre desea hablarnos, y nosotros debemos estar preparados para escuchar Su voz y obedecer Su llamado.

- El Señor se comunica con nosotros principalmente a través del Espíritu Santo, la Escritura, la oración, el ayuno, las circunstancias y por medio de otros creyentes que forman Su iglesia.

- Vivir una vida de obediencia a Dios sin reservas nos dará claridad en el discernimiento de Su voz. Además de esto, nuestro tiempo a solas en comunión con Dios, el deseo intenso por conocer Su Palabra, estar atento a las circunstancias a nuestro alrededor y a las necesidades de servicio, son indicadores de que Dios nos está llamando.

¿Cuál fue la enseñanza más significativa que aprendiste hoy?

¿Qué quiere Dios que hagas en respuesta al estudio de hoy?

SEMANA 6

Sé un discípulo de Jesús

Día 1

¿ERES UN SEGUIDOR O ERES UN DISCÍPULO?

PRINCIPIO 6: SÉ DISCÍPULO

Solo un verdadero discípulo de Jesús puede llegar a ser como su Maestro. Estar a los pies del Maestro y aprender de Él nos hará más como Él.

Al leer las historias de Jesús narradas en los Evangelios nos damos cuenta de que Él continuamente estaba rodeado de grandes multitudes que lo seguían. Muchos de ellos habían escuchado de Él y querían recibir un milagro o escuchar alguna de Sus enseñanzas. Sin embargo, dentro de este gran cúmulo de personas que lo seguían día a día, había doce que Él mismo había escogido para ser Sus discípulos. Estos estaban con Él día y noche y experimentaron de una manera más cercana Sus grandes milagros y Sus enseñanzas. Así lo describe Marcos, el evangelista, al decir que después de que Jesús hubo orado: «... llamó a sí a los que él quiso; y vinieron a él. Y estableció a doce, para que estuviesen con él, y para enviarlos a predicar, y que tuviesen autoridad para sanar enfermedades y para echar fuera demonios» (Mr. 3:13-15). En este texto podemos entender que Jesús formó a estos doce. Esto es lo que el vocablo *poiéo* significa en el idioma original, literalmente indica 'Él los hizo'. El propósito de tener discípulos para Jesús, de acuerdo con este texto, es que ellos estarían con Él, y así los capacitaría para Su misión.

Esto era lo que un rabino del tiempo de Jesús normalmente hacía. El maestro estaba con sus discípulos y les enseñaba a través de su vida y ejemplo cómo aprender y aplicar la Torá. La meta de todo discípulo era ser como su maestro. No obstante, para este fin debía pasar el mayor tiempo posible junto al maestro para absorber su sabiduría. Una frase popular usada en este contexto era: «deja que sea cubierto por el polvo de las sandalias de mi maestro». Con esta expresión daban a entender que todo discípulo debía seguir fielmente y bien de cerca a su maestro, a tal grado que el polvo que él dejara al caminar tendría que cubrir a su discípulo. En el caso de Jesús y Sus discípulos no era diferente, ellos pasaron la mayor cantidad de tiempo posible con el Señor para aprender de Él. Y así, Jesús compartió todo con los que Él escogió. Imagina por un momento el privilegio que fue para los discípulos de Jesús pasar tiempo con Él, aprender de Él, vivir con Él y experimentar Su presencia y mucho más. Para nosotros no es demasiado diferente, solo si somos verdaderos discípulos podemos crecer en Dios y profundizar nuestro amor por Él, no es posible de otra forma.

Sin embargo, no debemos olvidar que los discípulos no eran los únicos que seguían a Jesús, sino que grandes multitudes iban tras Él. Aunque el Señor tuvo seguidores de todas las clases sociales, la gran mayoría de esta gente que lo seguía no poseía grandes recursos y lo seguían porque tenían necesidad. Muchos buscaban un milagro, la redención de su nación o simplemente ser alimentados. Un relato en los cuatro Evangelios nos cuenta que en una ocasión Jesús alimentó milagrosamente a 5000 de Sus seguidores en Galilea. Sin duda, este fue uno de los milagros más memorables debido al gran número de personas que se beneficiaron de él, y es el único registrado en los cuatro Evangelios (y la resurrección). Tal fue el impacto que tuvo este evento que Sus primeros seguidores identificaron la piedra donde Jesús se sentó al bendecir el pan en aquella ocasión, y justo allí hicieron un mosaico que representa esos panes y peces que fueron multiplicados. Hoy en día ese lugar es recordado con una basílica en Tabgha en Galilea. En este milagro podemos notar grandes diferencias entre ser un discípulo de Jesús y ser un seguidor. Lee el pasaje de la alimentación de los cinco mil en Juan 6:1-15 y compara las acciones realizadas por los discípulos de Jesús con aquellas de Sus seguidores.

¿Cuáles son las diferencias más significativas entre ser un discípulo de Jesús y ser uno de Sus seguidores? Luego, compara tus respuestas con la descripción del cuadro de abajo.

Los discípulos	Los seguidores
Están cerca de Jesús y conversan con Él porque lo conocen personalmente.	Siguen a Jesús a la distancia.
Participan en el milagro.	Solo se benefician del milagro.
Son probados en su fe.	No saben realmente lo que está sucediendo.
Ayudan a servir a los demás.	Se sientan y esperan a ser servidos.
Cuando todo termina, se quedan con su Maestro.	Cuando todo termina, se regresan a su casa.
Siguen al Maestro.	Siguen los milagros.
Producen fruto.	No producen fruto.
Siempre quieren aprender y ser más como su Maestro.	Siempre quieren ver más de Jesús, pero no buscan ser como Él.
Se quedan con Jesús en tiempos de abundancia y en tiempos de escasez.	Regresan a Jesús cuando tienen hambre o necesidad.
Estar con Jesús es la más grande bendición para ellos.	Ven a Jesús como un medio para recibir bendición.

La descripción vista en este relato acerca de los discípulos y los seguidores de Jesús, la podemos notar incluso hoy en nuestro amor, servicio y compromiso con Jesús y Su iglesia, y observar la diferencia entre ser un simple seguidor del Señor y un verdadero discípulo Suyo. Los seguidores por lo común buscan a Dios solo cuando tienen una necesidad, son llevados por la conveniencia o por sus propias emociones, pero no desarrollan un compromiso con Dios, ni con Su reino. Por otro lado, un verdadero discípulo está dispuesto a renunciar a todo por seguir y obedecer al Señor y Su Palabra, solo así es que podemos crecer en nuestra fe y nuestra relación de amor con Él.

Con base en esta descripción sobre las características de un discípulo y un seguidor, ¿con cuál de estas dos categorías te identificas mejor? ¿Por qué? ¿Te gustaría compartir tu experiencia?

Alguien que quiso ser un verdadero discípulo

«Aun estimo todas las cosas como pérdida por la excelencia del conocimiento de Cristo Jesús, mi Señor, por amor del cual lo he perdido todo, y lo tengo por basura, para ganar a Cristo».

APÓSTOL PABLO

La vida del apóstol Pablo nos enseña lo que es ser un verdadero discípulo, él mismo fue educado a los pies de uno de los maestros más prominentes de su tiempo, Gamaliel (Hch. 22:3). Sin embargo, su vida dio un giro radical cuando fue llamado por Jesús y dejó de ser perseguidor de la iglesia, que era en lo que se había convertido, para llegar a ser un apóstol del Señor. Él lo perdió todo por ganar a Cristo, así es como escribe en su carta a los Filipenses: «... aun estimo todas las cosas como pérdida por la excelencia del conocimiento de Cristo Jesús, mi Señor, por amor del cual lo he perdido todo, y lo tengo por basura, para ganar a Cristo» (Fil. 3:8). No había mayor meta para Pablo que ganar a Cristo; tener más de Él y experimentar más de Él. Lo demás no tenía valor alguno, comparado con Jesús. El cambio en la vida de Pablo hace eco de las palabras de Jesús cuando afirmó: «... cualquiera de vosotros que no renuncia a todo lo que posee, no puede ser mi discípulo» (Lc. 14:33). Lo cierto es que Jesús nunca habló de tener una relación a medias con Sus discípulos; cumplir con el gran mandamiento de amar a Dios por sobre todas las cosas y estar dispuesto a renunciar a todo, no son exageraciones metafóricas, sino realidades que todo discípulo debe experimentar.

¿Habías pensado en lo que cuesta seguir a Jesús?
¿Qué estarías dispuesto a perder por ganar más de Cristo?
¿Te gustaría compartir tu experiencia?

Alguien que no quiso ser un verdadero discípulo

Por otro lado, los Evangelios relatan la historia de aquel joven rico, quien desde su niñez era un judío piadoso y había guardado los mandamientos, que se acerca a Jesús y le pregunta cómo obtener la vida eterna. Jesús le respondió: «... Una cosa te falta: anda, vende todo lo que tienes, y dalo a los pobres, y tendrás tesoro en el cielo; y ven, sígueme, tomando tu cruz. Pero él, afligido por esta palabra, se fue triste, porque tenía muchas posesiones» (Mr. 10:21-22). Este joven, aunque tenía un deseo genuino de agradar a Dios, no estaba dispuesto a renunciar a todo con tal de ganar a Cristo. Así, en nuestros días podemos ver estas dos clases de personas: gente que está dispuesta a dar todo por ser como su Maestro y otros que solo se comprometerían en parte, por un breve tiempo, o cuando están emocionados, o cuando pasan por una prueba o necesidad, pero no se consagran para amarlo con todo el corazón. Para ser discípulo de Jesús hay un precio que pagar, una cruz que cargar; y solo así es como se llega a experimentar una profunda intimidad con Cristo, que un simple seguidor nunca experimenta.

Para ser discípulo de Jesús hay un precio que pagar, una cruz que cargar; y solo así es cómo se llega a experimentar una profunda intimidad con Cristo, que un simple seguidor nunca experimenta.

Siempre con Jesús

Lo fascinante de ser discípulo es que estos siempre regresan al maestro. No importa si han tenido un día agotador y ocupado, o muy productivo y de gran bendición, sean cuales sean las circunstancias, el discípulo permanece con el maestro y su enseñanza. Esto es lo que les pasó a los discípulos de Jesús aquella noche. Ellos tuvieron un día muy ocupado y experimentaron un serio conflicto después del milagro, cuando los seguidores, llevados por su asombro y emoción de ver tan grande portento, querían apoderarse de Jesús y hacerlo rey, por lo cual el Señor tuvo que escapar de ellos y huir a una montaña. Sin embargo, después que se tranquilizó la situación, Jesús regresó a Sus discípulos aquella noche ¡caminando por el Mar de Galilea! Y ellos, al experimentar la calma, pasaron la noche con su Maestro, como lo habían hecho tantas veces; disfrutando Su presencia y aprendiendo de Él. El discípulo permanece siempre con el maestro. Así nosotros, cada día, para ser discípulos de Jesús, tendremos que experimentar Su presencia, permanecer en Su Palabra y buscar ser más como Él.

No quiero ser de los cinco mil que disfrutan del milagro, prefiero ser de los doce que recogen los pedazos. Y pasar la noche en vela, juntos sobre un mar de seda; conversar con el Maestro hasta el alba.

MARCOS VIDAL

RESUMEN

- Desde los tiempos de Jesús vemos una distinción entre ser un simple seguidor Suyo y ser un verdadero discípulo. Esto no ha cambiado en nuestros días.

- Para ser discípulo de Jesús hay un precio que pagar; sin embargo, hay bendiciones mucho mayores que un simple seguidor nunca experimenta.

- El discípulo permanece siempre con el maestro. Así nosotros, cada día, para ser discípulos de Jesús, tendremos que experimentar Su presencia, permanecer en Su Palabra y buscar ser más como Él.

¿Cuál fue la enseñanza más significativa que aprendiste hoy?

¿Qué quiere Dios que hagas en respuesta al estudio de hoy?

Una jornada de siete semanas

ACTIVIDAD SEMANAL

1. Piensa seriamente, con base en lo aprendido esta semana, si eres un verdadero discípulo de Jesús.

2. Busca pasar más tiempo de calidad con el Señor, como un discípulo con su maestro, siéntate a Sus pies todos los días y habita en Su Palabra.

3. Identifica áreas en tu vida que podrías entregar a Dios, pero que ahora te detienen de amarlo con todo tu corazón.

4. Durante esta semana, piensa en ser más como Cristo y en cómo lo puedes aplicar a un estilo de vida.

Día 2

SER COMO CRISTO

LECTURA BÍBLICA: 1 CORINTIOS 11:1

«Sed imitadores de mí, así como yo de Cristo».

Ser como Cristo debe ser la meta de todo creyente. No hay mayor meta que esta, y esto es precisamente lo que es el discipulado, avanzar cada día para parecernos más a Él. Con frecuencia, al pensar en la palabra «discipulado» nos hemos limitado a creer que solo se trata de métodos de estudio sobre el conocimiento de doctrinas bíblicas, lo cual es muy bueno y esencial para nuestro crecimiento. Sin embargo, el discipulado también se expresa en enseñar una forma de vida que sea como la de Jesús, a través de Su Palabra y confirmada por el ejemplo de los creyentes, tal como lo hizo el Señor, quien por medio de Sus enseñanzas y Su vida formó a Sus discípulos. Aprender mediante la imitación del carácter y el comportamiento de una persona era una práctica esencial en el proceso de aprendizaje entre un discípulo y su maestro en tiempos del Nuevo Testamento. El apóstol Pablo escribió a la iglesia en Corinto: «Sed imitadores de mí, así como yo de Cristo» (1 Co. 11:1). Como en este texto, en algunas otras ocasiones, el apóstol motivaba a los creyentes a que sigan el ejemplo que él mismo les había dejado durante el tiempo que estuvo con ellos mientras predicaba el evangelio y enseñaba la Palabra (1 Co. 4:16; Fil. 3:17). El discipulado, por tanto, tiene un gran componente relacional para que compartamos a Cristo en aspectos prácticos y vivenciales, y así transmitir la vida que hay en Él por medio de nuestra propia vida. Pablo menciona que todos debemos llegar: «... a la medida de la estatura de la plenitud de Cristo» (Ef. 4:13). De igual forma, solo al aprender de Jesús e imitar Su ejemplo es posible nuestro crecimiento y así nuestra relación con Él se profundiza. Para crecer en Cristo simplemente debemos ser más como Él es.

Para crecer en Cristo solo debemos ser más como Él es.

¿Te gustaría ser más como Cristo?

Sí ☐ No ☐

Lee los siguientes versículos bíblicos, ¿qué nos enseñan estos pasajes respecto a en qué áreas debemos ser como Cristo?

- Efesios 5:1-2 ______________________________
- Filipenses 2:3-8 ______________________________
- Colosenses 3:13 ______________________________
- 1 Pedro 2:20-21 ______________________________
- 1 Juan 3:15-16 ______________________________

¿En qué áreas de tu vida crees que debes seguir el ejemplo de Cristo? ¿Te gustaría compartir tu experiencia?

DÍA 2

Pasar tiempo con el Maestro

Como mencioné en la lección pasada, en el contexto de Jesús, la meta de cada estudiante era ser como su maestro, y la meta de cada maestro era reproducirse él mismo en su discípulo. Para este fin, la cercanía entre ambos era esencial en el proceso de aprendizaje, para esto, era necesario pasar el mayor tiempo posible juntos, y así el discípulo podría conversar con él, comer con él, viajar con él y aprender de él. El aprendizaje de transmitir vida a vida sería gradual y podría tomar años en el estudio de la Palabra de Dios y de cómo aplicarla. En ocasiones, incluso el discípulo vivía con su maestro para aprender cada aspecto de su enseñanza. Jesús mismo hizo esto con Sus discípulos. Los Evangelios nos relatan historias donde Él con Sus discípulos viajaba, oraba, descansaba, comía, entre muchas otras cosas. De hecho, la tradición cristiana sostiene que el Señor vivía en la casa de Pedro en Capernaum mientras hacía Su ministerio en Galilea. Jesús compartió todo con Sus discípulos durante tres años, y así los capacitó para su misión. Él les enseñó la Escritura, a orar, cómo es el reino de Dios, el poder de Dios a través de Sus milagros, los atributos del Padre, los preparó para el servicio a los demás, les enseñó a confiar en Dios, a mantener una fe firme y a compartir el evangelio, entre muchas otras valiosas lecciones. Esta enseñanza fue probada en Su vida, muerte y resurrección. Jesús modeló cómo vivir una vida que agrada al Padre, tal y como el apóstol Pedro escribió, que Él nos dejó un ejemplo para seguir Sus pisadas (1 P. 2:21).

A medida que involucramos más a Dios en nuestra vida, lo buscamos más y vivimos en obediencia a Su Palabra, llegamos a desarrollar una relación especial con Él, en la cual nos parecemos más y más a Él.

Para conocer a Jesús como nuestro Maestro precisamos hacer exactamente lo mismo, permanecer con Él todo el tiempo. Con frecuencia, a través de mi ministerio pastoral, he notado que los matrimonios llegan a un punto donde los esposos se conocen tanto el uno al otro que llegan a parecerse aun en el modo de ser. Y frecuentemente pueden tener posturas o pensamientos muy similares ante una determinada situación, así como en la forma de ver la vida en general. Esto lo he notado también a lo largo de los años de matrimonio con mi esposa, que ante alguna situación, tendemos a pensar de manera similar. Esta paridad de pensamientos solo se logra por medio de una constante convivencia. Y así, en muchos aspectos, llegamos a desarrollar actitudes muy similares con aquellas personas con quienes vivimos, comemos, reímos, lloramos y nos divertimos. En nuestra relación con el Señor no es diferente. A medida que involucramos más a Dios en nuestra vida, lo buscamos más y vivimos en obediencia a Su Palabra, llegamos a desarrollar una relación especial con Él, en la cual nos parecemos más y más a Él. Esto es llegar a ser un discípulo. El tiempo que pasamos en oración, en la meditación de la Palabra, en el servicio en Su reino y en obediencia a Sus mandamientos, será de vital importancia en nuestro crecimiento en Cristo. Tener al Señor y Su Palabra en nuestros pensamientos y deseos, de manera constante, nos ayudará a ser más como Él.

¿Has pensado qué tanto tiempo de tu día pasas a los pies de Jesús?
¿Te gustaría pasar más tiempo con el Señor?

Aprender del Maestro

En el tiempo de Jesús, el discípulo constantemente aprendía de memoria las enseñanzas de su maestro; sus conversaciones, sus hábitos y su manera de aplicar la Escritura a la vida, a tal punto que nunca las olvidaba. Gracias a esta práctica, por ejemplo, es que tenemos las narrativas de los evangelistas, quienes inspirados por el Espíritu Santo, escribieron sus memorias de Jesús. Por Su parte, Jesús, como el Maestro, deseaba que Sus discípulos estuvieran con Él. Para el Señor, Sus discípulos eran Su familia, aquellos que se sientan a Sus pies a escuchar (Mr. 3:31-35). ¿Qué hay que aprender del Maestro? Jesús nos dejó un estilo de vida basado en el amor a Dios y al prójimo para llevarlo a la práctica. En algunas ocasiones, Él mismo se puso como ejemplo al decir a Sus discípulos que lo imitaran. Lee los siguientes textos bíblicos y anota la enseñanza que Jesús deseaba que Sus discípulos practicaran.

- Mateo 11:29 ______________________________
- Mateo 20:25-28 ______________________________
- Lucas 11:1-4 ______________________________
- Juan 13:12-17 ______________________________
- Juan 13:34 ______________________________

Es notable que Jesús no solo enseñó de manera teórica, sino que también modeló en Su propia vida cada una de Sus enseñanzas para que Sus discípulos y Su iglesia aprendamos cómo vivir en Su Palabra.

¿Cuál es el ejemplo de Jesús que ha impactado más tu vida?

Lecturas bíblicas adicionales:

1 Corintios 4:16-20; Efesios 5:1; Filipenses 3:17-19; 1 Tesalonicenses 1:6; 1 Timoteo 4:12.

RESUMEN

- El discipulado es un proceso de aprendizaje cuya meta es ser más como Cristo. No hay mayor meta que esta para el creyente.

- Aprender de Jesús e imitar Su ejemplo hace posible nuestro crecimiento en Dios y así nuestra relación con Él se profundiza.

- Pasar tiempo a los pies de Jesús nos hará parecernos más a Él.

- El Señor nos dejó un estilo de vida basado en el amor a Dios y al prójimo que debemos poner en práctica e imitar de Él.

¿Cuál fue la enseñanza más significativa que aprendiste hoy?

¿Qué quiere Dios que hagas en respuesta al estudio de hoy?

Día 3

PERMANECER EN SU PALABRA

LECTURA BÍBLICA: JUAN 8:31-32

«Dijo entonces Jesús a los judíos que habían creído en él: Si vosotros permaneciereis en mi palabra, seréis verdaderamente mis discípulos; y conoceréis la verdad, y la verdad os hará libres».

Para crecer en nuestra comunión de amor con Jesús es necesario conocer lo que Él enseña en Su Palabra y permanecer en ella. Esto fue lo que el Señor les declaró a quienes ya habían creído en Él como el Cristo (Jn. 8:31-31), que creer no es suficiente para ser un verdadero discípulo, también es esencial permanecer en Sus enseñanzas. El vocablo permanecer *(menó)*, en el lenguaje bíblico, nos da la idea de 'habitar', 'vivir', 'estar' o 'establecerse' en un determinado lugar o situación, sin salir de ella. Con este concepto, Jesús enseñó que para ser Sus discípulos es esencial «echar raíces» en Su Palabra sin salirse de ella, y solo de esta manera, cuando vivimos una comunión ininterrumpida con Su Palabra, podemos experimentar una comunión plena e íntima con Jesús.

Conocer la Palabra

Conocer a Jesús es conocer Su Palabra; por otro lado, no conocer a Jesús es no conocer Su Palabra. En algunas ocasiones, hemos creído falsamente que estudiar la Palabra de Dios más a fondo no es para todos los creyentes, sino solo para aquellos que tienen un llamado a ser pastor, evangelista o para teólogos profesionales, y tristemente, muchos se conformen con vivir la vida cristiana con un conocimiento menos que básico de la Escritura y desconozcan sus doctrinas más elementales. La verdad es que todo creyente tiene el privilegio y el deber de profundizar en el estudio de la Escritura y no conformarse con recibir solo el mensaje bíblico del día domingo. La lectura diaria de la Biblia nos mantendrá siempre espiritualmente frescos y preparados para que Dios realice Su obra en nosotros. Así mismo, no conocer la Palabra de Dios es no conocer Su poder. Esto es lo que Jesús

Conocer a Jesús es conocer Su Palabra; por otro lado, no conocer a Jesús es no conocer Su Palabra.

les respondió en una ocasión a unos líderes religiosos cuando debatían sobre el tema del divorcio (Mt. 22:29). Si tenemos una doctrina torcida, nuestra percepción de Dios estará de esa manera y, por tanto, nuestro discipulado será deficiente. Además, la doctrina bíblica no adulterada será fundamental para nuestro crecimiento en Dios y para ser verdaderos discípulos. Por medio de las narrativas bíblicas podemos conocer el carácter de Dios y Sus atributos, así como lo que Él espera de nosotros. Conocer la Palabra de Dios es vital para experimentar al Señor en nuestras vidas. Lamentablemente, muchos se pierden de las mejores bendiciones de Dios simplemente porque no conocen la Palabra o no permanecen en Sus Mandamientos.

Un entendimiento correcto de la Palabra

En el libro de Hechos tenemos la historia de Apolos, un varón conocedor de la Escritura y de una exposición elocuente. Sin embargo, su entendimiento, aunque correcto, estaba incompleto. Por ello, su predicación y su manera de conocer a Dios también lo estaban. Lee el pasaje bíblico de Hechos 18:24-28 y contesta las siguientes preguntas:

1. ¿Quién era Apolos?

2. ¿Cómo era su conocimiento de las Escrituras?

3. Una vez que Priscila y Aquila le expusieron más exactamente el camino de Dios, ¿qué hizo Apolos que no había hecho antes?

Notemos que Apolos solo conocía el bautismo de Juan y, por tanto, eso era lo que enseñaba. La narrativa bíblica no nos indica que él era un mal maestro o un engañador, por el contrario, era ferviente en la Escritura, la estudiaba y enseñaba con pasión, pero su conocimiento estaba incompleto. Sin embargo, al escuchar sus enseñanzas Priscila y Aquila lo tomaron aparte y le expusieron: «... más exactamente el camino de Dios» (Hch. 18:26). Esto era entendible, recordemos que en este momento no existía aún el Nuevo Testamento. Así que, Apolos, con seguridad conocía la Escritura hebrea, y era poderoso en enseñarla, también conocía el bautismo de Juan, pero no el

Conocer la Palabra de Dios de un modo correcto nos ayuda a experimentar a Dios en una comunión más profunda con Él.

bautismo de Jesús. Sin duda, al conocer más exactamente la obra de redención de Jesús, Apolos fue bautizado en el bautismo que el Señor enseñó y a partir de ese momento proclamó la Palabra con un mejor entendimiento. Conocer la Palabra de Dios de un modo correcto nos ayuda a experimentar a Dios en una comunión más profunda con Él.

Leer, estudiar y memorizar la Palabra

Para obtener un entendimiento de la Palabra de Dios debemos leerla y estudiarla, tanto de manera personal como con un grupo de creyentes. Fomentar el hábito de leer cada día la Biblia hará que nuestros pensamientos estén enfocados en Dios de modo constante y que Él pueda hablarnos de forma personal. Al estudiar Su Palabra, entendemos mejor Sus propósitos y Su carácter. Estudiar la Palabra junto a otras personas también es enriquecedor en gran manera, porque nos ayuda a aplicarla en el contexto en que vivimos. Aprender la Palabra de Dios de memoria es una de las prácticas que facilita que el Señor habite en nuestros corazones. Esto era lo que hacían los discípulos en el tiempo de Jesús al escuchar las enseñanzas de sus maestros, aprendían de memoria grandes porciones de la Escritura desde la niñez. Guardar la Palabra en nuestra mente facilitará que la guardemos también en nuestro corazón. Con frecuencia, en mi experiencia como pastor, suelo preguntar a las personas que van a la iglesia cuántos versículos se saben de memoria sin contar Salmos 23, Juan 3:16 o Génesis 1:1.

Y tú, ¿cuántos versículos de la Biblia conoces de memoria? ____________
¿Puedes decirlos ahora mismo? ¿Te gustaría aprender más de ellos?

Entonces, ¡comienza a hacerlo!, nunca es tarde para eso, y será de gran bendición para ti y para otros. Como pastor, he podido darme cuenta de que nunca sabes cuándo necesitarás un texto para decir a alguien que lo necesita. Pasajes de la Biblia que lleven consuelo, paz, sanidad, protección, perdón, o relacionados con la obra redentora de Cristo, siempre son de gran ayuda tener en nuestra memoria.

Por otro lado, no conocer la Palabra de Dios, o conocer una palabra distorsionada, puede llevarnos a una concepción errónea de quién es Dios y qué espera de nosotros. Lamentablemente, falsas doctrinas que en apariencia se escuchan como positivas o buenas, terminan por desviar el entendimiento de los creyentes respecto a lo que realmente agrada a Dios, y qué nos enseña en Su Palabra. Muchos creyentes son engañados fácilmente por falsos maestros que tuercen la Escritura para sus propios intereses. Tener cuidado de estas prácticas y engañadores es una constante advertencia que vemos en las cartas del Nuevo Testamento, porque si tenemos una doctrina torcida, nuestra percepción de Dios estará de esa manera y, por tanto, nuestro discipulado será deficiente.

Además, la doctrina bíblica no adulterada será fundamental para nuestro crecimiento en Dios y para ser verdaderos discípulos.

Habitar en la Palabra

Además de conocer la Palabra de Dios, para ser un discípulo de Jesús debemos vivir de acuerdo con Sus enseñanzas, sin desviarnos ni salirnos. Por otro lado, conocerla y no practicarla suscitará que no llevemos fruto. Jesús declaró que solo cuando permanecemos en Su Palabra podemos ser verdaderos discípulos, por tanto, una vida de obediencia a Sus mandamientos es la base de nuestro crecimiento en Cristo como Sus discípulos. Contrario a esto, vidas en desobediencia a los mandatos de Su Palabra no pueden profundizar su comunión con Él. Muchas veces, la Biblia nos trae consuelo, esperanza, fe o convicción; sin embargo, otras veces nos revelará si estamos en caminos de desobediencia a Dios o si nuestro corazón está distante de Él. Permanecer en la Palabra es la clave para una vida de discipulado y crecimiento

¿Recuerdas a qué se refiere el verbo permanecer?

¿Te gustaría habitar en la Palabra de esa manera?

Sí ☐ No ☐

¿Qué ajustes crees que debes realizar en tu vida para lograrlo, a fin de ser un verdadero discípulo de Jesús?

Lecturas bíblicas adicionales:

Salmos 19:7-10; Salmos 119:97-105; Mateo 7:24-27.

Notas

RESUMEN

- Es por medio de la Palabra de Dios que podemos llegar a conocerlo.
- Leer, estudiar y memorizar la Palabra es vital para profundizar en nuestra comunión con el Señor.
- Conocer la Palabra de Dios correctamente nos ayuda a experimentar a Dios.
- Habitar en la Palabra es esencial para ser un verdadero discípulo de Jesús.

¿Cuál fue la enseñanza más significativa que aprendiste hoy?

¿Qué quiere Dios que hagas en respuesta al estudio de hoy?

Día 4

UNA VIDA TRANSFORMADA

LECTURA BÍBLICA: JUAN 13:34-35

«Un mandamiento nuevo os doy: Que os améis unos a otros; como yo os he amado, que también os améis unos a otros. En esto conocerán todos que sois mis discípulos, si tuviereis amor los unos con los otros».

El verdadero discípulo de Jesús es evidenciado por el amor que muestra a otros; el amor es la marca de todo discípulo. Ser como Cristo es amar como Cristo y darse a los demás como Él se dio. Simplemente no se puede ser un verdadero discípulo de Jesús si no se experimenta un genuino amor por los demás. Esto lo sabemos porque en toda la Escritura este amor de Dios es expresado a la humanidad y, además, la Biblia declara que Dios es amor (1 Jn. 4:8; Ef. 3:18-19). Jesús, en Su última noche con los discípulos, les dio un nuevo mandamiento: que se amen los unos a los otros. Él los había amado y afirmó que el amor que mostraran los unos por los otros sería la evidencia de que son Sus discípulos. Esta es la misma prueba de todo discípulo de Jesús el día de hoy. Este puede ser reconocido fácilmente porque expresa su amor hacia los demás, tal y como el Señor enseñó aquella noche a los suyos. Lamentablemente, en muchas ocasiones el mensaje del evangelio no se deja escuchar con claridad cuando no existe el amor en la iglesia. Sin amor, la iglesia pierde su propósito y no es posible reconocerla, es como una luz que se pone debajo de una canasta, o como la sal que pierde su sabor (Mt. 5:13-15). Te has puesto a pensar alguna vez si ser discípulo de Jesús está relacionado con el modo en que amamos y expresamos ese amor ¿Podrías decir que eres un verdadero discípulo? ¿Te es difícil amar y expresar amor a los demás? Responde sí o no a las siguientes declaraciones:

- ☐ Me es fácil amar a los que me aman.
- ☐ Me es fácil expresar amabilidad o amor a los desconocidos, incluso estoy dispuesto a prestar ayuda a alguien que no conozco, aun cuando eso implique un mayor esfuerzo o tiempo de mi parte.
- ☐ Me es fácil amar a los que en el pasado me han ayudado.
- ☐ Me es fácil amar a aquellos con quienes he tenido algún conflicto, tensión o he sentido rechazo de ellos en alguna ocasión.
- ☐ Me es fácil amar a los que me han ofendido, herido y me han causado dolor.

- [ ] Me es fácil amar a quienes tienen opiniones o posturas diferentes a las mías, cuya cultura es distinta a la mía, o no comparto con ellos sus valores sociales, éticos, morales o su cosmovisión.

- [ ] Puedo amar a los que sé que me pueden odiar o que constantemente me atacan.

El más grande ejemplo de amor

Un verdadero discípulo de Jesús contestaría afirmativamente a todas estas frases, porque el mismo Jesús enseñó a amar incluso a aquellos que era difícil, y lo mostró con Su ejemplo. El pidió perdón al Padre por aquellos que lo crucificaban, sanó la oreja de aquel siervo que venía a Su arresto, amó a aquel joven que prefirió sus riquezas en lugar de seguirlo, restauró a Pedro como Su discípulo después de que lo había negado, solo por mencionar algunos relatos donde Él expresó Su amor a aquellos que lo ofendieron, humillaron y menospreciaron. Más que eso, Él rompió con los estereotipos sociales y religiosos establecidos en Su tiempo, al convivir con justos y pecadores por igual, pobre y ricos, religiosos y de todas las clases sociales; judíos, gentiles y samaritanos; hombres y mujeres, niños y grandes; Él amó hasta el final. Su amor fue mucho más allá de lo que era normalmente establecido o aceptado en Su tiempo y cultura.

Una de las enseñanzas de Jesús más memorables es aquella que Él entregó en el Sermón del Monte: «... Amad a vuestros enemigos, bendecid a los que os maldicen, haced bien a los que os aborrecen, y orad por los que os ultrajan y os persiguen» (Mt. 5:44). No hay una ética más alta que esta enseñanza en ninguna otra cultura ni tiempo. Puesto que Él mismo mostró Su ejemplo al amar sin reservas, esta enseñanza no debe de tomarse como un idealismo inalcanzable, sino como un fin de todo discípulo de Jesús.

No hay una ética más alta que la que Jesús enseñó al declarar: «Amen a sus enemigos».

DÍA 4

Un amor sin reservas

Es notable, que el término utilizado por Jesús en Su enseñanza sobre el amor a lo largo de Su ministerio es *agapao*. En el lenguaje bíblico del Nuevo Testamento se pueden identificar al menos siete vocablos que nos dan un entendimiento del concepto de amor, dependiendo el tipo de amor y hacia dónde está dirigido. De todos ellos, el amor *agápe* es aquel que Jesús les enseñó a Sus discípulos y el más sublime de todos. Este amor se caracteriza por ser sin condiciones, o sin la esperanza de recibir algo a cambio, esta es la manera en que Jesús amó a los suyos y se entregó por ellos hasta el final (Jn. 13:1). Este amor no es fingido, por conveniencia ni en espera de alguna retribución. El apóstol Pablo, en su carta a las Corintios, señala que este tipo de amor tiene un valor único y supremo sobre otras virtudes como la fe o la esperanza, al punto de que nunca dejará de existir. Lee 1 Corintios 13:4-8 y escribe cuáles son las características del amor agápe descritas por el apóstol Pablo:

«El amor es sufrido, es benigno; el amor no tiene envidia, el amor no es jactancioso, no se envanece; no hace nada indebido, no busca lo suyo, no se irrita, no guarda rencor; no se goza de la injusticia, mas se goza de la verdad. Todo lo sufre, todo lo cree, todo lo espera, todo lo soporta. El amor nunca deja de ser...». (1 Co. 13:4-8)

Otras características del amor *agápe* en otros textos bíblicos son:

- Juan 14:21 __________
- Juan 15:13 __________
- Romanos 12:9 __________
- Colosenses 3:14 __________
- 1 Pedro 4:8 __________

Vidas transformadas

Una vida transformada es la principal evidencia de ser un discípulo de Jesús, y el amor es la principal evidencia de una vida transformada.

Una vida transformada es la principal evidencia de ser un discípulo de Jesús, y el amor es la principal evidencia de una vida transformada. Todo discípulo del Señor debe mostrar un cambio de corazón evidenciado por el amor. Si no amamos a los demás, seguramente no hemos sido transformados y solo nos engañamos a nosotros mismos. El verdadero discípulo tiene un genuino deseo de servir, ayudar y amar a otros. El amor, la humildad y el servicio son las marcas de una vida transformada. Después de seguir a Jesús, nuestras vidas no pueden ser las mismas de antes. En los Evangelios vemos que después de tener un encuentro con Jesús, muchas de las vidas de las personas fueron cambiadas para nunca volver a ser las mismas. Los discípulos, por ejemplo, dejaron todo por seguir al Señor cuando Él los llamó.

¿Qué eran estos apóstoles antes de ser llamados por Jesús?

- Pablo (Fil. 3:6-8) ____________________
- Pedro y Andrés (Mt. 4:18-20) ____________________
- Mateo / Leví (Lc. 5:27-32) ____________________

Una vez que somos discípulos de Jesús nuestras vidas no vuelven a ser las mismas.

¿En tu experiencia has notado un cambio en la manera en que amas y sirves a los demás desde que eres un discípulo de Jesús?

Sí ☐ No ☐

¿Te gustaría compartir tu experiencia?

Lecturas bíblicas adicionales:
Juan 17:20-26; 1 Corintios 13:1-13; 1 Juan 4:13-21.

Notas

RESUMEN

- El verdadero discípulo es caracterizado por el amor que expresa a los demás.
- El amor que Jesús mostró y pidió tener a Sus discípulos es incondicional y sin reservas. El Señor mostró, con Sus enseñanzas y acciones, este tipo de amor.
- El verdadero discípulo de Jesús es evidenciado por una vida transformada.

¿Cuál fue la enseñanza más significativa que aprendiste hoy?

¿Qué quiere Dios que hagas en respuesta al estudio de hoy?

Día 5

UNA VIDA QUE DA FRUTOS

LECTURA BÍBLICA: JUAN 15:1-8

«Yo soy la vid verdadera, y mi Padre es el labrador. Todo pámpano que en mí no lleva fruto, lo quitará; y todo aquel que lleva fruto, lo limpiará, para que lleve más fruto. Ya vosotros estáis limpios por la palabra que os he hablado. Permaneced en mí, y yo en vosotros. Como el pámpano no puede llevar fruto por sí mismo, si no permanece en la vid, así tampoco vosotros, si no permanecéis en mí. Yo soy la vid, vosotros los pámpanos; el que permanece en mí, y yo en él, este lleva mucho fruto; porque separados de mí nada podéis hacer. El que en mí no permanece, será echado fuera como pámpano, y se secará; y los recogen, y los echan en el fuego, y arden. Si permanecéis en mí, y mis palabras permanecen en vosotros, pedid todo lo que queréis, y os será hecho. En esto es glorificado mi Padre, en que llevéis mucho fruto, y seáis así mis discípulos».

Una vida que da frutos es evidencia visible de que somos discípulos de Jesús. Por otro lado, sin experimentar una comunión de amor con Él no podemos llevar fruto, es más, no somos capaces de hacer nada en absoluto. Así fue como Jesús instruyó a Sus discípulos aquella noche en íntima comunión con ellos, antes de Su arresto en Getsemaní. El Señor, al estar a punto de partir, enseñó a Sus discípulos que debían permanecer en Él. Este es un principio fundamental de Su lección: solo a través de Cristo es que podemos llevar la vida que Él nos da a otros lugares donde no hay luz ni esperanza. Así, dar fruto solo viene como resultado de una comunión con Jesús, no hay otra manera de producir buen fruto más que permaneciendo en Él. Recordemos que el término permanecer *(méno)* alude a 'habitar' o 'establecerse en un lugar con la idea de echar raíces allí' teniendo una presencia continua. Así Jesús expresó la comunión que Él tiene con los suyos con la hermosa analogía de la vid verdadera, en donde un

Solo a través de una comunión de amor con Jesús es que podemos llevar la vida que Él nos da a otros lugares en donde no hay luz ni esperanza.

Vivir una vida de obediencia sin reservas a Dios nos dará claridad en el discernimiento de Su voz.

profundo amor es el vínculo entre el Padre, Jesús y sus discípulos, y como resultado de esta unión, es que el fruto brota. Esta es evidencia de que somos realmente Sus discípulos. Lee Juan 15 y contesta las siguientes preguntas:

1. En la analogía de la vid verdadera, ¿qué representa al Padre? ¿Qué representa a Jesús? ¿Qué representa a Sus discípulos?

2. ¿Qué es necesario para que los pámpanos lleven fruto? ¿Dónde deben ellos permanecer?

El labrador, la vid y los pámpanos

Así como los pámpanos están íntimamente conectados con la vid, los discípulos deben experimentar una íntima comunión con Jesús para llevar fruto.

¿Puedes imaginar el escenario de esta hermosa metáfora? El Padre es el jardinero que cuida de Su viña y que está encargado de producir una gran cosecha. Puedo imaginar a este labrador paseando por su viña, recorriendo cada vereda y espacio de esta para asegurarse de que exista todo lo necesario para que cada vid pueda producir una buena uva y en abundancia. La vid es la planta que representa a Jesús en esa hermosa metáfora cuyos vástagos de la planta se extienden, se sustentan y crecen a partir de Él. Estos pámpanos son los discípulos que están íntimamente conectados a la vid, los cuales son limpiados por el jardinero de modo que estén listos para producir fruto, y es gracias a esta unión que se transmite vida, y que con el tiempo brotan las primeras uvas, y luego, estas crecen y se convierten en racimos cada vez más abundantes, hasta que en el tiempo de la cosecha se cortan para luego producir vino nuevo.

Esta metáfora nos pinta un cuadro hermoso de discipulado, cuyo vínculo perfecto es el amor. Jesús concluyó esta ilustración al afirmar que, así como el labrador finalmente recibe el fruto de la vid, el Padre es glorificado cuando Sus discípulos producen mucho fruto. Esta cosecha son las obras de amor que los discípulos producen; actos de fe, servicio y entrega a los demás que nos muestran el corazón del Padre; vida que produce vida. Este fruto de los discípulos también se da cuando, por medio de su testimonio y de compartir de Dios, otros vienen a experimentar un nuevo nacimiento en Cristo o crecimiento en Él. El fruto es, sencillamente, la obra de Dios manifestada vívidamente en

Sus discípulos como muestras de servicio y amor a los demás. Pero es solo en íntima comunión que es posible hacer brotar esta vida. Solo un verdadero discípulo conectado con Jesús y con el Padre es capaz de llevar a otros la esperanza y el amor de Dios. Detente aquí por un momento y piensa:

¿Estás llevando fruto como resultado de tu comunión con Jesús? ¿Te gustaría producir este fruto más abundantemente en tu vida?

Sí ❑ No ❑

El apóstol Pablo nos da una lista de virtudes que el Espíritu Santo produce en el creyente como resultado de Su obra en él. Lee Gálatas 5:22-24 y anota cuál es el fruto que el Espíritu Santo produce en aquellos que son de Cristo.

____________ ____________ ____________

____________ ____________ ____________

____________ ____________ ____________

Así como en la narrativa de la vid, el fruto que el Espíritu de Dios produce en nosotros solo es posible cuando vivimos de acuerdo con Su voluntad y estamos en íntima relación con Él. Una vida que no produce este fruto nos indica que no experimenta una relación de amor con Dios. Esto fue lo que afirmó el Señor al declarar: «... por sus frutos los conoceréis» (Mt. 7:20). La evidencia de que estamos creciendo en Dios es manifestada en el fruto que damos en nuestra propia vida. Una vida caracterizada por el amor, el gozo, la paz, la paciencia, la bondad, la benignidad, la fe, la mansedumbre y el dominio propio, es evidencia de que hemos estado con Jesús. Notemos cómo el fruto del Espíritu es visiblemente mostrado a otros.

El corazón del discípulo debe estar limpio

En la metáfora de la vid verdadera que Jesús ilustró a Sus discípulos, la limpieza de los pámpanos es necesaria para que lleven fruto, y esta viene por la palabra que Él mismo les habló (Jn. 15:3). De esta manera, la Palabra debe permanecer en nuestro corazón, y produce un estado de obediencia y de comunión de cada discípulo con Jesús. Y nosotros, cuando dejamos que ella habite en nuestro corazón, somos limpiados y preparados para servir y cumplir Su llamado. En otra ocasión, Jesús enseñó la parábola del sembrador, que sostiene este mismo principio; nuestro corazón debe estar preparado para recibir la Palabra y vivir en ella a fin de dar fruto (Mr. 4:1-9). Notemos cómo el fruto que produce «la buena tierra» en esta parábola es abundante, no limitado. De igual manera, Jesús explicó a Sus discípulos que ellos llevarían «mucho fruto», término que alude a una abundante cosecha. Un buen indicador de que experimentamos crecimiento en Dios es si producimos esta gran cantidad de fruto, pero también si somos limpios por Su Palabra. La comunión con Él solo puede venir a través de vidas santificadas y dispuestas a guardar lo que nos enseñó. Dios no usará una vida sucia para cumplir Sus propósitos, sino una limpia y dispuesta a servirlo. Así, el verdadero discípulo de Jesús deja fruto en las diferentes áreas de su vida allí donde se desenvuelve, esta es vida que genera vida

Un buen indicador de nuestro crecimiento en Dios es si producimos... fruto, pero también si somos limpios por Su Palabra.

¿Te gustaría llevar mucho fruto?

Sí ☐ No ☐

¿Estás dispuesto a ser limpio por la Palabra del Señor?

Lecturas bíblicas adicionales:
Mateo 7:15-20; Marcos 4:1-9, 14-20; Juan 12:23-26.

Notas

RESUMEN

- El fruto que produce un discípulo es la evidencia de que experimenta una comunión con el Señor. Dicho fruto es expresado en obras de amor que los discípulos producen; actos de fe, servicio y entrega a los demás que glorifican a Dios.

- El amor es el vínculo que conecta al Padre y a Jesús con nosotros. Separados de la íntima comunión con Él y Su Palabra no podemos hacer nada.

- El fruto producido por esta unión es abundante y no escaso.

- Para llevar fruto debemos ser limpios por Su Palabra, Dios no usará una vida sucia para cumplir Sus propósitos.

¿Cuál fue la enseñanza más significativa que aprendiste hoy?

¿Qué quiere Dios que hagas en respuesta al estudio de hoy?

Comparte lo que Dios ha hecho

Día 1

CUENTA TU HISTORIA

PRINCIPIO 7: COMPARTE

Compartir lo que Dios ha hecho en tu vida te hará crecer en Él y será de bendición para muchos.

Compartir lo que Dios ha hecho en tu vida será sin duda una parte esencial de tu crecimiento en el Señor. Cuando cuentas la historia de cómo Dios te ha librado, te ha salvado, te ha limpiado, te ha rescatado, te ha cuidado y te ha amado, no solo es una bendición para aquel que escucha, sino que también, sin duda alguna, reafirma tu amor y tu sentido de pertenencia al Señor. En esta semana estudiaremos, desde varios ángulos, la importancia de compartir con otros lo que Dios ha hecho y está haciendo en nuestra vida; tu crecimiento en Dios tendrá un gran impacto cuando no olvidamos cómo Dios se ha manifestado a nosotros y compartimos esas vivencias con otros. Comunicar historias de restauración era una práctica recurrente de la primera iglesia. El libro de los Hechos, por ejemplo, narra vívidamente tres veces el encuentro de Pablo con Jesús en el camino a Damasco. Por su parte, los evangelistas también registraron la manera personal en que el Señor los tocó como experiencias inolvidables que guardaron en su corazón por toda su vida y nosotros podemos leer estos relatos porque ellos los escribieron. Por ejemplo, Juan, el discípulo amado, escribió: «... (y vimos su gloria, gloria como del unigénito del Padre), lleno de gracia y de verdad» (Jn. 1:14), cuando habló de la manifestación poderosa de Jesús de la que ellos fueron testigos directos.

Toda la Escritura contiene historias de redención en las que Dios trató directa y personalmente con alguien para nunca ser igual otra vez.

Por su parte, Mateo, en su propio Evangelio, recuerda melancólicamente aquel día cuando él estaba sentado en el banco de los tributos y colectaba impuestos, porque él era publicano, cómo Jesús llegó hasta donde él estaba y le dijo: «Sígueme». Él enseguida se levantó de aquel banquillo para seguir a su Maestro y nunca más volver a ese lugar. Toda la Escritura contiene historias de redención en las que Dios trató directa y personalmente con alguien. ¿Te das cuenta cómo estas historias de la Biblia tienen tanto impacto en cómo nosotros percibimos nuestra propia historia con Dios? Y esto no será diferente cuando compartes tu propia historia de cuando Dios te encontró y te llamó. ¿Tienes una historia de redención, amor y perdón con Dios? ¿Te gustaría compartirla?

Detente aquí y narra el relato de tu encuentro con Dios a alguien que esté a tu lado. Al compartir cómo el Señor se ha manifestado en tu vida de una manera personal, tu fe se expandirá y crecerá en un nivel más profundo.

Existe una historia en los Evangelios donde podemos notar que el Señor se deleita cuando contamos cuán grandes maravillas Él hace. En esta narrativa, vemos a un hombre que lo había perdido todo, y se encontraba muriendo lenta y dolorosamente, en la peor condición que alguien pudiera pensar, pero el Señor lo liberó de sus ataduras. Lee Marcos 5:1-20 y contesta las siguientes preguntas:

1. ¿Cuál era la condición en que este hombre se encontraba? ¿Dónde vivía este hombre?

2. ¿Con qué acciones Jesús mostró Su poder y autoridad sobre los demonios que tenían cautivo al hombre?

3. ¿Cómo es que este hombre es liberado? ¿Cómo sabemos que fue liberado completamente?

4. ¿Qué es lo que el hombre le pidió a Jesús una vez que estuvo sano? ¿Qué le respondió Jesús?

El hombre de esta historia vivía en una situación de bajeza pocas veces descrita en la Biblia. La narrativa del Evangelio de Marcos nos declara que este hombre no tenía casa, sino que habitaba en los sepulcros, nadie lo podía dominar y se hería a sí mismo con piedras. Es difícil pensar en una

Fue algo así como estar en el abismo más hondo, y unos segundos después, sobre las nubes volar... Altísimo Señor, en mi bajeza, me has mirado y me has tendido la escalera de tu amor.
RUBÉN SOTELO

situación más complicada que esta; no hay dudas de que él había tocado fondo en su vida, aunque el relato bíblico no nos declara mucho sobre su familia ni por qué él llegó a esa condición. Su situación no podía ser más difícil que estar poseído por al menos 1000 demonios. Sabemos el número de los demonios que lo poseían por dos razones: 1) cuando estos demonios le responden a Jesús, ellos afirman que su nombre es «Legión» porque son muchos. Una legión de soldados romanos de este tiempo estaba constituida por alrededor de 5000 hombres, 2) por otro lado, cuando esta gran cantidad de demonios supo que Jesús los echaría fuera, piden ir a un hato de 2000 cerdos, lo cual nos permite saber que una gran cantidad de demonios tenía sometida el alma de este hombre. Muy pocas veces en las narrativas bíblicas se describe una situación tan baja como la que esta persona enfrentaba. Lo cierto es que él estaba muriendo, cautivo y sin esperanza, y nadie podía hacer algo por él; sin embargo, a Jesús no le costó trabajo enfrentar a este gran número de demonios y echarlos fuera de él, sin titubeos.

Después de este gran milagro de Jesús, Él, a punto de partir de esa región y subirse a Su barca, es alcanzado por este hombre ya libre, vestido y en su juicio cabal, y le ruega que lo deje estar con Él; él quería seguir al Señor, quizás ser uno de Sus discípulos. ¿Puedes imaginar el profundo agradecimiento que invadía el corazón de esta persona después de sufrir un agonizante cautiverio y ahora experimentar una completa sanidad liberadora? ¡Él lo había perdido todo, y ahora lo tenía todo otra vez! Sabía cuál era la mano que lo había sanado, y fue en pos del Señor no solo para agradecerle, sino también para servirlo por el resto de su vida. Este hombre quería subir a la barca de Jesús, ir y estar con Él.

¿Has sentido gratitud por lo que Dios ha hecho en tu vida?

Sí ☐ No ☐

¿Cómo la has expresado? ¿Te gustaría compartir tu experiencia?

Tu historia es más poderosa de lo que tú crees, y puede tocar el corazón de todos los que la escuchen.

Esta historia no termina aquí, Jesús tenía otros planes para el hombre. Una vez libre y en su juicio cabal, cuando quiso seguir al Señor, este le respondió: «... Vete a tu casa, a los tuyos, y cuéntales cuán grandes cosas el Señor ha hecho contigo, y cómo ha tenido misericordia de ti» (Mr. 5:19). En este caso, Jesús quería ser glorificado por este hombre al anunciar lo que Dios había hecho con él. La obediencia de él, al declarar las obras de Dios en su vida, fue de tal impacto que todos se maravillaban al verlo. A todos los que lo conocían y sabían su estado anterior deplorable les causaba un gran impacto verlo vestido, en su sano juicio y que daba gloria al Señor. ¿Te das cuenta del gran impacto que puede tener una historia de redención? Así, cada uno de nosotros tenemos una historia de perdón y restauración que compartir. Tu historia es más poderosa de lo que crees, y puede tocar el corazón de todos los que la escuchen.

¿Te gustaría compartir las grandes maravillas que Dios ha hecho contigo?

Sí ❑ No ❑

Estos relatos pueden ser cortos o largos, pero siempre tratan de un encuentro con Dios; puede ser algún texto en Su Palabra por el cual Dios te habla, un pensamiento en tu corazón, una oración contestada, o solo cómo sientes que Él te está hablando en este día. Todo lo que tenga que ver con Su obra en ti será de gran bendición para todo aquel que escuche.

Además, compartir tu historia también tendrá un impacto en ti. A medida que compartes más de Dios en tu vida notarás que tu fe en Él se fortalece y reafirmarás el entendimiento de Su propósito en ti. Recuerda que dar a conocer a otros tu experiencia con el Señor no solo es un deber como testigo suyo, sino que también es la voluntad de Dios; que declares cuán bueno Él ha sido y cuánto bien el Señor ha hecho contigo.

RESUMEN

- Compartir con otros lo que el Señor ha hecho en tu vida es una parte esencial de tu crecimiento en Dios.
- Toda la Escritura contiene historias de redención en las que el Señor trató directa y personalmente con alguien.
- Tu historia de encuentro con Dios debe ser escuchada por otros, seguramente tocarás muchas vidas al contarla.

¿Cuál fue la enseñanza más significativa que aprendiste hoy?

¿Qué quiere Dios que hagas en respuesta al estudio de hoy?

Una jornada de siete semanas

ACTIVIDAD SEMANAL

1. Piensa por un momento en las grandes maravillas que Dios ha hecho en tu vida. Toma un tiempo para meditar en cómo Él se ha manifestado en ti.

2. Busca oportunidades donde puedas contar a amigos o familiares cómo Dios ha sido bueno contigo. Así mismo, comparte estas experiencias con desconocidos cuando tengas la oportunidad. Escuchar de Dios por primera vez puede ser una experiencia transformadora y llevar a otros a la verdades espirituales del Evangelio.

3. En tu diario espiritual, haz una lista de las experiencias con Dios donde has sentido Su cercanía y bendición.

4. Busca un medio nuevo para compartir de Dios y Su Palabra, un pódcast, un blog, una publicación, un video, una carta, un texto, etc.

Día 2

COMPARTE EL EVANGELIO

LECTURA BÍBLICA: HECHOS 1:8

«Pero recibiréis poder, cuando haya venido sobre vosotros el Espíritu Santo, y me seréis testigos en Jerusalén, en toda Judea, en Samaria, y hasta lo último de la tierra».

En una ocasión, me encontraba en una tienda y compraba lo que era necesario para mi hogar, mientras caminaba por uno de los pasillos, de repente noté que se me acercó una persona que yo no conocía. Con una mirada amable y una sonrisa atenta me saludó, me extendió su mano y me entregó un folleto con el mensaje del evangelio. Luego, me dijo que Dios me amaba y que había esperanza para mí en Cristo Jesús. Inmediatamente supe que era un cristiano que hacía trabajo de evangelismo conmigo, a lo que respondí con amabilidad: «Gracias, soy cristiano también». Sin mucho más que decir, simplemente se marchó. No le presté demasiada importancia en ese momento, pero después me quedé pensando en algo: «Esta es la primera vez que alguien me comparte el evangelio. Si yo no hubiera conocido el amor y la gracia de Dios en ese momento, esta sería la primera y única vez que lo habría escuchado y que sabría que hay esperanza para mí, porque nunca antes nadie me habló de Dios, excepto en la iglesia». Lamentablemente, esta es una triste realidad, lo cierto es que muchos cristianos no comparten su fe con otros, en especial fuera de la iglesia. Cerca de dos tercios (58 %) de las personas que no van a la iglesia en Estados Unidos afirman que nadie les ha explicado de manera personal cómo pueden llegar a ser cristianos, según un estudio de Lifeway.[4] Esto también pasa aun dentro de la misma familia, ya sea con las personas con que vivimos o con familia distante, con quienes no se comparte del amor de Dios. Lo cierto es que no debe existir ningún impedimento para hablar de Cristo a otros; sin embargo, existen desafíos para muchas personas que creen en Jesús y que desean compartir su fe. ¿Hay algún obstáculo que te impide compartir tu fe con otros que no conocen del amor de Dios? ¿Cuál es? Márcalos en la siguiente lista:

- ☐ Vergüenza al hablar.
- ☐ Pienso que a la gente no le gusta escuchar.
- ☐ No sé cuándo es un buen momento
- ☐ Falta de tiempo.
- ☐ No sé mucho de la Biblia.
- ☐ Creo que no es lo mío.
- ☐ No sabía que debo hacerlo.
- ☐ No sé cómo hacerlo.
- ☐ Prefiero esperar a saber más.
- ☐ No lo sé.
- ☐ Otro: ____________

[4] Aaron Earls (9 de septiembre del 2021). *Christians Don't Share Faith With Unchurched Friends.* Lifeway Research. https://research.lifeway.com/2021/09/09/christians-dont-share-faith-with-unchurched-friends/

Nosotros crecemos en Dios cuando compartimos de Él

La verdad es que compartir de Cristo con otros no solo es un deber de todo creyente, sino también un gran privilegio. Comunicar lo que Dios ha hecho en nuestras vidas no lo debemos ver como una obligación, sino como una gran bendición. Cuando nosotros compartimos de Dios, somos reafirmados en nuestro amor por Él. Recuerdo que, hace algunos años atrás, con el grupo de jóvenes de mi iglesia habíamos planeado ir a un vecindario de mi ciudad en donde la gente de allí vivía con escasos recursos, muchos estaban envueltos en adicciones y había una gran cantidad de niños provenientes de familias divididas. Para esta ocasión, decidimos proyectar una película con un mensaje evangelístico en la plaza de dicha colonia. Esa noche fue en verdad especial para mí, recuerdo bien que, mientras veía aquel filme, sentando en la banqueta con algunos de aquellos niños, de repente me salieron un par de lágrimas a causa de la historia, y luego, por un momento, me hice la pregunta: «¿No se supone que quienes deben llorar al ver esta película son los que no conocen a Dios?». Sin embargo, entendí que al compartir el mensaje de Dios, yo mismo estaba siendo reafirmado en Su amor y así creciendo en profundidad en mi comunión con Él. Cuando compartimos el amor de Dios, cómo Él se ha manifestado en nosotros y la manera en que Cristo nos alcanzó, nuestra comunión con Dios se fortalece, se refuerzan nuestras convicciones y crecemos en nuestra fe y amor por Él.

DÍA 2

Detente aquí por un momento y piensa, ¿has compartido el mensaje de amor y esperanza de Dios con otras personas? ¿Te gustaría compartir más frecuentemente que hay vida y salvación en Cristo Jesús?

Sí ☐ No ☐

Todos podemos compartir el mensaje de Jesús

Cristo nos ha encomendado que compartamos con otros el mensaje de Dios, Su voluntad es que llevemos el mensaje del evangelio a quienes no lo conocen, y Él prometió que estaría con nosotros al hacerlo (Mt. 28:18-20). Para esto, es preciso que no caigamos en la trampa de creer dos mentiras que se han hecho comunes en muchos contextos: 1) no debemos pensar que hablar de Cristo es un don o una responsabilidad que solo ciertas personas tienen, y que no todos lo podemos hacer exitosamente. Lo cierto es que hablar de Jesús ya es un éxito por sí mismo, más allá de cuál sea la respuesta de los que escuchan, y todos podemos hacerlo, 2) no debemos creer que a las personas no les gusta que les hablen de Dios,

No debemos creer que a las personas no les gusta que les hablen de Dios, o que no escucharán, lo cierto es que la gente necesita de Dios.

o que ellos no escucharán, lo cierto es que la gente necesita de Dios. El tema de amor y perdón del Señor siempre será actual, porque nosotros hemos sido creados por Él y para Él, y no hay nada que pueda satisfacer el corazón humano más que su Creador. El mundo vive en oscuridad y necesita a Dios, por eso la luz siempre será necesaria. El apóstol Pedro escribió que la iglesia debe anunciar: «... las virtudes de aquel que os llamó de las tinieblas a su luz admirable» (1 P. 2:9). El mensaje de la cruz es tan actual y necesario hoy como lo fue en el tiempo de Jesús, y lo será hasta que Él regrese.

El mensaje de la cruz es tan actual y necesario hoy como lo fue en el tiempo de Jesús, y lo será hasta que Él regrese.

El Espíritu Santo nos guiará a compartir de Dios a otros

A veces podemos sentir que no somos capaces de compartir con otros el mensaje de Dios; sin embargo, olvidamos que es el Espíritu Santo quien nos da el poder para hacerlo. Él nos dará las oportunidades para hablar con otras personas, pondrá en nuestro corazón qué decir, recordará porciones y promesas de la Palabra para compartir, dará la sabiduría para hablar, convencerá de pecado y guiará nuestros pensamientos a Dios en todo momento, porque Él escudriña los corazones y conoce lo más profundo de Dios (Ro. 8:27). Así que, al compartir con otros que no conocen de Dios, ni de la obra de Cristo Jesús, estamos por completo en Sus manos. Esto es lo que el Señor prometió a Sus discípulos: el Espíritu Santo los capacitaría y los vestiría de Su poder para ser testigos Suyos (Hch. 1:8).

Comparte a Cristo

En algunas ocasiones podemos tener dudas de cómo compartir a Cristo, o quizás nos preguntamos si lo estamos haciendo bien. Lo cierto es que ya el hecho de compartirlo es una victoria. No tenemos que ser teólogos adiestrados ni haber sido cristianos por muchos años para comenzar a compartir el mensaje del evangelio. Simplemente comparte a Cristo, utilicemos una sencilla historia de la Biblia, hablemos de la cruz, de Su amor, de Su resurrección o sufrimiento, de Su perdón o de Su gracia. Puedes compartir algunas de Sus enseñanzas, de Sus parábolas, alguno de Sus milagros o algunos de los encuentros que tuvo Jesús con otras personas en los Evangelios. El apóstol Pablo afirmaba que no se había propuesto otra cosa, sino solo saber: «... a Jesucristo, y a este crucificado» (1 Co. 2:2), hablando de Sus padecimientos y Su muerte que trae vida y enfatizaba el mensaje kerigmático, es decir, la predicación apostólica que proclama la obra y la persona de Cristo; Su encarnación, humillación, exaltación, glorificación y Su segunda venida. ¿Quieres crecer en el Señor? Para hacerlo, tienes que compartir la historia redentora de Dios en Cristo Jesús. Comprender y memorizar algunos textos bíblicos será de gran ayuda al momento de compartir con otros el amor de Dios y la vida eterna que hay en Jesús. Lee los siguientes textos, anótalos, memorízalos y describe su significado.

Texto	Escribe el texto	Describe su significado
Romanos 3:23		
Romanos 5:8		
Romanos 6:23		
Romanos 8:1		
Romanos 10:9-10		

Esta serie de textos bíblicos se conoce como «el camino de Romanos» porque nos explican el mensaje de Jesús y todos ellos se encuentran en el carta a los Romanos. Por estos versículos entendemos que todos somos pecadores y que estamos lejos de Dios; sin embargo, Dios muestra Su amor hacia nosotros en Su Hijo, que murió por nosotros y nos dio la vida eterna en Él. Así mismo, nos enseña que en Él no hay condenación y que si nos apartamos del mal, creemos en Él y confesamos a Jesús como Señor y Salvador, tendremos vida eterna por Él. Este es el mismo mensaje que proclamaron los apóstoles y que proclamaremos hasta que Él venga.

Lecturas bíblicas adicionales:
Lucas 24:13-35; Hechos 8:26-40; Romanos 10:8-15.

Notas

RESUMEN

- No debe existir ningún impedimento para hablar de Cristo con otros.
- Memorizar versículos de la Escritura es de gran ayuda para compartir estas verdades con otros.
- El Espíritu Santo nos da poder para comunicar el mensaje del Evangelio de Jesús.
- Al dar a conocer el mensaje de Cristo nosotros somos edificados, reafirmados y crecemos en nuestra relación de amor con Él.
- El mensaje de vida eterna en Jesús; Su encarnación, humillación, exaltación, glorificación y Su segunda venida, es el que proclamaron los apóstoles y proclamaremos hasta que Él regrese.

¿Cuál fue la enseñanza más significativa que aprendiste hoy?

¿Qué quiere Dios que hagas en respuesta al estudio de hoy?

Día 3

COMPARTE LA GRACIA Y EL GOZO

LECTURA BÍBLICA: MATEO 10:8

«Sanad enfermos, limpiad leprosos, resucitad muertos, echad fuera demonios; de gracia recibisteis, dad de gracia».

En el tiempo de Jesús era muy común que algunas personas de influencia o poderosas mostrarán misericordia y gracia a otros que no tenían las mismas oportunidades. En algunas ocasiones, estas personas de alto estatus social mostraban bondad hacia algún individuo, una familia, una comunidad, todo un pueblo o incluso toda una nación. A estos personajes de estatus se los llamaba benefactores debido a su gran generosidad y por la ayuda que mostraban a otros en necesidad, aun cuando no era su obligación hacerlo. Sin embargo, la gracia manifestada siempre esperaba ser recompensada con algún tipo de favor cuando se presentara una oportunidad. En el contexto en que Jesús vivió, regresar la gracia y el favor mostrados era un valor social realmente importante y una responsabilidad moral. A estos benefactores se les daba, con frecuencia, crédito en público por su ayuda, se construían monumentos en su honor, se los honraba y les otorgaban menciones y reconocimientos como agradecimiento a la gracia mostrada a la comunidad o la nación. Cuando un individuo era bendecido por la generosidad de algún benefactor y no tenía forma de retribuir su gracia, entonces simplemente él contribuía a la buena reputación de su benefactor al dar testimonio de su bondad y generosidad; lo alababa y declaraba cuán bueno el benefactor había sido con él, este era su deber moral; siempre se buscaba la oportunidad de pagar gracia con gracia.

En los Evangelios tenemos, por ejemplo, la historia de aquel centurión que tenía un siervo sumamente enfermo, a punto de morir. El centurión amaba a su siervo, y cuando: «… oyó hablar de Jesús, le envió unos ancianos de los judíos, rogándole que viniese y sanase a su siervo» (Lc. 7:3). Estos líderes religiosos llegaron a Jesús y le rogaron que fuera a sanar al siervo, porque el centurión había sido muy bueno con ellos, amaba la nación de Israel y les había construido la sinagoga en Capernaum. Sin duda alguna, este centurión era un benefactor de la nación judía y estos ancianos judíos sentían la obligación moral de devolverle un poco de esa gracia al rogar al Señor que atendiera su necesidad. Finalmente, Jesús se dirigió a la casa del centurión: «… Pero cuando ya no estaban lejos de la casa, el centurión envió a él unos amigos, diciéndole: Señor, no te molestes, pues no soy digno de que entres bajo mi techo; por lo que ni aun me tuve por digno de venir a ti; pero di la palabra, y mi siervo será sano» (Lc. 7:6-7). El relato termina cuando: «... al regresar a casa los que habían sido enviados, hallaron sano al siervo que había estado enfermo» (Lc. 7:10). Este centurión era un benefactor de la nación judía, y ahora él se convertía en el receptor del más grande benefactor que existe: Jesús.

Dios es nuestro benefactor

Es notable observar cómo en el comienzo del capítulo 10 del Evangelio de Mateo se nos indica que Jesús llamó a Sus doce discípulos para una misión. Inmediatamente después, al enlistar sus nombres, estos ya no son más referidos como discípulos, sino como apóstoles. Mientras que discípulo significa «estudiante» o «aprendiz», apóstol significa alguien que es «enviado». En otras palabras, Jesús estaba enviando a los que Él ya había capacitado como discípulos y les daba instrucciones de lo que debían hacer al compartir el mensaje que les encomendó. En este punto de la narrativa, los discípulos habían aprendido de Jesús, visto Sus milagros y conocido el poder de Dios. Ahora ellos debían tener el rol de apóstoles al ser enviados a dar de gracia lo que de gracia habían recibido del Señor. Estas son las instrucciones de Jesús al enviarlos: «Sanad enfermos, limpiad leprosos, resucitad muertos, echad fuera demonios; de gracia recibisteis, dad de gracia» (Mt. 10:8). El propósito de Jesús para Sus discípulos era que pudieran compartir lo que ellos mismos habían visto, aprendido y recibido de Él. Compartir acerca del favor y bondad de Dios con otros es una responsabilidad de cada persona que ha experimentado Su gracia. Esto lo vemos, por ejemplo, en el apóstol Pablo, quien sentía en su corazón que él era deudor de la gracia que había recibido del Señor, y debía exponerla a las personas que no conocían el mensaje del evangelio de Jesús, sentía que era su deber compartir las virtudes de aquel que lo había alcanzado y llamado a Su luz admirable.

Compartir acerca del favor y la bondad de Dios con otros es una responsabilidad de cada persona que ha experimentado Su gracia.

En este sentido, todos los que hemos experimentado la gracia de Dios, Su amor y Su perdón, somos deudores. En una palabra: «todos». Lo cierto es que no tenemos con qué pagar lo que Dios ha hecho con nosotros al enviar a Su Hijo a morir y luego a Su Espíritu Santo a estar con nosotros. Sus bendiciones espirituales son innumerables y en esta vida no podríamos de ninguna manera regresar tan solo un poco de lo que Dios nos ha dado. ¿Recuerdas qué hacía alguien que no podía pagar la gracia recibida de su benefactor? ¡Correcto!, el que recibía gracia debía anunciar y compartir a otros la bondad y la misericordia mostrada por el benefactor en su vida. Esto es exactamente lo que tú y yo debemos hacer con la gracia que Dios nos ha mostrado: anunciar «... las virtudes de aquel que os llamó de las tinieblas a su luz admirable» (1 P. 2:9). Las instrucciones que Jesús dio a Sus discípulos de compartir, proclamar y mostrar el amor, el perdón y la restauración que hay en Dios por medio de Cristo Jesús, comparten este mismo principio. ¿Qué tan bueno ha sido Dios en tu vida? Haz una lista breve de muchas bendiciones con que Dios te ha bendecido, enumera algunas de las más significativas para ti. Estas pueden ser de todo tipo: espirituales, emocionales, relacionales, vivenciales, materiales, en otras.

Al pensar en qué tan bendecido somos en Cristo, siempre nos quedaremos cortos. El Evangelio de Juan nos indica que de Su plenitud todos fuimos bendecidos con gracia sobre gracia (Jn. 1:16). La carta a los Efesios nos declara que fuimos grandemente bendecidos en los lugares celestiales. Cristo nos amó, nos perdonó, nos sanó, nos restauró, nos adoptó, nos justificó, nos reconcilió con Dios y, además, nos imparte gozo, paz y está con nosotros. Y así, no podríamos pensar siquiera en completar esta lista de Sus innumerables bendiciones

¿Te das cuenta de que tenemos un gran mensaje de gracia que compartir? Piensa en cómo puedes comunicar y anunciar las virtudes de Dios. Toma tiempo y anota algunas ideas que puedas poner en práctica, ya sea de forma personal o en conjunto con otros, para compartir del amor de Dios.

Comparte el gozo

Compartir el gozo de lo que Dios ha hecho es esencial para que otros puedan ver la obra del Señor en ti.

Siempre que compartimos la gracia de Dios hay un gozo inherente que viene de lo que Él produce por Su obra en nosotros. Este gozo también debemos compartirlo. Dios es un Dios que celebra y se alegra, y esta es Su voluntad para nosotros. En algunas ocasiones, he tenido la bendición de conocer personas que no necesitan decir que son hijos de Dios, porque se les nota en su rostro, ellos irradian el gozo que el Señor produce en su corazón, son alegres, optimistas y hasta proyectan esa energía. ¿No deberíamos ser todos así? Siempre que compartamos lo que Dios ha hecho en nosotros debemos mostrar ese gozo de Dios que debe existir en nuestro interior. En el Evangelio de Lucas Jesús enseñó una trilogía de parábolas sobre el gozo que hay cuando se encuentra algo que estaba perdido. Ser encontrado por el Señor es una obra que produce gozo, tanto en los cielos como en la tierra. Lee estas parábolas de Jesús en Lucas 15:1-32 y contesta las siguientes preguntas:

1. ¿Cómo y con quién celebró el pastor cuando encontró a su oveja que había escapado del redil?

2. ¿Cómo y con quién celebró la mujer que encontró la moneda que había perdido?

3. ¿Cómo y con quién celebró el Padre el regreso de su hijo que se había ido?

En estos relatos, cada personaje celebra y se goza por haber encontrado lo perdido y les pide a otros que se alegren juntamente también. Compartir el gozo de lo que Dios ha hecho es esencial para que otros puedan ver la obra del Señor en ti.

¿Tienes gozo en tu interior? ¿Te gustaría compartir tu experiencia?
Compártelo con alguien.

Lecturas bíblicas adicionales:
Lucas 7:1-10; Efesios 1:1-14; Filipenses 4:4-13.

Notas

RESUMEN

- Las instrucciones de Jesús a Sus discípulos al enviarlos como apóstoles era que compartieran la gracia que ellos habían experimentado de Dios.
- Todos somos deudores de la gracia y el amor del Señor, y aunque no tenemos cómo pagar, anunciar las virtudes de Dios es nuestra responsabilidad.
- Compartir con otros el gozo de lo que Dios ha hecho hará notoria la obra de Él en nuestra vida.

¿Cuál fue la enseñanza más significativa que aprendiste hoy?

¿Qué quiere Dios que hagas en respuesta al estudio de hoy?

Día 4

COMPARTE LAS LUCHAS Y LAS CARGAS

LECTURA BÍBLICA: ÉXODO 17:11-13

«Y sucedía que cuando alzaba Moisés su mano, Israel prevalecía; mas cuando él bajaba su mano, prevalecía Amalec. Y las manos de Moisés se cansaban; por lo que tomaron una piedra, y la pusieron debajo de él, y se sentó sobre ella; y Aarón y Hur sostenían sus manos, el uno de un lado y el otro de otro; así hubo en sus manos firmeza hasta que se puso el sol. Y Josué deshizo a Amalec y a su pueblo a filo de espada».

Compartir nuestras luchas y cargas con otros nos hace crecer en Dios y, de esta manera, podemos ganar nuestras batallas. No hemos sido creados por Dios para para vivir solos, sin ningún tipo de apoyo. Más bien, Dios nos diseñó para que podamos edificarnos unos a otros. Lo cierto es que todos enfrentamos luchas y pruebas, y contar con alguien que esté a nuestro lado será de ánimo e inspiración para salir adelante ante cualquier desafío que se nos presente. Además, esto impulsará nuestro crecimiento en Dios.

Compartamos nuestras batallas

El libro de Éxodo nos cuenta cómo el pueblo de Israel salió de la cautividad en Egipto hacia una tierra que Dios le había prometido. Una vez que estuvo en el desierto rumbo a la tierra prometida, el pueblo de Israel no sabía cómo pelear batallas, porque nunca lo había hecho antes, fue entonces cuando la gente de Amalec los sorprendió al atacarlos para despojarlos de sus bienes. Moisés, su líder, no tuvo otra opción que enfrentarlos con los recursos que tenían, y le indicó a Josué, su joven ayudante, que saliera al campo de batalla con sus mejores hombres para detener el ataque de Amalec. Sin embargo, Moisés sabía que no era en su propio poder que ganarían esta batalla, sino en el poder de Dios. Así que él, su hermano Aarón y Hur subieron a la cima de un collado para interceder a Dios por el pueblo mientras se libraba esta feroz batalla en el desierto. Lee esta historia en Éxodo 17:11-13 y contesta las siguientes preguntas:

1. ¿Qué sucedía cuando Moisés, en la cumbre del collado, alzaba sus manos?

2. ¿Qué sucedía cuando Moisés se cansaba de tener sus manos levantadas y las bajaba?

3. ¿Cómo es que Israel ganó aquella batalla?

Esta historia nos enseña que el Señor es quien nos da la victoria ante las luchas que libramos en la vida; si lo buscamos en oración e intercesión, Él pelea por nosotros. Sin embargo, otra lección que aprendemos de este relato es que las batallas además se ganan en conjunto con otros guerreros fieles a Dios. Compartir nuestras luchas con otros es de gran aliento al enfrentar la adversidad en nuestra vida. En el relato bíblico, Israel ganó la batalla al luchar en dos escenarios diferentes. Por un lado, Josué dirigía el ejército en combate en el campo de batalla, mientras que Moisés subió a la cima del collado a interceder a Dios por su pueblo. Así como en esta historia, compartir con otros cómo experimentamos a Dios a través de la oración en medio de las diversas luchas que enfrentamos, fortalece nuestro espíritu y nos impulsa a seguir adelante. No hay un bálsamo que sane un alma dolida como la oración. Especialmente, cuando sabemos que las batallas se ganan de rodillas, en intercesión los unos por los otros.

Compartir con otros cómo experimentamos a Dios a través de la oración en medio de las diversas luchas que enfrentamos, fortalece nuestro espíritu y nos impulsa a seguir adelante. No hay un bálsamo que sane un alma dolida como la oración.

En esta historia observamos que, mientras Moisés levantaba sus manos, el pueblo de Israel ganaba la batalla, pero él no podía tener sus manos levantadas todo el tiempo; sin embargo, a su lado estaban Aarón y Hur, quienes sostuvieron sus manos hasta que Israel ganó la batalla. De la misma manera, al pelear nuestras luchas, necesitaremos tener varios «Aarones» y «Hurs» a nuestro lado, personas con quienes compartir nuestras cargas y que puedan sostenernos en oración.

¿Has tenido a alguien en tu vida que te ha ayudado a sobrellevar tus cargas o a pelear tus batallas? ¿Quién es esa persona o personas?

¿Puedes pensar en alguien para quien tú hayas sido un Aarón o un Hur, y lo hayas sostenido en oración mientras luchabas en sus batallas?

Compartamos nuestras cargas

Al compartir nuestras cargas con otros, la oración de intercesión tiene un papel realmente importante, ya que ponemos en las manos de Dios las necesidades de los demás. Orar los unos por los otros no solo es la voluntad de Dios, sino también una muestra de amor y unidad entre Su pueblo. En ocasiones, el apóstol Pablo indicaba a las iglesias que él mismo intercedía en oración por los creyentes (1 Ts. 1:2) y pedía también de sus oraciones para él y su ministerio (2 Ts. 3:1). Compartir nuestras cargas en oración nos da aliento para seguir adelante y saber y confiar en que Dios escucha nuestras oraciones. En más de una oportunidad he escuchado a alguien decir: «No puedo hacer mucho por ti, pero al menos voy a orar». Lo cierto es que orar por alguien en necesidad es lo más grandioso que podemos hacer para ayudar a esa persona a sobrellevar su carga, y no debe de verse como algo de poco valor o secundario. Dios puede manifestarse mucho más grandemente a alguien como respuesta a una oración, que lo que podríamos hacer en nuestra propia fuerza. De hecho, no hay expresión más grande de amor que una oración sincera y genuina por alguien en necesidad. De forma opuesta, la falta de oración por los demás es un indicador de nuestra falta de amor por ellos. Así mismo, debemos tener cuidado de no minimizar la oración en otro aspecto, como al decir que intercedemos por alguien cuando en realidad no lo estamos haciendo. Esto se ve a menudo en las redes sociales, cuando, seguido de una publicación de alguno que expone una carga o necesidad, otros contestan «orando» con cierta ligereza, como si en verdad lo estuvieran haciendo. En las cartas del apóstol Pablo vemos que él oraba a Dios con un fervor sincero por las iglesias y dejaba en las manos de Dios todas sus necesidades. Lee los siguientes textos escritos por Pablo en sus cartas y escribe por qué oraba a Dios por estas iglesias.

Orar por alguien es lo más grandioso que podemos hacer para ayudar a esa persona a sobrellevar su carga, y no debe de verse como algo de poco valor o secundario.

- La iglesia en Éfeso (Ef. 1:16-23)

- La iglesia en Filipo (Fil. 1:3-11)

- La iglesia en Colosas (Col. 1:9-14)

Levantar al caído

Ayudar a llevar las cargas de otros también tiene que ver cuando alguien es encontrado en una falta o incluso que haya pecado contra nosotros, y debemos ayudar a restaurar a esta persona a través del perdón y la reconciliación con un espíritu humilde y en oración. Esto es a lo que el apóstol Pablo se refirió en su carta a los Gálatas, al afirmar: «Sobrellevad los unos las cargas de los otros, y cumplid así la ley de Cristo» (Gá. 6:2). En algunas ocasiones, podemos ayudar a los demás con sus cargas con solo escuchar lo que tienen que decir, hacerles saber que son importantes y orar por su necesidad. Otras veces, nuestra sola presencia es suficiente para aligerar el dolor de alguien que sufre. El mundo está lleno de gente que tiene la necesidad de ser escuchada, acompañada y guiada en sus pensamientos a la Palabra de Dios, para ser encontrada por Él en la situación en que viven. Ayudar a llevar las cargas de los otros es una bendición para nosotros mismos, pues nos permite crecer en el Señor.

¿Necesitas ayuda para sobrellevar una carga o pelear una batalla?

Sí ❑ No ❑ ¿Quieres compartir tu necesidad?

Lecturas bíblicas adicionales:

Nehemías 1:4-11; Daniel 9:3-19; Mateo 18:15 20; Santiago 5:13-20.

Notas

RESUMEN

- Compartir nuestras luchas y cargas con otros nos permite crecer en Dios.
- Las batallas no solo se pelean en el campo de guerra, sino también con oración e intercesión.
- Siempre necesitaremos un Aarón y un Hur a nuestro lado que levanten nuestros brazos cuando estemos cansados.
- Sobrellevar las cargas los unos a los otros puede ser por medio de la oración, la restauración y el perdón, y con nuestra presencia al escucharlos.

¿Cuál fue la enseñanza más significativa que aprendiste hoy?

¿Qué quiere Dios que hagas en respuesta al estudio de hoy?

Día 5

COMPARTE TU VIDA

LECTURA BÍBLICA: HECHOS 18:9-11

«Entonces el Señor dijo a Pablo en visión de noche: No temas, sino habla, y no calles; porque yo estoy contigo, y ninguno pondrá sobre ti la mano para hacerte mal, porque yo tengo mucho pueblo en esta ciudad. Y se detuvo allí un año y seis meses, enseñándoles la palabra de Dios».

Una de las cosas más preciadas que podemos darle a alguien es nuestro tiempo. De hecho, identificar en qué invertimos el tiempo nos puede decir mucho acerca de cuáles son nuestras prioridades de vida. Por lo general, compartimos más tiempo con las personas que más amamos o con quienes vivimos y trabajamos. Cuando compartes tu tiempo, compartes tu vida; y por lo tanto, para nosotros que hemos creído en Jesús como Señor y Salvador, pasar tiempo con los demás es una manera de compartir el mensaje de Dios a través de lo que Él ha hecho en nosotros. El mensaje del evangelio y nuestro propio testimonio son dados a conocer por la manera en que vivimos y dedicamos tiempo a ayudar a otros a crecer en Dios. Cuando somos instrumentos para que otros crezcan espiritualmente, también crecemos juntamente con ellos, y esto se logra a medida que dedicamos un espacio para enseñarles la Palabra de Dios y, así mismo, al hacerlos parte de nuestra vida y de la forma en que modelamos cómo se vive en Cristo Jesús.

Proclamar el mensaje a través de nuestra vida

Algunas veces podemos enfocarnos en compartir la enseñanza bíblica solo por nuestras palabras, pero no a través de nuestra vida cotidiana. En una ocasión, recuerdo que en nuestra iglesia, Roberto, el líder de jóvenes, notó la necesidad de que creyentes con cierta madurez espiritual pasaran tiempo con los jóvenes de la congregación, no solo para enseñarles una lección bíblica, sino también para que aprendieran, por medio de su ejemplo, cómo vivirla, lo que me pareció una excelente idea. Así, en algunas ocasiones la reunión de los muchachos sería llevada a cabo en la casa o en el área de trabajo de algunos de estos creyentes, para que les enseñaran a los jóvenes lo que ellos hacían día a día, no solo en la iglesia, sino también fuera de ella y en su trato con la familia o con sus compañeros de trabajo. Compartir con otros este tipo de experiencias vivenciales es esencial para su crecimiento, y también para el crecimiento de nosotros mismos. El apóstol Pablo, en sus viajes de visita a las iglesias que él había establecido en diferentes ciudades, permanecía con los creyentes por períodos largos de tiempo para que las iglesias fueran edificadas y fortalecidas, y así los creyentes llegaban a conocer al apóstol Pablo no solo como portador del evangelio de Jesucristo, sino también como un discípulo de Él. A menudo observamos que Pablo pasaba tiempo personal uno-a-uno con otros creyentes para edificarlos en su fe. Lee Hechos 18:1-11 y contesta las siguientes preguntas:

1. ¿Con quiénes se quedó Pablo en Corinto y quienes eran estas personas?

2. ¿A qué se dedicaba Pablo en su tiempo en Corinto y cómo compartía el evangelio?

3. ¿Cuánto tiempo se quedó Pablo en Corinto y qué hizo durante este tiempo?

Notemos en este relato cómo Pablo se quedó por un año y seis meses en Corinto mientras enseñaba la Palabra de Dios. Durante este tiempo, él vivió con Aquila y su mujer Priscila, quienes juntos elaboraban tiendas, oficio en el que Pablo trabajaba para subsistir. Pablo no solo comunicaba el evangelio y enseñaba la Palabra, él compartía su vida con la comunidad de creyentes en Corinto. Todos conocían a qué se dedicaba Pablo y cómo él equipaba a la iglesia de esta ciudad. De la misma forma, el mensaje de Dios debe comunicarse por medio de nuestra vida.

Sé generoso con los demás; comparte de ti mismo

Al servir a los demás debemos hacerlo con generosidad, esto incluye diversas áreas de nuestra vida, como lo son nuestro tiempo, esfuerzos, recursos, dinero, talentos, habilidades e influencia, para generar oportunidades de progreso a los demás. Compartir el mensaje de Dios a través de nuestra vida implica todas las áreas. Esto podemos hacerlo tanto con personas que conocemos como con nuestros amigos, familia o con desconocidos por igual. En ocasiones, servir a otros y darnos a los demás puede ponernos en una posición de vulnerabilidad o de renuncia a ciertos privilegios, en algunos casos de manera temporal y en otros permanentemente, pero todo vale la pena para que otros puedan experimentar el amor de Dios a través de nosotros. Muchas veces no necesitamos ningún talento o recurso en particular para ser generosos con los demás, solo la atención, el tiempo y un deseo genuino de servir son suficientes.

Compartir el mensaje de Dios a través de nuestra vida implica todas las áreas. Esto podemos hacerlo tanto con personas que conocemos como con nuestros amigos, familia o con desconocidos por igual.

No hace mucho tiempo, Javier, un hermano de nuestra iglesia que es supervisor en una tienda de conveniencia de la ciudad, durante sus horas de trabajo en la tienda, conoció a una familia que tenía preguntas sobre ciertos artículos en venta. Javier los atendió amablemente y, al conversar con ellos, se dio cuenta de que esta gran familia de casi diez personas había inmigrado de Ecuador hacía solo un par de días y no tenía cómo sostenerse. Ellos necesitaban conseguir trabajos y un lugar para hospedarse. Al escuchar su historia, Javier los invitó a quedarse en su casa mientras encontraban un trabajo y un lugar para vivir, eventualmente, también los invitó a la iglesia. Después de tres meses de hospedarlos en su casa, Javier y su esposa Olga habían ayudado a esta familia inmigrante a encontrar trabajos, un lugar para quedarse y a regularizar sus documentos de migración. Este fue el inicio para que esta hermosa familia conociera a Dios y Su Palabra, y todo por la generosidad de Javier y su familia al compartir su tiempo, esfuerzos y recursos con quienes no tenían nada, y que ni siquiera conocían. Muy pocas veces he visto la generosidad y el amor hacia los demás que se evidencia en esta historia que tuvo lugar en mi propia iglesia, y me recuerda que siempre que queramos servir a otros habrá un precio que pagar, pero, sin duda alguna, hacerlo vale la pena.

¿Qué tengo que dar? ¿Cuánto tiempo tengo que invertir? ¿Cuánto me va a costar? Son preguntas que quizás nos haremos al ser generosos con otros para ayudarlos a experimentar el amor de Dios.

¿Alguna vez has estado en una posición de necesidad emocional, espiritual o financiera y alguien te ha ayudado generosamente y ha invertido su tiempo y recursos? ¿Percibiste que Dios puso esas personas en tu camino para que te ayudaran en ese momento de tu vida? ¿Te gustaría compartir tu experiencia?

Compartir nuestra vida con otros es una forma de darles a conocer el amor de Dios y lo que Él enseña en Su Palabra. A veces nos enfocamos tanto en obedecer el primer gran mandamiento que descuidamos el segundo mandamiento más importante. La parábola del buen samaritano nos ilustra que invertir tiempo, esfuerzos y recursos en otros, es una manera de mostrar amor a nuestro prójimo. A veces leemos la parábola sin tener en mente lo que este buen samaritano tuvo que pagar para ayudar al hombre malherido que él no conocía. Lee la parábola del buen samaritano en Lucas 10:25-37 y presta atención a los detalles que el samaritano compartió con su prójimo, luego, contesta las siguientes preguntas:

A veces nos enfocamos tanto en obedecer el primer gran mandamiento que descuidamos el segundo mandamiento más importante. Para cumplir con este es necesario que seamos generosos con nuestro tiempo, recursos y esfuerzos.

1. ¿Qué acciones realizó el samaritano al mostrar misericordia con el hombre herido en el camino?

2. Hagamos un estimado de los recursos que el samaritano invirtió en este hombre. ¿Cuántas horas o días de su tiempo compartió con él al ayudarlo?

3. ¿Cuál sería una cantidad aproximada de dinero que él gastó, si tenemos en cuenta que usó sus propios recursos para ayudarlo?

4. ¿En qué sentido el samaritano se colocó en una posición de vulnerabilidad al ayudar a este hombre?

5. ¿Qué otras posibles implicaciones hubo para el samaritano a causa de su generosidad?

Todo lo que el samaritano invirtió en el hombre herido puede ser pasado por alto si no tomamos en cuenta los detalles de este relato. Ahora, detente aquí por un momento y piensa cómo puedes ser de bendición a otros al invertir tu tiempo y recursos en ellos.

¿En qué áreas puedes servir a otros dentro o fuera de la iglesia? ¿De qué maneras crees que puedes ser generoso con los demás cuando se trata de compartir a Dios en tu vida práctica? ¿Te gustaría compartir tu experiencia?

Una buena actitud

En muchas ocasiones, una buena actitud al compartir con otros hace una gran diferencia en los demás y en cómo ellos experimentan a Dios en sus vidas. El samaritano de la parábola ayudó al hombre en el camino porque tuvo misericordia de él. Quiero imaginar que todo ese tiempo él mostró un gesto amable con el hombre moribundo. Aunque el relato no nos da esos detalles, seguramente él lo cuidó como se hace con un amigo muy querido o un hermano, siempre con una sonrisa en el rostro al verlo, o con un gran cuidado al curar y vendar sus heridas. Una actitud cordial, amable y hasta humilde muestra el carácter de alguien que se entrega. Compartir una sonrisa o un gesto humilde o amistoso, incluso con desconocidos, puede tener un gran impacto no solo en su día, ¡sino también en su vida!

Palabras de ánimo

Si imaginamos más allá de lo que el evangelista nos dice en la parábola del buen samaritano, seguramente este samaritano le dijo en repetidas ocasiones al hombre mal herido: «Ánimo, vas a estar bien» al ungir sus heridas con aceite, «ya falta poco», cuando iban en el camino o «voy a regresar por ti», al despedirse de él. Así nosotros, mientras compartimos el mensaje de Dios con nuestro testimonio, debemos animar a otros con nuestras palabras. Puedes expresarle a alguien cómo Dios te ha bendecido por medio de su servicio o cuánto aprecias lo que hace. En algunas ocasiones, cuando experimento algún tipo de desánimo, con frecuencia, Dios me infunde aliento mediante las palabras de otras personas que me declaran lo bendecidos que son a través de mi vida. Muchas veces, la mejor motivación para seguir adelante llega por medio de palabras como estas. A veces pasamos por alto qué tan significativo puede ser para alguien escuchar de otros palabras de ánimo y aprecio. Así que, sé generoso con los demás; comparte algo de ti mismo; tu actitud, tus palabras, tus recursos, o tu tiempo, ¿por qué no lo haces hoy mismo?

Lecturas bíblicas adicionales:
Mateo 5:38-48; Hechos 20:17-38; 1 Pedro 3:8-12.

Notas

RESUMEN

- El mensaje de Dios debe ser compartido a través de nuestras palabras y también reafirmado en nuestra forma de vida, al compartir con otros nuestro tiempo.

- Compartir nuestro tiempo, recursos y esfuerzos ayudará a otros a crecer en Dios al observar cómo vivimos la vida cristiana de forma práctica.

- Tener una buena actitud al servir a otros tiene un gran impacto en ellos.

- Nuestras palabras pueden ser de edificación y aliento para los demás.

¿Cuál fue la enseñanza más significativa que aprendiste hoy?

¿Qué quiere Dios que hagas en respuesta al estudio de hoy?

SEMANA 8

Renuevo y revitalización de la iglesia

Exploremos juntos nuestra iglesia

S8

Semana 8

RENUEVO Y REVITALIZACIÓN DE LA IGLESIA

EXPLOREMOS JUNTOS NUESTRA IGLESIA

DÍA DE REUNIÓN

En las siete semanas pasadas estudiamos siete principios que nos ayudan a crecer en Dios de manera personal. Esta semana comenzaremos a trabajar juntos como congregación para un renuevo de la iglesia. Durante las siguientes cinco semanas exploraremos herramientas de renuevo que nos ayudarán a evaluar algunos aspectos clave de nuestra familia en la fe y darán las pautas para trazar objetivos estratégicos para nuestra iglesia.

Lo cierto es que la gran mayoría de iglesias necesita un renuevo espiritual y una revitalización. Un estudio hecho por la Junta Norteamericana de Misiones revela que cerca del 90 % de las iglesias necesitan ser revitalizadas en un área o en otra, y esta realidad evidencia la necesidad de crecimiento en la vida espiritual de cada uno de nosotros que formamos esas iglesias.[5]

¿Tu iglesia necesita revitalizarse?

Para evaluar las distintas áreas de la iglesia existen diferentes recursos que nos dan un panorama de la situación de nuestra congregación. Sin embargo, esta evaluación aun siendo sencilla nos informa mucho en cuanto al estado de salud de nuestra congregación. Trata de contestar honestamente cada una de las siguientes afirmaciones:

[5] Los conceptos de revitalización en este capítulo son tomados de Associational Replanting Guide, North American Mission Board, así como la evaluación elaborada por Mark Clifton, la cual ha sido adaptada y contextualizada para este estudio.

1. La comunidad local no conoce tu iglesia debido a que no se realiza ningún tipo de esfuerzo por llegar a ella a través de programas intencionales.

Sí ❑ No ❑

2. Tu iglesia ha experimentado una disminución en la asistencia durante más de tres años.

Sí ❑ No ❑

3. La forma en que tu iglesia toma decisiones, de acuerdo con las políticas y los procedimientos, se valora más que los resultados finales de la decisión.

Sí ❑ No ❑

4. Tu iglesia tiene una alta prioridad por atender las necesidades de la congregación, más que por enfocarse en las necesidades de aquellos que puedan venir de afuera.

Sí ❑ No ❑

5. Hay pocos líderes en tu iglesia debido a que no se trabaja por encontrar y desarrollar líderes, especialmente de generaciones más jóvenes.

Sí ❑ No ❑

6. Sientes que tu iglesia se ha separado de su comunidad. Temes que nadie la «extrañaría» si cerrara sus puertas.

Sí ❑ No ❑

7. Existe una división significativa en tu iglesia entre algunos de sus miembros.

Sí ❑ No ❑

8. El pastor recibe un pago inadecuado y varía conforme a los recursos que tenga la iglesia.

Sí ❑ No ❑

9. Hay pocos jóvenes y familias jóvenes comprometidos en la vida de tu iglesia, ya que es difícil retenerlos.

Sí ❑ No ❑

10. Si las tendencias actuales continúan tanto en asistencia como en donaciones y ofrendas, temes que tu iglesia tenga que cerrar en los próximos cinco años.

Sí ❑ No ❑

Si respondiste afirmativamente a cinco o más de estas declaraciones, lo más probable es que tu iglesia se encuentre en serios problemas y necesite renuevo y revitalización. Antes de continuar, veamos qué es la revitalización de la iglesia.

La revitalización de la iglesia

La revitalización es la obra sobrenatural de Dios que restaura la salud y la vitalidad a una iglesia estancada o en declive. La revitalización es evidenciada por las siguientes características:

1. La sumisión a la Palabra de Dios. Las iglesias que buscan la santidad y vivir en obediencia a la Escritura, con oración y humildad, son aquellas que se renuevan.
2. Las relaciones correctas entre los miembros. Una iglesia que está dividida, con heridas profundas entre sus miembros, no puede crecer. Solo las congregaciones que viven en unidad y buscan la reconciliación son las que pueden renovarse.
3. Un compromiso renovado con el ministerio de la Gran Comisión. Este compromiso cubre tres aspectos vitales de la iglesia: discipulado, evangelismo y misiones. Sin importar el tamaño de la iglesia, toda congregación debe participar activamente en programas misioneros y de alcance, esto es fundamental para el crecimiento de la iglesia.

La Junta Norteamericana de Misiones (NAMB, por sus siglas en inglés) define «la revitalización de la iglesia como un esfuerzo deliberado, dedicado y prolongado para revertir el declive o muerte de una iglesia existente». En esta definición, es importante notar que la revitalización es un esfuerzo intencional que puede tomar cierto tiempo, así como todo tipo de crecimiento lleva tiempo. Renovar y revitalizar la iglesia no es un evento de un fin de semana, no es un congreso de unos días o cualquier otro tipo de actividad a corto plazo. Más bien, la revitalización de la iglesia puede tomar tiempo para empezar a ver cambios positivos, y se debe pensar en ella como un proceso de mejora continua. Además, requiere la inclusión de todos los líderes y los miembros de la iglesia. El pastor o solo unos cuantos líderes no podrán, por sí mismos, lograr cambios significativos si toda la iglesia no está enfocada en el mismo esfuerzo.

La revitalización de la iglesia es una obra sobrenatural de Dios.

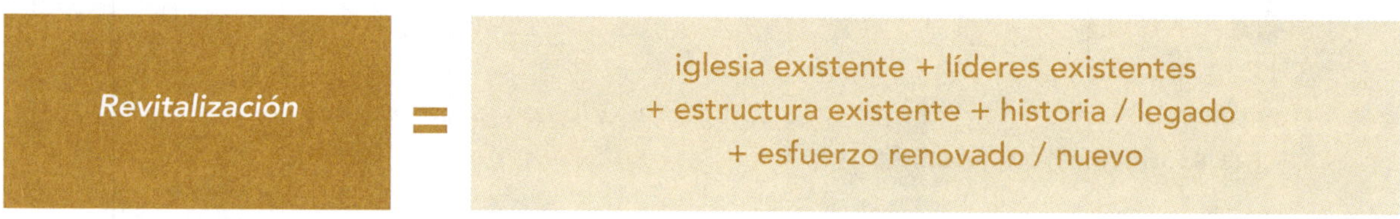

La revitalización, entonces, consiste en un esfuerzo nuevo; sin embargo, la estructura, los líderes y el legado de la iglesia son los mismos; lo único nuevo es una pasión renovada por Dios y por Su obra junto con un plan estratégico para revertir el declive e impulsar el crecimiento. En este esfuerzo no se pretende cambiar toda la estructura y el liderazgo de la iglesia, pero sí hacer los ajustes necesarios que nos lleven al plan de Dios para nuestra congregación.

Por otro lado, el renuevo de la iglesia enfatiza la pasión y la búsqueda de Dios y de Su Palabra, que impulsa el esfuerzo de revitalización. Así mismo, el renuevo de la iglesia hace evidente la vida espiritual de cada uno de sus miembros. Por ejemplo, si yo quiero que mi iglesia crezca en su vida de oración, entonces yo tengo que orar en lo personal, o si busco la reconciliación y el perdón a nivel personal, entonces la unidad de la iglesia se fortalecerá. El renuevo, entonces, es el componente espiritual que es fundamental para la revitalización de la iglesia.

El renuevo de la iglesia enfatiza la pasión y la búsqueda de Dios y de Su Palabra, que impulsa el esfuerzo de revitalización.

En este proceso es recomendable que se tenga un equipo de trabajo de revitalización y renuevo de la iglesia formado por líderes de la congregación. Ellos se encargarán de monitorear el proceso de crecimiento y ver que los objetivos trazados se encaminen para ser alcanzados en tiempo y forma, así como explorar los ajustes que se tienen que hacer para alcanzar estos objetivos y animar a la congregación en este proceso. Tomen tiempo para identificar el equipo de trabajo de revitalización y renuevo de su iglesia. Se recomienda que los miembros de este equipo sean líderes comprometidos que conozcan la congregación y su misión.

Equipo de trabajo de revitalización y renuevo de la iglesia:

- ____________________
- ____________________
- ____________________
- ____________________
- ____________________
- ____________________

Crecimiento, estancamiento y declive

Para comprender mejor el proceso de revitalización y renuevo de la iglesia es importante destacar que las congregaciones tienen un ciclo de vida, así como las personas lo tenemos. Cuando una nueva obra se planta y una iglesia se empieza a formar, esta viene con un crecimiento inmediato. Por algún tiempo, dicho crecimiento es sostenido a medida que se incorporan nuevos creyentes a la iglesia, nuevas personas reciben a Cristo como su Señor y Salvador, se celebran bautismos y se hace trabajo evangelístico, de alcance y de servicio en la comunidad. Sin embargo, llega un momento en que el crecimiento está en su punto más alto y ahí las iglesias comienzan la etapa de estancamiento, y este se caracteriza por la falta de crecimiento tanto espiritual como en asistencia; sin embargo, a veces es difícil notar cuándo la iglesia ya no está creciendo y se encuentra estancada. En otras ocasiones, podemos creer que siempre y cuando mantengamos los mismos números de asistencia, no estamos tan mal. Aunque el crecimiento de la iglesia no solo debe ser expresado en números, estos son un buen indicador de la situación de la congregación. Recientemente hablé con un pastor que se notaba muy orgulloso al afirmar que a su iglesia asistían las mismas personas que hace un par de años, y veía esto como algo bueno porque no habían perdido miembros. No obstante, el estancamiento no debe tomarse como algo positivo. Recordemos que el estancamiento constituye el primer paso hacia el declive de la iglesia, y es en esa etapa donde es más fácil renovarnos como congregación para revertir dicho proceso.

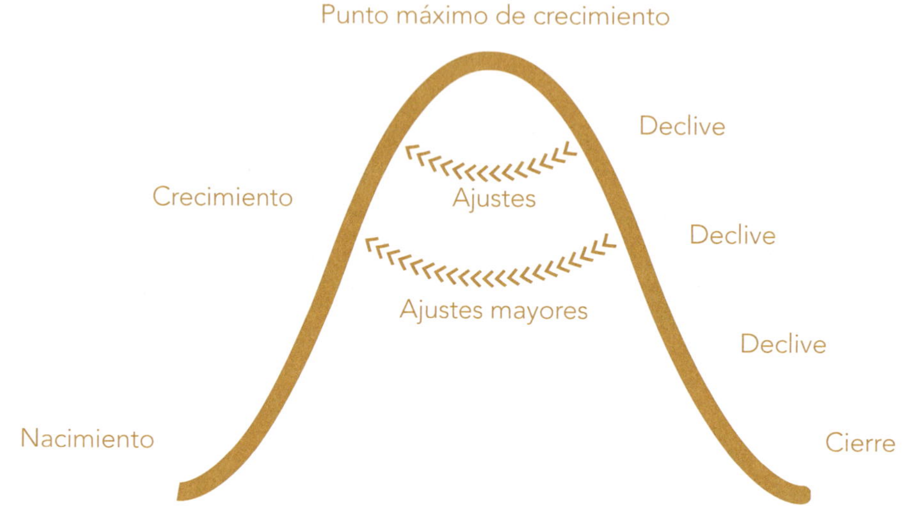

De hecho, mientras más pronto nos damos cuenta de que nuestra iglesia ha comenzado a decaer, los ajustes que deban hacerse para revertir el declive serán menores y, por tanto, será más fácil corregir lo perdido. En cambio, si el declive ya es muy pronunciado y por mucho tiempo la iglesia ha ido cuesta abajo y no se ha tomado ninguna acción, será más difícil repararlo y tomará más tiempo recuperar la salud de la congregación.

Este proceso se aplica a todas las áreas de la vida. Por ejemplo, supongamos que tu peso ideal es de 80 kg (176 lb). No obstante, sin prestar mucha atención, dejas de hacer ejercicio y de alimentarte sanamente y, cuando menos lo esperas, has subido tres kilogramos más. Si en este punto haces los ajustes necesarios para volver a tu peso ideal, no requerirás un mayor esfuerzo. En cambio, si no le prestas la atención requerida y subes mucho más de peso hasta llegar a los 100 kg (220 lb), entonces el esfuerzo que deberás hacer será mucho mayor para regresar a un peso equilibrado. Lo triste de muchas congregaciones es que no se dan cuenta de que están en declive o, si lo hacen, no toman ninguna acción seria para detenerlo. Si el declive no se detiene, entonces la iglesia local puede cerrar. La revitalización comienza cuando nos damos cuenta de la condición actual de nuestra congregación, que está en declive, quizás cercana a cerrar, y queremos cambiar la situación y vivir.

Ahora, es importante diferenciar entre dos conceptos de iglesia. La iglesia universal, es aquella que generalmente se escribe con «I» mayúscula, y este concepto alude a los santos creyentes alrededor del mundo y de todos los tiempos que forman la Iglesia del Señor. Esta iglesia no va a perecer jamás

(Mt. 16:18) y el Señor Jesús viene por segunda vez por ella. Por otro lado, la iglesia local, que generalmente se escribe con «i» minúscula, es parte de la iglesia universal y está formada por creyentes que viven dentro de una misma comunidad. Esta iglesia es la que puede cerrar si no revertimos el proceso de declive. Por ejemplo, todos sabemos sobre las cartas a las iglesias que el apóstol Pablo escribió y que son parte del Nuevo Testamento. Muchas de estas congregaciones locales las estableció el mismo apóstol en sus viajes misioneros; sin embargo, hoy en día, ninguna de ellas existe.

¿Dónde estamos? Y, ¿hacia dónde vamos?

En el renuevo y revitalización de la iglesia el proceso de planear estratégicamente tiene un papel muy importante. Recordemos que todo esfuerzo de renuevo, tanto personal como de iglesia, nunca es accidental, siempre es intencional y esto involucra nuestros recursos, esfuerzos y tiempo. En la enseñanza de Jesús sobre el hombre que construye una torre, es notable que este primero se «sienta» y calcula los gastos para ver si tiene lo que necesita para acabarla (Lc. 14:28). A menudo esto es lo que nos falta en nuestro proceso de planeación para un renuevo tanto personal como de iglesia, simplemente sentarnos y tomar el tiempo para calcular lo que necesitamos para llevar a cabo nuestra misión de vida.

Porque ¿quién de vosotros, queriendo edificar una torre, no se sienta primero y calcula los gastos, a ver si tiene lo que necesita para acabarla?
LUCAS 14:28

Para comenzar nuestra jornada de revitalización y renuevo de iglesia, es importante hacernos la pregunta: «¿Dónde estamos?». De aquí parte todo. No podemos mejorar algo que no podemos medir; no podemos avanzar si no sabemos el punto de partida; no podemos crecer, si no sabemos dónde estamos. Por otro lado, conocer hacia dónde vamos es también muy importante. La misión de nuestra iglesia local nos ayudará a definir cuáles son los objetivos que debemos alcanzar y nuestras prioridades, y será una guía para saber dónde estamos y hacia dónde nos movemos. La misión de la iglesia es una descripción articulada de nuestra razón de ser, el porqué existimos. Esta misión es única y dada por Dios para cada iglesia local, y debe responder a la pregunta: «¿A qué nos ha llamado Dios? O, ¿Cuál es nuestro propósito de ser?». De ahí parte todo. ¿Cuál es la misión de tu iglesia local? Si tu congregación aún no cuenta con una misión definida, el primer paso será desarrollar una. Esta debe de ser clara, corta y fácil de comunicar de tal manera que toda la congregación la conozca. Algunas misiones articuladas de iglesias, por ejemplo, son: «glorificar a Dios por medio de la predicación expositiva de Su Palabra para la edificación de los creyentes y la evangelización del mundo perdido» o «alcanzar, bautizar, enseñar y discipular cada persona posible, por cada medio posible, hasta el retorno de nuestro Señor Jesucristo». Algunas misiones de iglesias incluyen un enfoque específico de un área geográfica o demográfica en particular dependiendo a su llamado único dado por Dios.

La misión de mi iglesia:

____

____

____

____

____

____

____

De aquí en adelante, por las siguientes cinco semanas, los líderes junto con los miembros de la iglesia se reunirán para explorar la situación actual en algunas áreas de la congregación, y después formularán un plan de acción con objetivos estratégicos.

Herramienta de renuevo de iglesia

Análisis FOAR: Exploración de fortalezas, oportunidades, aspiraciones y resultados

Iglesia: ______________________________

Fecha: ______________________________

Número de participantes: ____________________

Instrucciones: Junto con los miembros y los líderes de la iglesia, incluyendo al pastor, tendrán una reunión de alrededor de 120 minutos. En este tiempo se explorarán las fortalezas, las oportunidades, las aspiraciones y los resultados de distintas áreas de la iglesia. Para esto se requerirá un moderador que guíe la discusión y una persona que lleve el registro de lo expuesto por los participantes en cada una de estas áreas. Es recomendable que, mientras se discute el tema, todos los participantes puedan visualizar las aportaciones que se escriben como fortalezas, oportunidades, aspiraciones y resultados de la iglesia. Den un tiempo de veinte minutos para el análisis de cada una de estas áreas. Comiencen la reunión con un tiempo de oración y pidan la dirección al Señor.

Algunas preguntas que pueden ayudar a facilitar la discusión son:

FORTALEZAS

¿Qué es lo que nuestra iglesia está haciendo bien?

¿Cuáles son los recursos importantes que tiene nuestra iglesia?

¿En qué áreas estamos creciendo y somos fuertes?

OPORTUNIDADES

¿En qué áreas la iglesia puede tener un mayor impacto?

¿Qué oportunidades vemos dentro y fuera de la iglesia donde sus ministerios pueden hacer una diferencia? Imagina, de forma creativa, las oportunidades que no se ven a simple vista.

¿Qué alianzas o acuerdos podemos desarrollar para ayudar a cumplir nuestra misión?

ASPIRACIONES

¿Hacia dónde Dios nos está llamando como iglesia?

¿Qué áreas de la iglesia deseamos que cambien? ¿En qué sentido?

¿Cuáles son los principios esenciales de esta iglesia que aún no estamos viviendo? ¿Qué nos gustaría alcanzar? ¿Cómo imaginamos el futuro cercano de nuestra iglesia en algunas áreas en particular?

RESULTADOS

Aquí podemos usar números y fechas en el futuro que nos ayuden a imaginar los resultados deseados.

¿Qué resultados medibles podemos trazar? ¿En cuáles áreas?

¿Cómo sabemos que estamos alcanzando nuestros objetivos?

¿Qué resultados deseamos ver en los distintos ministerios?

Análisis FOAR: Exploración de fortalezas, oportunidades, aspiraciones y resultados

FORTALEZAS	OPORTUNIDADES
•	•
•	•
•	•
•	•
•	•
•	•
•	•
•	•
•	•
•	•
ASPIRACIONES	**RESULTADOS**
•	•
•	•
•	•
•	•
•	•
•	•
•	•
•	•
•	•
•	•

Exploración

¿Cuáles son los tres puntos más significativos de este aprendizaje?

1.

2.

3.

El servicio del domingo

¿Qué tan eficiente es nuestro servicio de domingo?

Semana 9

EL SERVICIO DEL DOMINGO

¿QUÉ TAN EFICIENTE ES NUESTRO SERVICIO DE DOMINGO?

DÍA DE REUNIÓN

El servicio del domingo es la actividad semanal más importante de la iglesia. Una estadística general nos indica que alrededor del 60 al 70 % de las personas que asisten a la iglesia solo lo hacen los domingos por la mañana.[6] De ahí que sea realmente importante que el servicio de adoración esté muy bien planeado y sea llevado a cabo de la mejor forma posible. Planear y conducir un servicio de domingo es todo un arte y aprendemos a hacerlo mejor cada vez. Sin embargo, muchas congregaciones parecen no prestar importancia a cómo planear y conducir sus servicios del día domingo. Recordemos que el culto de adoración y alabanza es por completo dirigido a Dios, y justo por esta razón es que debe hacerse con excelencia.

Los visitantes

La gran mayoría de las personas que vienen a nuestra iglesia por primera vez lo hace los domingos por la mañana. Cuando uno de estos visitantes regresa, es porque el servicio de adoración cubrió una necesidad que la persona tenía o porque encontró algo que estaba buscando. Se dice que un visitante toma la decisión de regresar o no a la iglesia dentro de los primeros diez minutos de su experiencia al llegar al servicio de adoración. Así mismo, es mucho más probable que un visitante regrese si ha sido saludado o estado en contacto con dos o tres personas de la congregación. Por otro lado, él hablará de su experiencia en la iglesia entre ocho y quince veces con otras personas. Por todos estos motivos, nuestro servicio de domingo debe estar planeado y pensado también para cubrir las necesidades de quienes van a la iglesia por primera vez. Tristemente, algunas personas que asisten por primera vez a una

[6] Pew Research Center. (s.f.). *Attendance at religious services.* https://www.pewresearch.org/religion/religious-landscape-study/attendance-at-religious-services/

iglesia no regresan por falta de atención o, por el contrario, por recibir atención no deseada. Todavía podemos ver en algunas congregaciones que, en el tiempo de la bienvenida, convierten a las visitas en el foco de atención, y en ocasiones, son avergonzados en público o hasta los hacen ponerse de pie, dar su nombre o incluso pasar al frente. En algunos casos, visitantes del sexo femenino pueden no sentirse cómodas al recibir saludos efusivos que vengan de alguien del sexo opuesto. Lo cierto es que para que un visitante regrese tiene que recibir la hospitalidad adecuada y respetuosa. Tener un programa de seguimiento a los visitantes es muy importante para que estos no solo regresen, sino que también lleguen a formar parte de la familia espiritual de la iglesia. Cada uno de ellos debe encontrarse con Dios y sentir que Él le habla en el servicio del domingo, el cual debe estar planeado para ayudar a conectar a las personas con Dios; sin embargo, por encima de todo, no olvidemos que el propósito es que el Señor reciba toda la gloria.

La adoración y la alabanza

El tiempo de adoración y alabanza junto con el mensaje de la Palabra de Dios toman alrededor del 65 % al 75 % del total del tiempo del servicio de adoración. Por tal motivo, la adoración debe hacerse de la mejor manera posible y tener siempre en mente que: 1) Dios merece una adoración que venga del corazón, y con excelencia. 2) Las personas tienen necesidad de adorar y encontrarse con Dios. Por ello, deben tomarse en cuenta las diferentes generaciones que componen la iglesia, y no solo las preferencias de unos pocos. Lo cierto es que cuanto más planeamos cada acto de adoración en el servicio del domingo, hay menos espacio para la improvisación y, por tanto, menos distractores que impidan a las personas tener un encuentro real con Dios. Por otro lado, sin una planeación adecuada del servicio se tiende a hacer y decir cosas que están fuera de lugar o a tener tiempos muertos que nos desvían de adorar a Dios sin distracciones. De igual manera, la participación de solo unos pocos, y siempre los mismos, en el culto de adoración, puede dar como resultado un programa rutinario, monótono y distante de expresiones frescas de adoración a Dios. Por esta razón, es importante que cada elemento en el servicio del domingo sea evaluado para así encontrar oportunidades de mejorar en cada uno de sus elementos.

El mensaje de la Palabra

Nuestras iglesias están perfectamente diseñadas para obtener los resultados que estamos obteniendo.

El mensaje de la Palabra de Dios debe tener un sólido fundamento bíblico, estar sazonado con textos de la Escritura y, al mismo tiempo, ser práctico e inspirarnos a vivir de acuerdo con el plan de Dios para nosotros. La prédica no debe perseguir el fin de hacer sentir bien a la audiencia, sino, más bien, el de exponerlas a la verdad de la Escritura, la predicación expositiva nos ayuda a este fin. El mensaje debe ser fresco e inspirador; y debe llevarnos a un encuentro con Dios, cuya enseñanza nos guíe a vivir la vida cristiana y nos permita ver cada circunstancia desde la perspectiva del Señor.

El cuidado y la enseñanza de los niños durante el servicio

El cuidado y la enseñanza de los niños es un aspecto del servicio del domingo que a veces se minimiza, pero que es realmente importante para las familias jóvenes que tienen niños. Los padres no adorarán de la misma forma si sus hijos no son bien atendidos o si no hay un lugar donde ellos aprendan. Contar con maestros capacitados para la enseñanza infantil, un programa y material de estudio, así como un lugar adecuado para llevar a cabo el Ministerio de Niños, son aspectos de vital importancia para que las familias jóvenes se sientan parte de la vida de la iglesia. Una de las preguntas que a veces podemos hacer como iglesia es: «¿Por qué no tenemos niños o jóvenes en nuestra congregación?». Sin embargo, al mismo tiempo, es preciso reconocer que no estamos preparados para atender a familias jóvenes cuando traen a sus niños y adolescentes a la congregación, es por tal razón que no regresan. Recordemos que nuestras iglesias están perfectamente diseñadas para obtener los resultados que estamos obteniendo. Si no nos preparamos para recibir a niños y jóvenes, entonces no estamos preparados para retener a familias jóvenes.

El orden y la limpieza de las instalaciones

En ocasiones, pareciera que hay una desconexión entre el aspecto espiritual de la iglesia y el aspecto físico del lugar de reunión. Sin embargo, el orden y la limpieza del edificio de la iglesia nos dicen mucho del aspecto espiritual de esta. Sin importar con qué recursos materiales cuenta el edificio, cada mueble y artículo, tanto del santuario como de los salones, y hasta del salón social, debe estar en las mejores condiciones posibles y cumplir con un propósito. La acumulación de artefactos, la falta de limpieza y el desorden, hacen que el lugar de adoración no sea atractivo para ir y adorar a Dios, en especial si este se aprecia como un sitio anticuado, sobre todo para las nuevas generaciones.

El orden y la limpieza del edificio de la iglesia nos dicen mucho del aspecto espiritual de esta.

Herramienta de renuevo de la iglesia
Evaluación del servicio del domingo

Iglesia: ____________________

Fecha: ____________________

Número de participantes: ____________________

Instrucciones: De manera individual, cada líder y miembro de la iglesia, incluyendo el pastor, debe completar la evaluación con honestidad. Al terminar, tendrán una reunión de alrededor de 120 minutos para colectar los resultados y estudiar los promedios obtenidos de cada respuesta. Después, se requerirá un moderador que guíe la discusión de cada uno de los lineamientos de la evaluación y una persona que lleve el registro de lo expuesto por los participantes en cada una de estas áreas. Recordemos que cada aportación debe ser constructiva, con el fin de tener un servicio de mayor excelencia. Puede ser de utilidad elaborar este cuestionario con Google Forms para obtener gráficas y promedios de los resultados con mayor facilidad. Esta evaluación debe tener la opción de ser completada de manera anónima. Comiencen la reunión con un tiempo de oración y pidan la dirección del Señor.

Para completar la evaluación, escribe en la línea después de cada afirmación el número que mejor describa el aspecto a tratar en cuanto al servicio dominical de tu iglesia, da tu mejor respuesta.

1 **Totalmente en desacuerdo.**

2 **En desacuerdo.**

3 **No estoy seguro.**

4 **De acuerdo.**

5 **Totalmente de acuerdo.**

I. Visitantes

☐ 1. Hay información de contacto de la iglesia en algún medio en línea o un anuncio afuera del templo? Se dan a conocer los tiempos de servicio y actividades de la iglesia, así como la información de contacto de esta.

☐ 2. Damos, a los visitantes, una bienvenida que los hace sentir cómodos e importantes y no reciben atención no deseada.

☐ 3. Los «ujieres» están presentables y reciben entrenamiento de cómo realizar su trabajo.

- [ ] 4. La información que se obtiene de los visitantes se usa eficazmente y se da seguimiento a su visita.

- [ ] 5. Ningún visitante pasa desapercibido en los servicios del domingo y la congregación los saluda con amor y valora que estén en la iglesia.

TOTAL

II. El edificio y las instalaciones

- [ ] 6. El edificio de la iglesia cuenta con un estacionamiento adecuado, especialmente con lugares destinados para visitas.

- [ ] 7. El edificio de la iglesia tiene instalaciones en buen estado y con un mantenimiento apropiado.

- [ ] 8. El edificio cuenta con señalética en su interior, sobre todo para encontrar los baños.

- [ ] 9. El edificio de la iglesia está limpio, en particular los baños, y en buenas condiciones.

- [ ] 10. El edificio cuenta con instalaciones adecuadas para la enseñanza, especialmente para la enseñanza infantil.

- [ ] TOTAL

III. Niños y guardería

- [ ] 11. Hay un programa adecuado de instrucción bíblica para los niños mientras transcurre el servicio de adoración.

- [ ] 12. La iglesia cuenta con maestros capacitados para la enseñanza infantil.

- [ ] 13. Hay un departamento con instalaciones y personal confiable de guardería o sala cuna.

- [ ] 14. Existen procesos de chequeos de seguridad para los maestros que enseñan a los niños, así como protocolos de seguridad para posibles visitas de extraños.

- [ ] 15. Las familias con niños confían en que sus hijos están en buenas manos y los niños desean ese tiempo de enseñanza.

- [ ] TOTAL

IV. Servicio de adoración

☐ 16. El servicio es refrescante e inspirador, que invita a las personas a un encuentro genuino con Dios.

☐ 17. El boletín impreso realmente es útil, con información precisa y necesaria, y sirve como una guía en el servicio de adoración.

☐ 18. De forma general, el servicio de domingo se lleva a cabo con excelencia.

☐ 19. De manera general, todo el servicio está planeado, es llevado a cabo con orden y no existe la improvisación.

☐ 20. El servicio comienza a tiempo y termina a una hora determinada siempre. No se toma tiempo innecesario en ningún punto del servicio de adoración (p. ej.: anuncios, bienvenida, testimonios, etc.).

☐ TOTAL

V. Mensaje de la Palabra

☐ 21. La predicación tiene un mensaje práctico que guía a las personas en su relación con Dios y en cómo vivir la vida cristiana.

☐ 22. La predicación tiene fundamento bíblico, sin salirse de la sana doctrina.

☐ 23. Se nota una seria preparación del predicador al exponer su mensaje.

☐ 24. Generalmente, el sermón no se desvía del tema central.

☐ 25. Durante toda la prédica, el expositor utiliza textos bíblicos relacionados con el tema a lo largo del mensaje.

☐ TOTAL

VI. Tiempo de adoración

☐ 26. El servicio de adoración contiene alabanza inspiradora que conecta a la iglesia directamente con Dios.

☐ 27. Se nota preparación en los que dirigen los cantos de alabanza y adoración y estos están conectados en su tema con el mensaje de la Palabra.

☐ 28. La plataforma está ordenada y el equipo de sonido es funcional.

☐ 29. Los líderes de alabanza invitan a la congregación a adorar en el tiempo de adoración y en el tiempo de colectar la ofrenda sin desviarse de este objetivo.

☐ 30. Todas las generaciones pueden conectarse con Dios en el tiempo de adoración.

☐ TOTAL

VII. Participantes en el servicio de adoración

☐ 31. Los participantes en el servicio del domingo expresan gozo al estar al frente y animan a la congregación durante los distintos puntos del culto.

☐ 32. Los participantes saben qué función tienen en el programa, están preparados y oran antes de comenzar el servicio.

☐ 33. Al estar al frente, los participantes usan bien el micrófono, su voz es audible y muestran seguridad en lo que hacen.

☐ 34. Ningún participante en el servicio de adoración se desvía de lo que tiene que hacer ni comunica información que podría ser inapropiada.

☐ 35. Los participantes en el servicio del domingo están presentables para la ocasión y aseados.

☐ TOTAL

☐ TOTAL DE TODAS LAS ÁREAS

Evaluación:

140-175 puntos: el servicio del domingo es eficaz y efectivo, tanto en la organización como en el mover del Espíritu Santo. Siempre hay áreas de aprendizaje y de mejora, especialmente cuando la congregación experimenta un crecimiento más acelerado.

105-139 puntos: el servicio del domingo tiene oportunidades de mejorar. Es importante enfocarse en atender aquellas afirmaciones que recibieron menos de tres puntos y áreas que recibieron menos de quince puntos.

70-104 puntos: hay oportunidades grandes de mejora en el servicio de adoración. Será de gran importancia comenzar a dar pasos pequeños pero continuos con el fin de solucionar las dificultades identificadas. La iglesia debe estar abierta a cambios para que el servicio tenga un mayor impacto tanto en los miembros como en los visitantes.

35-69 puntos: la iglesia debe pensar en cambios radicales al planear y realizar el servicio del domingo. Algunas necesidades que han sido descubiertas con esta evaluación podrían no resultar tan importantes para algunos miembros debido a la costumbre de llevar de la misma manera el servicio del domingo por un largo período de tiempo. Es importante tener una perspectiva nueva, fuera de la rutina y las tradiciones, para saber qué ajustes se pueden hacer.

0-34 puntos: es necesaria una restructura completa del servicio de adoración del domingo, de otra manera, la iglesia no podrá retener a los visitantes ni a las generaciones más jóvenes. Una planeación honesta y sincera tendrá que llevarse a cabo lo más pronto posible por parte de los líderes, de aquellos que participan en el servicio del domingo y estar abiertos a cambios drásticos en la mayoría de los elementos que forman el culto dominical.

Exploración

¿Qué estamos haciendo bien en nuestro servicio de domingo?

Con base en esta evaluación, identifica algunas áreas dónde podemos mejorar el servicio de adoración del domingo.

¿Cuáles tres ajustes deberíamos hacer para mejorar a corto plazo el servicio de adoración del domingo?

La salud de la iglesia

¿Qué tan saludable está nuestra iglesia?

Semana 10

LA SALUD DE LA IGLESIA

¿QUÉ TAN SALUDABLE ESTÁ NUESTRA IGLESIA?

DÍA DE REUNIÓN

En esta semana exploraremos la salud de nuestra iglesia por medio de la evaluación de diferentes áreas de vital importancia:

1. El ministerio pastoral.
2. Los líderes y el personal de la iglesia.
3. Los miembros de la iglesia.
4. La organización y la estructura de la iglesia.
5. La manera en que la iglesia enfrenta desafíos.
6. El uso y el estado del edificio y las instalaciones de la iglesia.
7. El trabajo realizado en la comunidad y los esfuerzos de alcance.
8. El ambiente de trabajo y de servicio dentro de la iglesia local.

El ADN de la iglesia local

Es importante notar que cada iglesia local es diferente y tiene una misión única dada por Dios. A esto me refiero con el concepto de ADN de la iglesia local. Cada congregación tiene un llamado singular, un legado, una historia y testimonios únicos, así como un proceso particular de crecimiento.

Cada congregación tiene un llamado singular, un legado, una historia y testimonios únicos, así como un proceso particular de crecimiento.

Supongamos que existen dos iglesias de la misma fe y orden en la misma ciudad, y que están ubicadas en la misma área. Más que eso, ambas se encuentran en la misma calle y fueron establecidas alrededor del mismo tiempo. En esta situación imaginaria, las iglesias también tienen pastores cerca de la misma edad y sus familias son muy similares. Es más, ¡los pastores de estas iglesias son hermanos gemelos! Esta es una coincidencia por demás fuera de la realidad, pero aun así, si esto fuera posible, estas congregaciones locales no serían iguales. Lo que intento transmitir con esta imagen es que cada iglesia local es única. Por tanto, las estrategias o los enfoques de crecimiento pueden no trabajar de la misma manera en una iglesia como funciona en otra, aun cuando compartan estas mismas características.

¿Cuáles son algunas características distintivas de tu iglesia?
¿Puedes mencionar algunas de ellas?

Recordemos que cada iglesia crece a un ritmo diferente y cumple sus propósitos de manera distinta, porque Dios tiene un trato singular con cada una, así como con las personas. Por esta razón, las comparaciones entre congregaciones son absurdas y no productivas. A veces tendemos a comparar el número de miembros, el compromiso de estos miembros con la obra del Señor, el crecimiento de la iglesia, el desempeño y el carisma del pastor, solo por mencionar algunas de las variables más comunes al comparar una iglesia con otra.

Algo distinto a la comparación sin propósito es, sin duda, la observación de cómo otras iglesias tienen impacto en algún área del ministerio y explorar si algunas de las estrategias que ellos han implementado pudieran tener la misma efectividad en nuestra congregación. Incluso puede ser apropiado recibir entrenamiento y capacitación de líderes para equipar a nuestra congregación en ciertas áreas de enfoque de crecimiento.

¿En qué áreas del ministerio crees que tu iglesia necesita capacitación y entrenamiento?

Una comunidad de fe diversa pero unida para crecer

Cada iglesia local está compuesta por un grupo único de creyentes en el Señor. Esta singularidad permite que cada iglesia local sea única, pero recordemos que la Palabra y el Espíritu nos unen y somos el cuerpo de Cristo. La unidad es una marca de que somos verdaderos discípulos de Jesús. Si hay algo que obstaculiza el renuevo de la

Tener más tiempo que otro en una iglesia no debe ser razón para tener más poder, sino, por el contrario, para servir.

iglesia es la división entre sus miembros y la falta de perdón. Junto con esto, la murmuración y los comentarios con intención de poner en mal a alguna persona, constituyen una enfermedad espiritual que está destruyendo nuestras congregaciones.

Si hay algo que obstaculiza el renuevo de la iglesia es la división entre sus miembros y la falta de perdón.

Una iglesia que está dividida, con heridas profundas entre sus miembros, en especial aquellas que tienen un largo tiempo sin sanar, se estancará en el crecimiento si antes no se busca una reconciliación a través del perdón y del amor. Esto se dice con facilidad, pero tristemente con frecuencia el orgullo y anteponer los intereses propios a los del reino y de los demás, provoca que muchas iglesias experimenten división en lugar de renuevo. Jesús enseñó que «... si una casa está dividida contra sí misma, tal casa no puede permanecer» (Mr. 3:25). Por otro lado, la primera iglesia en el libro de Hechos se caracterizaba por la unidad y el amor que existía entre sus miembros que perseveraban juntos con alegría y sencillez de corazón, y vemos cómo esta iglesia crecía en diversas áreas (Hch. 2:46).

Y si una casa está dividida contra sí misma, tal casa no puede permanecer
MARCOS 3:25

Aunque en el esfuerzo de renuevo y revitalización de la iglesia enfrentaremos oposición, esta se puede superar si la congregación está en un mismo sentir. ¿Existe una marcada división entre algunos grupos de tu iglesia? ¿Puedes hacer algo al respecto, como buscar una genuina reconciliación? Detente aquí y ora con el grupo de estudio para buscar la unidad de tu iglesia.

Al explorar y evaluar las diferentes áreas de la iglesia, notaremos que pueden existir diversas perspectivas en el modo en que las personas conciben los distintos ministerios y el trabajo de la iglesia en general. Algunas veces el pastor y los líderes pueden asumir que los miembros de la congregación tienen una visión unificada del desempeño de la iglesia, una que coincide con la suya. Sin embargo, al comparar el resultado de las evaluaciones, muchas veces es evidente que los miembros de la iglesia perciben situaciones, realidades, o tienen ciertas nociones que los líderes y el pastor no han considerado y que son vitales para la vida de la iglesia. Por tal motivo, es sumamente importante que todos los miembros comprometidos de la congregación participen en completar las herramientas de evaluación para tener un resultado que nos lleve a una mejor exploración de la iglesia.

Herramienta de renuevo de iglesia

Cuestionario sobre la salud de la iglesia[7]

Iglesia: ______________________________

Fecha: ______________________________

Número de participantes: ______________________

Instrucciones: De manera individual, cada líder y miembro de la iglesia, incluyendo el pastor, completará la evaluación con honestidad. Al terminar, tendrán una reunión de alrededor de 120 minutos para colectar los resultados y estudiar los promedios obtenidos de cada respuesta. Después, se requerirá un moderador que guíe la discusión sobre cada uno de los lineamientos de la evaluación y una persona que lleve el registro de lo expuesto por los participantes en cada una de estas áreas. Puede ser útil elaborar este cuestionario con Google Forms para obtener gráficas y promedios de los resultados. El cuestionario de salud debe tener la opción de ser completado de manera anónima. Comiencen la reunión con un tiempo de oración y pidan la dirección del Señor.

1 **Totalmente en desacuerdo.**

2 **En desacuerdo.**

3 **No estoy seguro.**

4 **De acuerdo.**

5 **Totalmente de acuerdo.**

☐ 1. La asistencia de la iglesia sigue una tendencia positiva.

☐ 2. El pastor de la iglesia es un comunicador / predicador bien instruido bíblicamente, que tiene una elevada visión de la Escritura.

☐ 3. La oración tiene suma prioridad en los ministerios dela iglesia.

☐ 4. La iglesia informa con claridad y precisión estadísticas de manera regular y aspectos importantes sobre su crecimiento.

☐ 5. La mayoría de las personas de la iglesia, que han asistido por cierto tiempo, conocen las posiciones doctrinales bíblicas.

[7] Tomado de *Church Health Inventory* [Evaluación de la salud de la iglesia] por Thom S. Rainer, adaptado y contextualizado por Antonio Josué Miranda.

- [ ] 6. Los miembros de la iglesia están dispuestos a crear nuevos grupos y clases para alcanzar a otros grupos de personas, si es necesario.

- [ ] 7. El pastor está dispuesto a guiar a la iglesia en los cambios que sean necesarios, incluso si los ajustes intentados resultan en una oposición significativa.

- [ ] 8. La iglesia examina cuidadosamente, en sus diferentes ministerios y prácticas de la doctrina cristiana, las metodologías más nuevas antes de considerar su adopción.

- [ ] 9. El pastor de esta iglesia es humilde, amable y modesto.

- [ ] 10. El pastor de esta iglesia está seguro del llamado de Dios al ministerio.

- [ ] 11. La iglesia es consciente de sus debilidades, desafíos y necesidades.

- [ ] 12. La iglesia está dispuesta a enfrentar los asuntos difíciles y a buscar soluciones a estos problemas.

- [ ] 13. El pastor lleva a la congregación a centrarse en la obra fuera de la iglesia: a buscar y servir a los que no conocen de Dios, ni de la iglesia.

- [ ] 14. Entre los líderes de la iglesia hay un gran deseo de mejorar y superarse a sí mismos.

- [ ] 15. La iglesia suele dar grandes pasos de fe.

- [ ] 16. Los líderes de la congregación se apasionan por el ministerio, por la iglesia y por servir a Dios.

- [ ] 17. Los líderes de la iglesia asisten con frecuencia a conferencias y eventos de entrenamiento, leen libros y buscan recursos para continuar creciendo.

- [ ] 18. La iglesia está dispuesta a ver los problemas negativos que enfrenta con la firme creencia de que Dios los guiará a través de toda dificultad.

- [ ] 19. El liderazgo de la congregación menciona y piensa a menudo en cómo será la iglesia en otra generación futura, incluso después de la propia vida del pastor.

- [ ] 20. El liderazgo de la iglesia considera un logro cuando existe un progreso, aunque sea lento, siempre y cuándo se esté avanzando.

- [ ] 21. El pastor, por supuesto, ama a la iglesia, y la evidencia está en sus palabras, actitudes y acciones.

- [ ] 22. El pastor delega autoridad y responsabilidad a los líderes de la iglesia.

- [ ] 23. El pastor se compromete a permanecer en la iglesia a largo plazo.
- [ ] 24. Los líderes de la iglesia son persistentes y comprometidos en dar dirección a la congregación.
- [ ] 25. La iglesia tiende a atraer a personas dotadas y competentes para servir en los diferentes ministerios, incluso cuando se busca pastor.
- [ ] 26. La iglesia está dispuesta a abordar proyectos importantes, aunque sean difíciles.
- [ ] 27. La estructura de organización de esta iglesia en general es saludable.
- [ ] 28. Las instalaciones físicas y propiedades de la iglesia están en muy buen estado y bien atendidos.
- [ ] 29. Si se necesita un nuevo miembro del personal o del liderazgo, la iglesia está dispuesta a esperar el tiempo que sea necesario para contratar o llamar a la persona adecuada.
- [ ] 30. La iglesia está dispuesta a lidiar con los miembros problemáticos rápidamente, incluso si el resultado es el despido de algún empleado o el retiro de una membresia.
- [ ] 31. La iglesia es compasiva pero firme al tratar con los miembros problemáticos.
- [ ] 32. El liderazgo de la iglesia se comunica bien en los asuntos que haya que tratar, particularmente en cuestiones relacionadas con los líderes de ministerios.
- [ ] 33. El pastor, los líderes y el personal de la iglesia son compatibles al trabajar juntos.
- [ ] 34. El liderazgo de la iglesia se caracteriza por el amor y el servicio a los demás.
- [ ] 35. Los líderes y los miembros de la iglesia gozan de gran libertad para dirigir y llevar a cabo sus ministerios.
- [ ] 36. El ambiente de confianza y respeto, así como de trabajo en equipo, es evidente en la iglesia.
- [ ] 37. Los miembros de la iglesia conocen los propósitos y las prioridades de su iglesia.
- [ ] 38. La iglesia utiliza su edificio e instalaciones sabiamente y con responsabilidad.
- [ ] 39. Las clases de la escuela dominical y los grupos pequeños de estudio tienen una alta prioridad en la iglesia.
- [ ] 40. La iglesia tiene un ambiente agradable para trabajar y servir.

- [ ] 41. La iglesia conoce y entiende claramente su misión, es decir, el llamado específico que Dios les ha encomendado.

- [ ] 42. La mayoría de los miembros de la congregación conoce y utiliza sus dones espirituales en el servicio de los ministerios de la iglesia.

- [ ] 43. La iglesia se esfuerza, de manera organizada, para ministrar las necesidades de la comunidad.

- [ ] 44. La iglesia tiene objetivos definidos en ciertas áreas en las cuales enfoca su crecimiento.

- [ ] 45. La iglesia procura hacer todo con excelencia.

- [ ] 46. La iglesia tiene grandes expectativas de sus miembros.

- [ ] 47. La iglesia está dispuesta a eliminar ministerios y actividades si no pueden o no se hacen con excelencia.

- [ ] 48. La iglesia está dispuesta a comenzar y coordinar iniciativas rápidamente si los ministerios y el crecimiento así lo requieren.

- [ ] 49. La innovación es un medio, no un fin, en mi iglesia.

- [ ] 50. Los líderes de la iglesia utilizan cada éxito que Dios les da como punto de partida para otra oportunidad de éxito.

- [ ] SUMA LOS PUNTOS DE TODAS LAS DECLARACIONES Y ANOTA EL TOTAL.

Con base en la puntuación obtenida, encuentra y analiza la descripción de la situación de tu iglesia.

240 a 250: hacia una iglesia saludable
La iglesia muestra claros signos de estar avanzando hacia un gran estado de salud. Muy pocas congregaciones tienen esta puntuación. Una iglesia en esta categoría debería seguir haciendo lo que hace actualmente.

200 a 239: hacia una iglesia en crecimiento
La iglesia tiene un potencial significativo para pasar al nivel más saludable. El liderazgo debe examinar las afirmaciones que no obtuvieron una puntuación de cinco puntos y explorar qué ajustes pueden hacerse para mejorar esas áreas.

175 a 199: hacia una iglesia que puede crecer
Una iglesia en este nivel necesita un trabajo significativo para pasar a una categoría saludable. Existen muchas deficiencias y es probable que requieran múltiples ajustes. Se necesita prestar atención especial a las afirmaciones que recibieron una puntuación de tres puntos o menos.

50 a 174: hacia una iglesia que puede detener el declive
Toda iglesia que alcance esta puntuación es muy poco saludable. Debería comenzar a centrarse en las numerosas afirmaciones que recibieron una puntuación inferior a tres puntos. Se requiere un trabajo significativo y unidad para seguir adelante como iglesia. Sin embargo, recordemos que nada es imposible para Dios.

Exploración

¿En cuáles áreas se obtuvieron puntuaciones mayoritarias de entre 4 y 5 puntos? Estas son las fortalezas de la iglesia.

¿En cuáles áreas se obtuvieron puntuaciones mayoritarias de entre 1 y 2 puntos? Estas son áreas a las que debemos prestar atención.

Con base en las respuestas anteriores, ¿qué oportunidades de crecimiento podemos observar en nuestra iglesia?

-
-
-

La comunidad y la iglesia

¿Conoce tu iglesia su comunidad y cuáles son sus necesidades?

Semana 11

LA COMUNIDAD Y LA IGLESIA

¿CONOCE TU IGLESIA SU COMUNIDAD Y CUÁLES SON SUS NECESIDADES?

DÍA DE REUNIÓN

Aunque en una primera impresión pudiéramos decir que es evidente que explorar la comunidad de la iglesia es de vital importancia para su crecimiento y para que esta cumpla su misión; lamentablemente, existen muchas congregaciones que no prestan atención a la vida comunitaria del lugar donde están localizadas ni para ellas es una prioridad suplir las necesidades de quienes viven a su alrededor y solo se enfocan en esfuerzos internos de crecimiento.

No hace mucho tiempo conversaba con un pastor que recientemente plantó una nueva obra en el centro de una gran comunidad. La propiedad donde se reúne su iglesia fue donada por otra iglesia que se congregaba ahí antes, pero que cerró sus puertas debido a la baja asistencia. Ya establecidos en el nuevo edificio, una tarde, el pastor caminaba por el patio de esta propiedad y notó que del otro lado de la cerca había una persona afuera de su casa. Él no quiso dejar pasar la oportunidad de invitarla a la reunión del domingo, así que se acercó a la persona, la saludó con amabilidad y se presentó como el pastor de la nueva iglesia. Este hombre, que vivía al lado de la iglesia, se sorprendió al saber que alguien de la congregación lo invitaba a sus actividades. Con asombro le dijo al pastor: «He vivido aquí por más de diez años, este edificio ha servido para tres iglesias diferentes, y es la primera vez que alguien se acerca a saludarme y a invitarme a asistir». Esta historia real nos muestra una triste realidad para muchas congregaciones, donde el enfoque interno es mucho mayor que el externo, y no se atienden las necesidades de las personas de la comunidad donde la

La comunidad de la iglesia y el entorno social de cada miembro que la conforma son aspectos que deben estar en el corazón de la misión de la iglesia.

iglesia se reúne para adorar. Una iglesia fuerte es caracterizada por conocer su comunidad y entablar una relación con las personas que forman parte de ella, esto incluye el desarrollo de una red de conexiones con organizaciones y personas de influencia que puedan ayudarnos a cumplir con la misión de nuestra iglesia.

La siguiente es una de las preguntas más sencillas para evaluar cómo es la relación de nuestra iglesia con la comunidad: «Si nuestra iglesia cerrara sus puertas el día de hoy, ¿la comunidad extrañaría la iglesia?».

Sí ☐ No ☐

Una iglesia fuerte es caracterizada por conocer su comunidad y entablar una relación con las personas que forman parte de ella, esto incluye el desarrollo de una red de conexiones con organizaciones y personas de influencia que puedan ayudarnos a cumplir con la misión de nuestra iglesia.

Una estadística nos muestra de manera general que entre más tiempo se tenga de ser creyente, se desarrollan más amistades con personas que asisten a la iglesia, y menos amistades con personas que no conocen de Dios. Aun con esto, la comunidad de la iglesia y el entorno social de cada miembro que la conforma son aspectos que deben estar en el corazón de la misión de la iglesia.

Ahora, recordemos que cada iglesia es diferente y su comunidad también lo es, incluso existen congregaciones locales que fueron establecidas en espacios donde no hay ninguna comunidad inmediata. Otras fueron plantadas en comunidades que no son de su misma cultura o incluso que no hablan el mismo idioma. También podemos encontrar otro tipo de congregaciones en las cuales ninguno de sus miembros vive en la comunidad donde se encuentra su edificio. Uno de los líderes de una congregación, en una conferencia de revitalización de iglesias, compartió que ninguno de sus miembros vive en el mismo poblado donde se encuentra el edificio del templo, sino que todos los miembros vienen de ciudades aledañas. De manera similar, otra iglesia localizada en un poblado de ciento cincuenta habitantes compartió que tienen alrededor de trescientas personas en su servicio del domingo. Con esto quiero indicar que cada iglesia debe tener estrategias de enfoque externo que suplan las necesidades de su comunidad y de la comunidad de sus miembros, según sea el caso. Estas estrategias de alcance y enfoque comunitario pueden variar de una congregación a otra, pero deben existir para que tenga lugar el crecimiento de la iglesia.

Buen uso del sitio web y las redes sociales

Junto con la exploración de la comunidad, el sitio web de la iglesia y el buen uso de las redes sociales pueden significar una diferencia para que las personas que viven en la comunidad o fuera de ella conozcan la existencia de la iglesia y puedan llegar a ser parte de esta familia espiritual. Una estadística indica que cerca del 90 % de las personas que visitan nuestra iglesia por primera vez, primero visitan y obtienen información de su sitio web. La creatividad en el uso de esta tecnología no tiene límites, puede llegar a personas que nunca imaginamos y ayudarnos a dar a conocer los tiempos de los servicios de adoración y otras actividades, la ubicación de la iglesia, los eventos especiales, el mensaje de la Palabra de Dios y los devocionales, las posiciones doctrinales y muchos otros recursos de crecimiento espiritual.

¿Tu iglesia usa un sitio web y plataformas sociales para suplir necesidades de enfoque externo?

Sí ❑ No ❑

¿Qué áreas se pueden mejorar o cuáles acciones se pueden implementar para lograr mayor efectividad de enfoque externo a través del sitio web y las redes sociales de la iglesia?

Herramienta de renuevo de iglesia
Análisis de la comunidad alrededor de la iglesia

Iglesia: ______________________________

Fecha: ______________________________

Número de participantes: ______________________________

Instrucciones: Previo a la reunión, el equipo de revitalización debe obtener información de la comunidad de la iglesia para tener un perfil de ella. Por lo general, puede encontrarse información realmente útil sobre estadísticas demográficas recientes en fuentes gubernamentales que tienen disponible este tipo de contenido en sus sitios web. Algunos de estos sitios en Norteamérica, que nos ayudan a generar un perfil de la comunidad, incluyen:

- namb.net/contact/demographics-request/
- thearda.com

La información demográfica obtenida es sumamente útil para el análisis de la comunidad donde se ubica nuestra iglesia. Los datos demográficos pueden incluir estadísticas sobre la edad de las personas que viven alrededor del edificio, el género, la educación, la religión, el ingreso económico, el estado civil o la situación familiar. En comunidades multiculturales también podemos obtener información sobre la raza, el lenguaje o el número de generación de inmigrantes de quienes viven en la comunidad.

Una vez obtenida esta información, tendrán una reunión de alrededor de 120 minutos con los líderes y los miembros, incluyendo al pastor de la iglesia para su análisis. En esta reunión se explorarán uno por uno los resultados demográficos de cada parámetro para completar el diagnóstico de la comunidad. Además, pueden compartirse testimonios, historias, anécdotas y diferentes perspectivas de la relación de la iglesia con su comunidad. Se requerirá un moderador que guíe el diálogo sobre cada uno de los lineamientos de la evaluación y una persona que lleve el registro de lo expuesto por los participantes en cada una de estas áreas. Comiencen la reunión con un tiempo de oración y pidan la dirección del Señor.

Análisis de la comunidad

Situación actual

1. ¿Qué actividades de tu iglesia tienen un enfoque de alcance comunitario?

2. ¿Qué recursos utiliza tu iglesia para informar a la comunidad de sus actividades y eventos?

3. ¿La iglesia utiliza las redes sociales y un sitio web? ¿Qué se ofrece en estas plataformas digitales? ¿Qué tan efectivo es el uso de estos medios?

Exploración

4. Con base en la información obtenida en el perfil de la comunidad, enlista las observaciones que, durante el análisis, te resultaron más significativas respecto a la comunidad de la iglesia.
   -
   -
   -
   -

5. ¿Qué ajustes podemos hacer en el modo en que la iglesia se relaciona con su comunidad? ¿Qué ajustes podemos hacer en la manera de usar las plataformas virtuales?

6. ¿Qué conexiones estratégicas en la comunidad o en muestra ciudad podemos desarrollar?

7. ¿Cuáles son tres oportunidades de crecimiento en el enfoque externo de la iglesia como resultado de este análisis?

    -
    -
    -
    -

Desarrollo de un plan de acción de renuevo

¿Cuáles son las prioridades de nuestra iglesia?

Semana 12

DESARROLLO DE UN PLAN DE ACCIÓN DE RENUEVO

¿CUÁLES SON LAS PRIORIDADES DE NUESTRA IGLESIA?

DÍA DE REUNIÓN

Definir un plan de acción

Una vez que hemos explorado las diferentes áreas de la iglesia, el siguiente paso es desarrollar un plan de acción donde se definan los objetivos a alcanzar y las actividades a realizar para alcanzarlos. Para este fin, debemos establecer las prioridades que tenemos como iglesia y así sabremos en qué objetivos enfocarnos. Recordemos que cada una de las prioridades debe estar alineada con la misión de nuestra iglesia.

¿Cuáles son las prioridades de nuestra iglesia?

Sabemos que todo en la vida tiene prioridades. Así lo estableció el Señor al declarar que el primer y más grande mandamiento es amar a Dios con todo el corazón, el alma, la mente y las fuerzas (Mr. 12:30). De manera similar, nuestro Señor también enseñó que debemos buscar primero el reino de Dios y Su justicia antes que todo lo demás (Mt. 6:33). Así nosotros, tanto a nivel personal como en nuestra iglesia, debemos definir cuáles son las prioridades en las que debemos enfocarnos, sabiendo que todo parte de nuestro amor a Dios y de buscar Su reino. Si no tenemos nuestras prioridades bien definidas, podemos ocuparnos en muchas actividades que, aunque son buenas, nos pueden desviar de nuestros objetivos. A veces podemos tener muy buenas intenciones y soñemos con alcanzar grandes metas, pero podemos estar mal encaminados si no sabemos hacia dónde vamos. Por el contrario, definir cuáles son nuestros objetivos nos dará claridad para desarrollar planes específicos para alcanzarlos.

> **Podemos dejar pasar toda una vida sin enfocarnos en lo que realmente importa.**

El eterno dilema entre lo importante y lo urgente nos indica que debemos escoger entre una cosa u otra. Sin embargo, existen cuestiones que son tan importantes como urgentes, y estos son los aspectos en los que debemos enfocarnos, aquello que es «de suma importancia». Esto se aplica en nuestras vidas personales como también en nuestra iglesia. Algunos expertos llaman «infinito» a todo aquello que hacemos, que le dedicamos tiempo, esfuerzo y recursos, pero que no es parte de nuestros propósitos, objetivos o sueños por alcanzar. Y en ocasiones podemos pasar años tras años sin abandonar la práctica de este tipo de actividades «infinito», que aunque no son malas, no nos permiten enfocarnos en alcanzar lo que realmente es nuestra misión. Frecuentemente tengo conversaciones con personas que me comparten sus anhelos y sueños más profundos, pero por alguna razón estos no llegan a materializarse, ya sea por falta de tiempo, recursos o solo por desidia. Entre algunas de estas metas que comúnmente escucho de la gente se encuentran, por ejemplo, pasar más tiempo con sus hijos, tener una vida de oración más plena y estudio de la Palabra, servir a Dios en algún ministerio, estudiar en la universidad o tomar clases en el seminario, aprender a tocar algún instrumento musical o hasta casarse y formar una familia. Aunque estas metas son prioridades para estas personas, a veces pueden pasar los años sin haber hecho absolutamente nada para que estos anhelos se realicen. Así también, esto puede sucedernos como iglesia, aun cuando sabemos cuál es la misión y los objetivos, pero se nos van el tiempo y los recursos en otras actividades; y así, podemos dejar pasar toda una vida sin enfocarnos en lo que realmente importa. Lo cierto es que si no somos intencionales y nos proponemos alcanzar nuestros objetivos, podemos dejar pasar la vida y perdernos en el «infinito». ¿Qué es lo que en realidad importa para tu iglesia? Detente aquí y, en equipo, colaboren para identificar lo que es más importante para la iglesia de acuerdo con la misión única que Dios les ha dado.

¿Cuáles son las prioridades de nuestra iglesia?

-
-
-
-
-

Pasos pequeños abren camino hacia algo más grande

Cuando sabemos qué es lo que importa para nuestra iglesia, entonces podemos trazar objetivos y acciones para alcanzarlo. En este proceso, quizás en algunas ocasiones nos emocionamos al pensar en proyectos grandes, y eso es bueno, pero recordemos que cada proyecto comienza con dar pasos pequeños o hacer ajustes menores. Lo recomendable es comenzar con proyectos no muy grandes, que se alineen con nuestros objetivos, y estos avances pequeños debemos de celebrarlos; es una gran motivación ver estos logros por más chicos que sean; ellos nos inspirarán para seguir adelante. Lo importante es saber que estamos avanzando, aunque el progreso sea lento. Al buscar el crecimiento de la iglesia debemos enfocarnos en áreas y objetivos en específico. Se recomienda que se establezcan de tres a cinco objetivos y orientar nuestros esfuerzos hacia ellos. Esto no significa que no debemos prestar atención a otros ministerios y áreas de la iglesia, sino que nuestro enfoque de crecimiento está orientado a objetivos en concreto.

Los objetivos de enfoque interno son aquellos en donde se proyecta un crecimiento en la vida espiritual con un énfasis en las personas que forman parte de la iglesia local. Estos objetivos, de modo general, son de carácter espiritual y fomentan la capacitación y edificación del cuerpo de Cristo, como por ejemplo, el incremento en la asistencia a los grupos de estudio, profundizar en nuestra vida de oración, la unidad familiar, el discipulado o el crecimiento en el conocimiento de la Palabra de Dios, solo por mencionar algunos.

Por otro lado, los objetivos de enfoque externo proyectan un crecimiento relacionado con aquellos que no son parte de la iglesia local, pero que son parte de su misión. Algunos de estos incluyen la plantación de nuevas iglesias, renovación en los programas de evangelismo y misiones o programas de alcance o servicio a la comunidad, solo por mencionar algunos. En algunos casos, los objetivos de la iglesia pueden combinar su enfoque interno con el externo al fomentar el crecimiento de la iglesia, pero al mismo tiempo en alcanzar y servir a la comunidad.

Como hemos visto en la semana anterior, la comunidad de la iglesia comprende tres aspectos importantes: 1) la comunidad inmediata en donde la iglesia está localizada, 2) el entorno social de cada miembro de la congregación que incluye a conocidos, amigos y familia y 3) la comunidad que se conecta a través del sitio de Internet y plataformas sociales de nuestra iglesia. Los objetivos de enfoque externo pueden comprender cualquiera de estas áreas.

Es importante que una vez definidos estos objetivos de crecimiento, esta estrategia de crecimiento sea comunicada a toda la iglesia y que todas las personas sean inspiradas a ser parte de ella. Esta estrategia se puede comunicar y presentar de maneras creativas, se puede utilizar un texto bíblico como su fundamento o usar palabras claves que nos inspiren a llevarla a cabo y nos ayuden a tenerla constantemente en nuestra mente. Por ejemplo, no hace mucho conversaba con un pastor que su iglesia había establecido tres objetivos de crecimiento los cuales se comunicaban con tres palabras claves: *conectar, cuidar* y *crecer*, y esto es el centro de la vida de la iglesia. No olvidemos que estos objetivos vienen de las prioridades que tiene nuestra iglesia que a su vez derivan en acciones de renuevo y revitalización, como lo presenta esta figura:

Acciones de renuevo y revitalización

Una vez que están definidos nuestros objetivos, el siguiente paso es planear qué actividades nos llevarán a alcanzarlos. Para este fin, tenemos que diseñar actividades de renuevo y revitalización. ¿Qué es una actividad de revitalización? A diferencia de las actividades normales de la iglesia, las actividades de revitalización son parte de un plan estratégico. Por lo general, estas poseen las siguientes características: 1) son actividades que impulsan el crecimiento de la iglesia, 2) son actividades nuevas que no han sido realizadas antes en la iglesia.

Tengamos en mente lo siguiente respecto a las actividades de revitalización y renuevo:

- No son parte del calendario normal de actividades de la iglesia (p. ej., la Escuela bíblica de vacaciones, la celebración del Domingo de Resurrección o del Día de las Madres). Sin embargo, sí pueden ser estrategias nuevas dentro de estas actividades.
- No son mejoras materiales del edificio de la iglesia, a menos que sean necesidades urgentes, de vital importancia o que estén relacionadas con un ministerio, un proyecto nuevo o con el crecimiento. Por ejemplo, acondicionar o equipar un espacio físico del edificio con el fin de llevar a cabo un ministerio en particular sí constituye una actividad de renuevo (p. ej., un salón para llevar a cabo un proyecto, un estudio de tecnología o áreas de niños, de recreación o para deportes). Otras mejoras del edificio no relacionadas con un esfuerzo de enfoque nuevo o de crecimiento deben ser consideradas como actividades normales del mantenimiento del edificio.
- Las actividades de revitalización no incluyen apoyar económicamente a miembros de la iglesia para asistir a retiros, actividades y otros eventos, pero si implican la capacitación de miembros de la iglesia para que a su vez entrenen o equipen a la congregación para comenzar un ministerio o revitalizar uno ya existente.
- Las actividades de revitalización deben de ir dirigidas al crecimiento de la iglesia. Por lo general, son nuevos esfuerzos, programas o eventos que impulsan el plan estratégico de crecimiento. Por ejemplo, acondicionar o equipar un espacio físico del edificio con el fin de llevar a cabo un ministerio en particular sí constituye una actividad de renuevo (p. ej.: un salón para llevar a cabo un proyecto, un estudio de tecnología o áreas de niños, de recreación o para deportes). Otras mejoras del edificio no relacionadas con un esfuerzo de enfoque nuevo o de crecimiento deben ser consideradas como actividades normales del mantenimiento del edificio.

Al definir cuáles actividades de revitalización nos ayudarán a alcanzar los objetivos, no debemos duplicar lo que hemos hecho anteriormente. Las actividades de revitalización deben ser de carácter innovador, ¿por qué?, porque necesitamos recordar que hacer lo mismo no produce resultados diferentes. Si obramos de igual manera cada año, nos traerá los mismos resultados. El renuevo y la revitalización vendrán cuando una pasión nueva inspire el crecimiento y genere estrategias y acciones nuevas para alcanzar una meta. Esto no quiere decir que todo nuestro calendario de la iglesia será diferente, solo aquellos planes estratégicos de crecimiento definidos en nuestros objetivos. Al planear cada una de estas acciones, debemos contestar las siguientes preguntas:

- ¿Quién está a cargo?
- ¿Cuándo se realizarán estas acciones?

- ¿Dónde se llevarán a cabo estas actividades?
- ¿Cómo se llevarán a cabo estas acciones?
- ¿Esta es una actividad o esfuerzo nuevo de la iglesia? O ¿es una iniciativa para revitalizar un ministerio ya existente?
- ¿Cuál es el costo estimado? O ¿qué recursos se necesitan para realizar estas acciones?

Ahora es importante considerar que actividades que pueden ser de renuevo para una iglesia, no lo son de igual forma para otra. Por ejemplo, el desarrollo de un programa para fortalecer la unión entre matrimonios puede ser una actividad de renuevo para una congregación, no así para otra que tiene este evento año tras año; sin embargo, para esta iglesia, se puede tener una actividad de renuevo o una estrategia nueva de crecimiento dentro de este evento anual.

Como podemos notar, cuanto más específicos seamos respecto a cómo estas actividades se llevarán a cabo, más sencillo será realizarlas. Recordemos que las actividades no son un fin por sí mismas, sino un medio para cumplir los objetivos trazados de nuestro plan de acción.

Herramienta de renuevo de iglesia

Desarrollo de un plan de acción de renuevo

Iglesia: ____

Fecha: ____

Número de participantes: __________________________

Instrucciones: Junto con los líderes y los miembros de la iglesia, tendrán una reunión de alrededor de 180 minutos, dirigida por el equipo de revitalización y renuevo para desarrollar un plan de acción. Con base en la exploración de la iglesia realizada en las semanas anteriores y en las prioridades de la iglesia, definirán de tres a cinco objetivos a alcanzar en áreas de crecimiento. Es importante que se establezcan objetivos de enfoque interno sin descuidar objetivos con un enfoque de crecimiento externo. Después, establecerán actividades o acciones dirigidas a alcanzar esos objetivos de manera específica, contestando a las preguntas de cada actividad. Para cada objetivo, primero debe darse una descripción de cómo es la realidad actual en esa área de ministerio y cómo se visualiza su crecimiento en el futuro. El equipo de revitalización y renuevo deberá monitorear el progreso de cada objetivo a medida que estos se realizan en tiempo y forma. Un plan de acción de renuevo puede revisarse cada año. Es importante que en esta actividad, así como en todas las anteriores, el pastor de la iglesia participe activamente. Al completar el plan de acción y renuevo, se deberá generar un portafolio que incluya todas las herramientas de renuevo para el registro de la iglesia. Comiencen la reunión con un tiempo de oración y pidan la dirección del Señor.

Desarrollo de un plan de acción de renuevo[8]

Misión de la iglesia:

Nota: Si su iglesia no cuenta con una misión articulada, tendrán que desarrollar una con base en el llamado único dado por Dios a Su Iglesia.

[8] El plan de renuevo puede ser desarrollado también a un nivel personal. De esta manera, se establecen las prioridades personales de las cuales se desarrollan los objetivos que nos ayudan a definir las acciones para alcanzarlos.

Enlista las prioridades de la iglesia:

-
-
-
-
-

De estas prioridades, establezcan de uno a cinco objetivos y desarrollen actividades de renuevo para alcanzar cada uno de ellos.

Objetivo 1:

Escribe el objetivo claro y preciso. Esta descripción puede incluir resultados que se desean obtener en esta área de ministerio la cual puede incluir números, fechas o resultados medibles.

Este objetivo está relacionado con el ministerio de:

Este objetivo es de enfoque de crecimiento

interno ❑ externo ❑ ambos ❑

Realidad actual en esta área de ministerio:

Cómo proyectamos que será esta área de ministerio en el futuro:

¿Qué actividades de renuevo y revitalización se llevarán a cabo para alcanzar este objetivo?

-
-
-
-
-

Descripción de actividad de renuevo

Desarrolla la descripción de cada actividad de renuevo y revitalización de cada objetivo al contestar a estas preguntas:

Actividad de renuevo:

¿Quiénes están a cargo de estas actividades?

¿Quién es el principal responsable de dirigir estas acciones?

¿Cuándo se realizarán estas acciones?
¿Cuál es el tiempo de inicio y término de estas acciones?

¿Dónde se llevarán a cabo estas actividades?

¿Cómo se llevarán a cabo estas acciones?

¿Esta es una actividad o esfuerzo nuevo de la iglesia?
o ¿es una iniciativa para revitalizar un ministerio ya existente?

Sí ❑ No ❑ Explica.

¿Cuál es el costo estimado? o ¿qué recursos se necesitan para realizar estas acciones?

Objetivo 2:

Escribe el objetivo claro y preciso. Esta descripción puede incluir resultados que se desean obtener en esta área de ministerio la cual puede incluir números, fechas o resultados medibles.

Este objetivo está relacionado con el ministerio de:

Este objetivo es de enfoque de crecimiento

interno ☐ externo ☐ ambos ☐

Realidad actual en esta área de ministerio:

Cómo proyectamos que será esta área de ministerio en el futuro:

¿Qué actividades de renuevo y revitalización se llevarán a cabo para alcanzar este objetivo?

-
-
-
-
-

Descripción de actividad de renuevo

Desarrolla la descripción de cada actividad de renuevo y revitalización de cada objetivo al contestar a estas preguntas:

Actividad de renuevo:

¿Quiénes están a cargo de estas actividades?

¿Quién es el principal responsable de dirigir estas acciones?

¿Cuándo se realizarán estas acciones?
¿Cuál es el tiempo de inicio y término de estas acciones?

¿Dónde se llevarán a cabo estas actividades?

¿Cómo se llevarán a cabo estas acciones?

¿Esta es una actividad o esfuerzo nuevo de la iglesia?
o ¿es una iniciativa para revitalizar un ministerio ya existente?

Sí ❑ No ❑ Explica.

Objetivo 3:

Escribe el objetivo claro y preciso. Esta descripción puede incluir resultados que se desean obtener en esta área de ministerio la cual puede incluir números, fechas o resultados medibles.

Este objetivo está relacionado con el ministerio de:

Este objetivo es de enfoque de crecimiento

interno ☐ externo ☐ ambos ☐

Realidad actual en esta área de ministerio:

Cómo proyectamos que será esta área de ministerio en el futuro:

¿Qué actividades de renuevo y revitalización se llevarán a cabo para alcanzar este objetivo?

-
-
-
-
-

Descripción de actividad de renuevo

Desarrolla la descripción de cada actividad de renuevo y revitalización de cada objetivo al contestar a estas preguntas:

Actividad de renuevo:

¿Quiénes están a cargo de estas actividades?

¿Quién es el principal responsable de dirigir estas acciones?

¿Cuándo se realizarán estas acciones?
¿Cuál es el tiempo de inicio y término de estas acciones?

¿Dónde se llevarán a cabo estas actividades?

¿Cómo se llevarán a cabo estas acciones?

¿Esta es una actividad o esfuerzo nuevo de la iglesia?
o ¿es una iniciativa para revitalizar un ministerio ya existente?

Sí ❑ No ❑ Explica.

¿Cuál es el costo estimado? o ¿qué recursos se necesitan para realizar estas acciones?

Guía de un plan de renuevo de iglesia

A continuación se presenta un ejemplo que puede utilizarse como guía en la elaboración de un plan de renuevo de iglesia.

Iglesia: *Nueva Vida en Cristo*
Número de participantes: 25

Misión de la iglesia:
Alcanzar a las personas para Cristo y enseñarles de Su amor y Su verdad.

Nota: Si su iglesia no cuenta con una misión articulada, tendrán que desarrollar una con base en el llamado único dado por Dios a Su Iglesia.

Enlista las prioridades de la iglesia:

Nota: A continuación se presentan ejemplos de algunas prioridades que son más comunes en una iglesia local.

- Dar especial atención a los visitantes de la iglesia.
- Desarrollar un mayor compromiso con el evangelismo y cumplimiento de la Gran Comisión.
- Impulsar el desarrollo de nuevos líderes especialmente jóvenes.
- Fortalecer las relaciones de familia en la iglesia; a nivel matrimonial y entre padres e hijos.
- Crecer en el conocimiento de la Palabra de Dios para ser mejores discípulos de Cristo.
- Profundizar en la oración y la comunión con Dios tanto a nivel personal como de iglesia.
- Fomentar la unidad entre los miembros de la iglesia.
- Plantar o apoyar una obra nueva o misión de la iglesia.
- Tener una mayor presencia en la comunidad alrededor de la iglesia.
- Tener un mejor enfoque en la enseñanza y las actividades de niños y jóvenes.
- Experimentar una adoración genuina a Dios en las reuniones de la iglesia.

De estas prioridades, establezcan de uno a cinco objetivos y desarrollen actividades de renuevo para alcanzar cada uno de ellos.

Nota: Una diferencia entre establecer prioridades y objetivos, es que el objetivo se puede definir en términos de resultados en tiempo, forma o números, y es más específico que una prioridad. Es recomendable que tanto las prioridades como los objetivos se evalúen periódicamente para conocer el avance logrado en cada uno de ellos y realizar los ajustes necesarios.

Objetivos:

Nota: A continuación se presentan ejemplos de objetivos que derivan de algunas de las prioridades establecidas anteriormente. Los objetivos pueden definirse de una manera más específica en tiempo, lugar y forma de acuerdo con las metas por alcanzar y el contexto de la iglesia local.

1. Dar atención personalizada a todo el que visita nuestra iglesia por primera vez para que lleguen a formar parte de la congregación. En este esfuerzo se busca conocer a nuestros visitantes para saber cómo podemos servirles mejor y enseñarles a ser discípulos de Cristo.
2. Que la iglesia comparta el mensaje del evangelio de una manera más efectiva y con más personas de lo que se está haciendo actualmente en su círculo social y en la comunidad en donde se ubica la iglesia. Para esto, se entrenará a la congregación sobre cómo compartir su fe con otros y se impulsará a que participen en los programas de evangelismo, así como se desarrollarán nuevas estrategias de alcance.
3. Identificar y capacitar a jóvenes y jóvenes adultos menores de treinta años que tengan un potencial de liderazgo para servir en nuestra iglesia y que comiencen a desarrollar su liderazgo en un ministerio en este año.
4. Impulsar un programa de dos a tres meses para fortalecer los matrimonios de la iglesia donde también se pueda invitar a matrimonios de la comunidad. Este programa se puede repetir y perfeccionar las veces que sean necesarias.
5. Evaluar y mejorar los programas de enseñanza en la iglesia para implementar aspectos prácticos de discipulado y un mayor enfoque en la enseñanza de la doctrina cristiana. Esto incluye el desarrollo de un programa de discipulado para nuevos creyentes a corto plazo.

Objetivo 1

Escriban su objetivo claro y preciso. Esta descripción puede incluir resultados que se desean obtener en esta área de ministerio la cual puede incluir números, fechas o resultados medibles.

Dar atención personalizada a todo el que visita nuestra iglesia por primera vez para que lleguen a formar parte de la congregación. En este esfuerzo se busca conocer a nuestros visitantes para saber cómo podemos servirles mejor y enseñarles a ser discipulos de Cristo.

Este objetivo está relacionado con el ministerio de: *Bienvenida y atención a visitantes.*

Este objetivo es de enfoque de crecimiento

interno ☐ externo ☐ ambos ☐

Realidad actual en esta área de ministerio:

Cada semana llegan a nuestra iglesia personas que nos visitan por primera vez, pero algunas veces no llegamos a conocer mucho sobre ellos o cuáles son sus necesidades. Algunos se quedan en la iglesia, pero desconocemos lo que sucede con los que no regresan.

Cómo proyectamos que será esta área de ministerio en el futuro:

Que todas las personas que visitan la iglesia por primera vez se sientan amados y atendidos de tal forma que tengan el deseo de regresar y, en cuanto sea posible, lleguen a formar parte de la iglesia y crezcan en su vida cristiana.

¿Qué actividades de renuevo y revitalización se llevarán a cabo para alcanzar este objetivo?

Nota: Las actividades de renuevo y revitalización se caracterizan por ser acciones nuevas y de crecimiento; sin embargo, la iglesia puede actualmente estar realizando acciones encaminadas a alcanzar los objetivos establecidos. Estas acciones pueden seguir realizándose y deben ser enlistadas junto con las actividades de renuevo.

- Capacitar a los ujieres en la forma de recibir a los visitantes. El equipo de ujieres debe saludar a toda persona que visita la iglesia, mostrales un lugar para tomar asiento y ofrecerles el boletín del programa del servicio de adoración.
- Fomentar una cultura en la iglesia de dar atención especial a los que visitan por primera vez la iglesia, mostrando un aprecio genuino por cada uno de ellos y buscando oportunidades para conversar con ellos.
- Dar atención a cada uno de los visitantes durante la semana de su primera visita y posteriormente cada semana. Este seguimiento debe ser por llamada telefónica o en algunos casos, de ser apropiado, se deberá visitar personalmente. El objetivo es conocer más sobre los visitantes, cómo ellos experimentan a Dios y sus necesidades de oración. Contar con un registro de visitas y seguimiento es vital para desarrollar esta acción eficazmente.
- Otorgar un presente a todas las personas que visitan la iglesia por primera vez. Este obsequio es una Biblia junto con una taza, llavero o pluma y con información de las actividades de la iglesia.
- Compartir con el pastor y los líderes de la iglesia una comida especial con los visitantes en donde se les conozca personalmente, y a su vez ellos sepan de la misión y actividades de la congregación. Este compañerismo se llevará a cabo una vez por mes.
- Después de responder favorablemente a la comunidad de la iglesia y sus actividades, invitar a las personas a crecer en su conocimiento bíblico, bautizarse y ser parte de la iglesia.

Descripción de actividad de renuevo

Desarrolla la descripción de cada actividad de renuevo y revitalización de cada objetivo al contestar a estas preguntas:

Actividad de renuevo: *Compartir con el pastor y algunos líderes de la iglesia una comida especial con los visitantes en donde se les conozca personalmente, y a su vez ellos sepan de la misión y actividades de la congregación. Este compañerismo se llevará a cabo una vez por mes.*

¿Quiénes están a cargo de esta actividad?
El equipo de bienvenida y atención a los visitantes.

¿Quién es el principal responsable de dirigir estas acciones?
Yolanda Tovar

¿Cuándo se realizarán estas acciones? ¿Cuál es el tiempo de inicio y término de estas acciones?
El último domingo de cada mes se tendrá la comida especial con los visitantes que hayan atendido por primera vez a un servicio de adoración durante ese mes. La hora de la comida será a la 1:00 p. m. al terminar la reunión de ese domingo.

¿Dónde se llevarán a cabo estas actividades?
El lugar de la comida será el salón social de la iglesia, pero este puede variar y ser realizado en una casa o restaurante local, según lo considere el equipo a cargo.

¿Cómo se llevarán a cabo estas acciones?
Se les invitará a todos los visitantes por teléfono o personalmente con una tarjeta a participar en esta comida a más tardar una semana antes del evento. El equipo encargado proveerá la comida y una presentación sobre la iglesia y sus ministerios, y se tendrá un tiempo de oración por las personas nuevas.

¿Esta es una actividad o esfuerzo nuevo de la iglesia?
o ¿es una iniciativa para revitalizar un ministerio ya existente?

Sí ☐ No ☐ Explica.

Es una nueva actividad en un ministerio ya existente.

¿Cuál es el costo estimado? o ¿qué recursos se necesitan para realizar estas acciones?
El costo estimado de la comida es de $ 10 dólares por persona y se utilizará la cocina de la iglesia para llevar a cabo este evento. Se estima que participen 20 personas por evento incluyendo los miembros del equipo a cargo.

Los dones espirituales

Evaluación de los dones espirituales

LOS DONES ESPIRITUALES

EVALUACIÓN DE LOS DONES ESPIRITUALES

Un don espiritual es una habilidad dada de forma sobrenatural por el Espíritu Santo a cada creyente para equipar el cuerpo de Cristo y dar gloria a Dios. Todo aquel que ha recibido a Cristo Jesús como su Señor y Salvador, ha recibido al Espíritu Santo, y por lo menos tiene un don espiritual. Que cada creyente conozca sus dones espirituales y sirva a Dios y a los demás con ellos es vital para el renuevo tanto personal como de iglesia. Servir usando nuestros dones espirituales es un gozo, una reponsabilidad y un privilegio de cada creyente. ¿Sabes cuáles son tus dones espirituales?

Lecturas bíblicas adicionales:
Romanos 12:4-8, 1 Corintios 12:1-31; 1 Corintios 13:1-13, Efesios 4:11-16; 1 Pedro 4:7-11.

Los dones espirituales
Evaluación de los dones espirituales[9]

Nombre: ____

Instrucciones:
Esta evaluación no es un examen, así que no hay respuestas erróneas. El objetivo es conocer cuáles son tus dones espirituales al valorar setenta declaraciones. Algunas de estas afirmaciones reflejan acciones concretas; otras son cualidades descriptivas que pueden incluir deseos, cualidades, sentimientos y hasta creencias. Marca tu respuesta en el espacio en blanco al final de cada oración con el número que corresponde a la puntuación que mejor describa cada declaración. No tomes mucho tiempo en una oración determinada, casi siempre tu respuesta inmediata es la mejor. Por favor, responde a cada una de las afirmaciones.

[9] Adaptado y contextualizado por Antonio Josué Miranda de *Discovering Your Spiritual Gifts, Revised, Member's Booklet/Individual Study Guide* (Nashville: The Sunday School Board of the Southern Baptist Convention, 1981), pp. 20-27. C. Gene Wilkes, *El Liderazgo de Jesús: Cómo ser un líder servidor* (Nashville, TN: LifeWay Press, 1996), pp. 44-47.

Las posibilidades de puntuación son:

5 Muy característico en mí o definitivamente verdad en mi caso,

4 En la mayor parte de las ocasiones esto me describiría o es verdad en mi caso.

3 Es una característica frecuente en mí o es verdad en un 50 % de los casos.

2 A veces, es característico en mí o es verdad en un 25 % de las veces.

1 No es una característica mía o definitivamente no es así en mi caso.

Evaluación:

1. Tengo la habilidad de organizar ideas, posibilidades, tiempos y personas, e influir en otros para llevar a cabo la misión de la iglesia. ____
2. Disfruto dedicar tiempo para estudiar y prepararme para enseñar a otros. ____
3. Soy capaz de relacionar las verdades de Dios con situaciones específicas. ____
4. Me gozo al ver que otros crecen en Dios y cumplen con la misión que Dios les ha dado. ____
5. Tengo el deseo constante de comunicar el plan de salvación de Dios y llevar a las personas a que reciban a Cristo como su Salvador personal. ____
6. Estoy dispuesto a hacer lo que sea necesario, como dar mis recursos y tiempo para ayudar aquellos que atraviesan una necesidad o experimentan algún dolor. ____
7. Me gozo al satisfacer las necesidades de otros al compartir mis posesiones o mi tiempo, sin importar lo que me cueste o tenga que invertir. ____
8. Disfruto estudiar la Palabra de Dios. ____
9. Creo que Dios puede darme un mensaje de advertencia a otros que no siguen Sus caminos, e invitarlos al arrepentimiento. ____
10. Soy capaz de percibir las verdaderas motivaciones de las personas y los movimientos no expuestos a simple vista. ____
11. Tengo una fe grande para confiar en Dios durante las situaciones más difíciles. ____
12. Tengo un gran deseo de contribuir a la plantación de nuevas iglesias. ____
13. Me da gusto servir a los demás. Siempre que veo una necesidad trato de ayudar a suplir lo que haga falta. ____
14. Puedo delegar trabajos importantes a otros. ____
15. Tengo la habilidad y el deseo de enseñar; me gusta participar impartiendo clases bíblicas. ____
16. Tengo la habilidad de analizar correctamente una situación desde la perspectiva bíblica. ____

17. Tengo la tendencia natural de animar a otros a seguir adelante en medio de la adversidad con palabras de aliento y consuelo. ____
18. Deseo conocer a otros y pasar tiempo con ellos a fin de que pueda ayudarlos a crecer en su fe. ____
19. Deseo ser parte de ministerios que visiten hospitales, orfanatos, asilos o cárceles para ayudar y dar esperanza a las personas en esos lugares. ____
20. Soy un dador alegre para la obra de Dios en todos los sentidos, incluyendo mis recursos, tiempo y esfuerzos. Simplemente me gozo al dar. ____
21. Me gusta profundizar en el estudio de la Palabra de Dios, y su relevancia con otras áreas de estudio. ____
22. Me permito hablar con franqueza, lo que va de acuerdo con la Palabra de Dios, aun si enfrento oposición. ____
23. Puedo ver cuál es la voluntad de Dios en una situación determinada, aunque esta sea adversa o dolorosa. ____
24. Estoy dispuesto a obedecer a Dios aun cuando no entienda la situación o esta sea intimidante. ____
25. Me gustaría ser más activo llevando el evangelio a personas fuera de mi iglesia local. ____
26. Disfruto de participar en cualquier acto de servicio a los demás, sin importar lo que este sea. ____
27. Tengo éxito al reconocer áreas de oportunidad que vayan alineadas con la misión de la iglesia. ____
28. Poseo la habilidad de planificar métodos y planes de estudio. ____
29. Puedo animar a los que lo necesitan, especialmente sobre situaciones de su vida espiritual. ____
30. Me gusta preparar a los creyentes para que sean mejores discípulos de Cristo. ____
31. Quiero hacer lo que sea necesario en mi vida para ver a otros venir a Cristo. ____
32. Me duele el corazón cuando veo el dolor de otros. ____
33. Me gusta dar generosamente a la obra de Dios y a otros, sin esperar recibir algún tipo de reconocimiento. ____
34. Me gusta conocer las verdades bíblicas y su relevancia con los tiempos en los que vivimos. ____
35. Entiendo la revelación de Dios en su Palabra y la interpreto correctamente a otros ____
36. Puedo percibir cuándo el enemigo obstaculiza los propósitos de Dios y cómo lo hace. ____
37. Creo firmemente que todas las cosas ayudan a bien a los que aman a Dios. ____
38. Tengo un gran deseo de llevar el evangelio a lugares donde nunca se ha escuchado, pues me duele saber que muchos no conocen del Señor. ____

39. Si es necesario, no es problema para mí tomar una actitud de humildad en actos de servicio a otros, aun con trabajos que algunos no quisieran hacer. ____

40. Tengo habilidad para hacer planes eficaces para alcanzar las metas de un grupo. ____

41. A menudo, mis compañeros me han consultado cuando están luchando por tomar decisiones difíciles. ____

42. A través de mis palabras otros sienten que Dios les habla y se activan en su ministerio. ____

43. Puedo dar dirección espiritual a otros y percibir cómo Dios está obrando en sus vidas. ____

44. Busco oportunidades de presentar el evangelio a los que no lo conocen, de manera que puedan escuchar del amor de Dios y Su verdad. ____

45. Generalmente puedo sentir y comprender los sentimientos de los que están angustiados y quisiera ayudar a aliviar su dolor. ____

46. Tengo gozo cuando doy al Señor y Su obra, no pienso mucho en cuánto doy, sin importar lo que sea, aunque el costo sea elevado, vale la pena. ____

47. Noto que en determinadas situaciones puedo comunicar mensajes que Dios ha puesto en mi corazón. ____

48. Puedo discernir frecuentemente y con claridad entre lo correcto y lo equivocado conforme a la Palabra y la voluntad de Dios. ____

49. Continuamente trato de hacer la voluntad de Dios, de servirlo y obedecerlo, aun cuando esto no sea lo más fácil o cómodo. ____

50. Siento que debo llevar el evangelio a personas que tienen creencias distintas a las mías. ____

51. Estoy dispuesto a dar de mi tiempo y recursos para ayudar a otros en necesidad. ____

52. Soy hábil para poner en práctica acciones precisas, así como determinar prioridades. ____

53. Explico las Escrituras de tal manera que otros pueden entenderlas con claridad. ____

54. Generalmente veo soluciones espirituales para los problemas personales, sociales y de iglesia. ____

55. Puedo exhortar a otros a que cumplan su misión y vivan conforme a lo que Dios los ha llamado. ____

56. Me siento bien hablando de Dios con los no creyentes. ____

57. Me siento bien trabajando con personas que generalmente son ignoradas o no tomadas en cuenta. ____

58. Tengo la firme convicción de que todo le pertenece a Dios, incluyendo mi dinero, por eso no tengo ningún problema cuando se trata de dar para Su obra lo que sea necesario. ____

59. Al estudiar la Biblia me apasiona cuando descubro sus verdades y enseñanzas ____

60. Proclamo la verdad de Dios tal como lo dice Su Palabra, aunque contradiga lo acostumbrado en la iglesia. ____

61. Percibo si las experiencias religiosas que viven las personas van de acuerdo con el mensaje bíblico. ____

62. Tengo facilidad de adaptarme para convivir con personas de diferentes contextos y en diferentes lugares. ____

63. Disfruto realizar incluso pequeñas acciones que pueden ayudar a las personas. ____

64. Puedo hacer una presentación clara y entendible. ____

65. He podido aplicar verdades bíblicas a necesidades y decisiones específicas de mi iglesia. ____

66. Tengo el deseo de ayudar a otros que son débiles en su fe. ____

67. Disfruto ayudar a otras personas y líderes para que sean más eficientes en sus ministerios. ____

68. Siento la necesidad de contar a otros cómo Cristo me rescató y la nueva vida que encontré en Él. ____

69. Tengo una amplia variedad de materiales de estudio y sé cómo conseguir información. ____

70. Estoy seguro de que para Dios no hay nada imposible, y actúo de esa manera, aunque el reto a enfrentar parezca imposible. ____

Escribe los valores de cada una de las declaraciones en el siguiente cuadro, luego suma el total de ellas para saber cuál don o dones espirituales puedes tener. Se tiene un mayor enfoque en determinado don, con base en los resultados más altos.

Liderazgo	____ + 1	____ + 14	____ + 27	____ + 40	____ + 52	____ Total
Enseñanza	____ + 2	____ + 15	____ + 28	____ + 53	____ + 64	____ Total
Conocimiento	____ + 8	____ + 21	____ + 34	____ + 59	____ + 69	____ Total
Sabiduría	____ + 3	____ + 16	____ + 41	____ + 54	____ + 65	____ Total
Profecía / predicación[10]	____ + 9	____ + 22	____ + 35	____ + 47	____ + 60	____ Total
Discernimiento	____ + 10	____ + 23	____ + 36	____ + 48	____ + 61	____ Total
Exhortación	____ + 17	____ + 29	____ + 42	____ + 55	____ + 66	____ Total
Pastorado	____ + 4	____ + 18	____ + 30	____ + 43	____ + 67	____ Total
Fe	____ + 11	____ + 24	____ + 37	____ + 49	____ + 70	____ Total
Evangelismo	____ + 5	____ + 31	____ + 44	____ + 56	____ + 68	____ Total
Misiones y plantación de iglesias	____ + 12	____ + 25	____ + 38	____ + 50	____ + 62	____ Total
Servicio	____ + 13	____ + 26	____ + 39	____ + 51	____ + 63	____ Total
Misericordia	____ + 6	____ + 19	____ + 32	____ + 45	____ + 57	____ Total
Generosidad	____ + 7	____ + 20	____ + 33	____ + 46	____ + 58	____ Total

[10] La profecía no es el oficio de profeta en el Antiguo Testamento ni el apostolado el de apóstol en el Nuevo Testamento. Más bien, estos dones están relacionados con la predicación de la Palabra y las misiones y la plantación de iglesias, respectivamente (Ef. 4:11).